The Great Light of the Medieval, Chaos Journey

중세, 그 혼란의 여정 끝에 큰 빛

중 | 세 | 교 | 회 | 사

A History of The Medieval Church

김동연 지음

Kim, Dong-Yoen Th.D., D.C.C.

도서출판 **러빙터치**

A History of The Medieval Church

_The Great Light of the Medieval, Chaos Journey

Jesus Loving Touch Press
Printed in Korea

Korean version published Apr. 07. 2023
Publisher-Pae, Soo-Young(D.G.Miss. D.D.Theol)
Editorial and Publication-Jesus Loving Touch Press

Publication registration
25100-2016-000073(2014.2.25)
17(#1709-203), Deongneung-ro 66-gil,
Dobong-gu, Seoul, of Korea
010-3088-0191/ E-mail: pjesson02@naver.com

Requests for information should be addressed to:
Author Contact: Kim, Dong-Yoen
010-8893-4432/ E-mail: ceokdy123@naver.com

중 | 세 | 교 | 회 | 사

중세, 그 혼란의 여정 끝에 **큰 빛**

책 앞에 다는 글

중세교회사를 살펴보면 단절된 1,000년 만이 다(多)가 아니다. 역사적으로 중세는 수많은 유산을 우리 후대에게 물려주었다. 이번 발간의 중세교회사는 초대교회사에 이어 두 번째 교회 역사에 관한 저술이다. 대표적으로 유럽 어디서나 볼 수 있는 고딕 양식의 교회 건물들, 오늘날 대학의 학문적 전통과 문화적 유산들, 영국의 의회제도에 뿌리를 둔 국가 제도들, 800년 샤를마뉴의 신성 로마제국의 복고에 기초한 현대 유럽의 통합 노력들, 그밖에 중세 스콜라 철학에 근거한 근대 철학의 잉태 등을 들 수 있다.

현재 유럽이 유럽다운 문화를 향유하게 된 것은 중세교회 전통 때문이다. 이러한 전통 때문에 중세 문화는 어떤 새로운 신념이나 조직 형태에 쉽게 굴복하지 않았다. 중세의 쇠퇴는 교황청 몰락에서 보듯이 피할 수 없는 운명이었다. 그것은 외적인 것이 아니라 내적인 것, 물리적인 것이 아니라 정신적인 것이었다. 그런데 하나님께서는 인간이 만들어 놓은 혼동된 중세교회사를 이용하셔서 16세기 개혁자들을 통해서 하나님 왕국의 이상을 실현하셨다.

중세는 서로마 멸망(476년)에서 여명이 비치다가, 591년 그레고리 1세가 교황으로 등극하면서 1517년 루터의 종교개혁까지의 926년 간을 말한다. 흔히 이 시기는 암흑기, 교황 지배 시대로 여겨지며, 면죄부와 십자군이라는 상징으로 주로 기억된다. 즉 부정되고, 개혁되어야 할 대상으로 천년 동안 규정되어 왔다. 중세교회사의 이러한 평가는 인문주의의 계몽주의 시대로 싹터서 종교(교회) 개혁이 발생되어 그 정신으로 지금까지 이어져 온 것이었음을 밝힌다.

지금 교회 역사학계는 중세를 암흑기로 보는 것보다, 중세 로마의 전체 시대에서 벗어나 인문주의에 바탕을 둔 르네상스 문화를 형성하여 그리스도교(로마 가톨릭)와 기독교(개신교) 시대를 형성하는 기초가 되었다고 본다. 중세교회사는 중세 전반과 중세교회를 재평가 한다. 중세와 종교개혁 그리고 근대를 연속선상에 놓고, 교황제도뿐 아니라 중세를 형성한 수도회와 외부에서 중세 형성을 주동한 비잔틴과 이슬람 문명 등의 역할도 다시 평가되리라고 본다.

교회 역사는 초대교회사와 중세교회사인 교회와 국가의 상호작용의 관계를 기록하면서 변화와 실증의 시대였음을 돌이켜 봐야 한다. 중세역사를 통해 이어져 온 유의미한 성취를 객관적으로 돌아보는 중세교회사가 되어야 하겠다. 성경 역사의 사도 바울 및 초대교회 시대의 아우구스티누스, 사이에 펼쳐진 중세교회 역사의 루터와 칼빈 사이에 놓인 수천 년 이상 역사로 채워가는 과정이었음을 새롭게 인식해야 한다.

부디 본서의 사명으로서 천년 동인 추락과 상승을 반복할 만큼, '중세, 그 혼돈의 여정 끝에 큰 빛'을 드러내는 깨달음을 던져주게 될 줄 믿는다. 한국 교회 앞에 목회자와 신학생 그리고 그리스도인에게 영적으로 탁월한 명서(名書)로서 역할에 충실하기를 기도한다. 지난 3년에 걸친 코로나19로 인한 변화와 사회적, 영적 그리고 신학적으로 경직되고 사변화 된 한국 교회와 함께 개혁교회의 길을 닦아가길 원한다.

2023년 3월 25일

솔로몬일터교회 담임/잡뉴스솔로몬서치 대표

저자 김 동 연 교수

추천하는 글

좋은 집을 지으려면 좋은 설계도가 있어야 하고, 먼 항해를 하려면 나침판이 있어야 하고, 먼 여행을 떠나려면 지도가 있어야 하는 것처럼 좋은 신학의 길과 사역의 길을 가려면 관련된 분야에 양서(良書)가 있어야 할 것이다.

저자는 현대 목회 사역의 뉴패러다임의 '일터 교회 신학과 영성 성숙'을 논문집으로 출간하고 본교인 웨스트민스터신학대학원에서 강의함으로 교회 사역에 새로운 패러다임을 제시하고 그 대안을 가르치고 있다. 이어서 '초대 교회사'-'초대의 역사 현장 가는 길'을 저술하여 세상에 내놓았다. 계속해서 '중세교회사'-중세, 그 혼돈의 여정 끝에 큰 빛'을 엮어 펴놓았다. 본서는 한국 신학계와 교회에 정통 역사 신학서로서 변변찮은 자료 찾기가 쉽지 않은 차에 참으로 쉽고 정확하게 중세교회 현장을 조명해 볼 수 있는 좋은 이정표가 되리라 확신한다.

본서를 저술한 저자는 영성이 깊고 학문적 자질이 뛰어나며 현장감 있는 글을 쓰고 직접 현장실습의 사역도 하는 김동연 교수이다. 이 책을 읽고 기독교 역사를 연구하고 묵상하면서 사역에 임하는 목회자와 신학도, 그리고 중세교회사의 지침서로 진리의 교훈이 필요한 목회자, 신학생, 평신도들에게 중세교회 현장을 한 눈으로 보는 '가이드 라인이' 될 것으로 예측한다.

또 역사신학의 길을 잃지 않으면서 난해(難解)하다는 역사신학의 차원을 넘어서서 누구나 읽고 중세교회의 혼란한 여정의 끝에 종교개혁의 사건을 오늘의 사건인 것처럼 확인하듯 엮은 본서는 명저(名著)인 것은 분명하다. 이 글을 읽는 자마다 중세교회 원형을 찾고 그곳에 역사하신 성령님의 행하심을 맛보고 새로운 미래의 교회관과 세계관이 형성되기를 소망한다.

이미 쉽고 명확한 초대교회 시작과 성장, 성숙의 확장을 한눈에 볼 수 있는 '초대교회사'를 발간했는데, 더욱 감사한 것은 이번에 [중세, 그 혼란의 여정 끝에 큰 빛(종교개혁)], '중세교회사'를 연구하여 발간한 일은 분명히 축하할 일이다. 이렇게 좋은 책을 펴낸 김동연 교수님의 노고에 경의를 표하며 읽고 사용하는 목회자, 신학도, 그리고 그리스도인에게 미래 교회의 새 비전이 형성되어 바른 교회의 사역과 건강한 신앙의 삶을 살아가기를 바란다. 그로 인해서 복음전도의 새 전략이 펼쳐지기를 바라며 이에 본서를 적극 추천한다.

2023년 3월 25일

웨스트민스터신학대학원대학교
총장 정 인 찬 박사

목차

목차

Table List

Chapter 1

Background of The Medieval Age

중세교회의 배경

ⅰ. 들어가면서

ⅱ. 시대 구분

ⅲ. 배 경

ⅳ. 초대 교황 등극

ⅴ. 그레고리 1세(590-604)

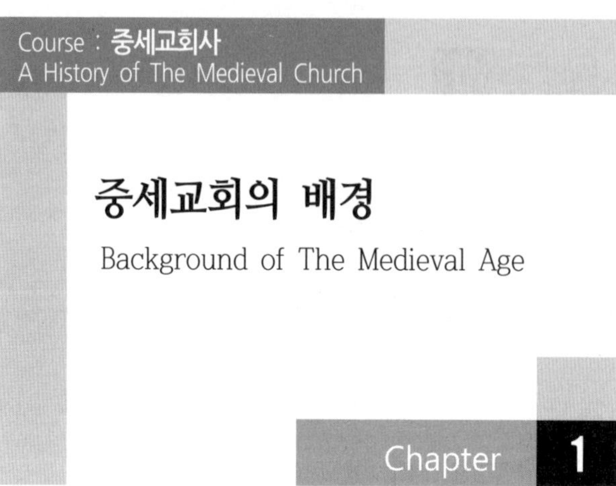

i. 들어가면서

이 천년 기독교 교회사 중 초대교회사를 이어서 중세교회사, 그리고 현대(근대)교회사로 나눌 수 있다. 그리고 종교개혁사가 중세교회사와 현대교회사 사이에 발생하게 되었다. 중세교회사(A History of The Medieval Church)는 초대와 현대의 중간시대로 구분할 때, 그레고리 1세(Gregory the Great 1)가 교황의 즉위를 하는 시기부터 말틴 루터(Martin Luther)의 종교 개혁까지 926년 간(590~1517)을 말한다.[1]

1) 교회사는 다른 이름, '역사신학'-歷史神學, Historical theology의 이름으로도 부른다. 이것은 '성경 신학'-Biblical theology과 '조직신학'-Systematic theology-과 더불어 신학의 3부문 중 하나로, 역사학적 방법을 사용하여 자료를 엄밀하게 음미하고 기독교 신앙의 역사를 연구하는 기독교 신학이다.

이때를 고대와 현대의 중간시대이므로 중세(The Medieval Age)라 부른다. 헬라-로마문화(Graeco-Roman Civilization) 시대에서 로마-게르만(Romano-Germanic Civilization) 문화시대로 옮기는 '과도기 문화 시기'(Transitional Culture Period)라고 한다.[2)]

ii. 시대 구분

〈Table-1〉 **중세교회 시대의 구분**

과도기 시대	1. 과도기 시대(A.D. 590-800)-선교와 영토 확장 1) 그레고리 1세의 교황 등극 2) 선교적 사건 발생과 로마 교회 확장
로마교회 확립시대	2. 로마 교회 확립시대(A.D. 800-1073) 1) 중세 교회 시대 확립기 2) 동 서방 교회 분리
로마교회 상승시대	3. 로마 교황 상승시대(1073-1303) 1) 교황 상승 시대 2) 세속 권력 장악
로마교회 쇠퇴시대	4. 로마 교회 쇠퇴시대(1303-1517) 1) 십자군 전쟁 발발과 종교 개혁 시대 2) 종교 개혁 발생시대

*3)

2) 김의환, 기독교회사, 서울:총신대학출판부, 1998, p.162.
3) 본 <Table-1>은 저자가 중세교회사를 시대적으로 구분지으며 임의로 만든 도표이다.

1. 과도기 시대(A.D. 590-800)-선교와 영토 확장

1) 그레고리 1세의 교황 등극

그레고리 1세(the Great Gregory 1)가 교황의 직위를 가졌을 때, '로마 감독의 사도직 계승 문제가 자리매김하게 된다.

2) 선교적 사건 발생과 로마 교회 확장

a. 영국 선교-어거스틴, 프랑크스 족(Franks) 선교-클로비스(Clovis) 왕의 개종, 스페인의 서고트 족(Visigoth) 왕 레카레드(Recared)의 개종 등 사건이 발생하게 된다.[4)]
b. 이로 인해서 서유럽 선교, 게르만(German)족 선교로 인하여 로마 교회의 지역이 확장된다.

2. 로마 교회 확립시대(A.D. 800-1073)

1) 중세 시대 확립기

찰스 대제(Charles Augustus, 일명 샤를마뉴-Charlemagne)가 즉위하는 시대에서 교황 그레고리 7세(Gregory Ⅶ, 힐데브란트Hildebrand)의 즉위 까지의 시대를 말한다.

---

4) Editors: Joel B. Green, Scot Mcknight, I Howard Marshall, Dictionary of Jesus and The Gospels, USA, IVP, 1992, p.224.

2) 동 서방교회 분리

이 기간에 '동방 교회'와 '서방 교회'가 분리하게 되면서 황제 교황권주의(Papism)를 확립하게 된다. 한편 경건을 추구하는 무리는 수도원 운동을 통하여 중세의 영성 활동을 강화한다.

3. 로마 교황 상승시대(1073-1303)

1) 교황 상승 시대

교황 이노센트 3세(Innocent Ⅲ,1198-1216)와 교황 보니 페이스 8세(Boniface Ⅷ, 1294-1303)가 사망하기 까지의 시대이다. 교황 이노센트 3세 시대는 교황의 권위가 최고조로 상승하게 된다.

2) 세속 권력 장악

로마 교회가 세속사회의 권력을 장악하여 주변국의 황제를 즉위시키거나 파면시키는 권한을 행사한다.

4. 로마 교회 쇠퇴시대(1303-1517)

1) 십자군 전쟁 발발과 종교개혁 시대

십자군 전쟁은 로마교회 전성시대부터 로마교회 후퇴시대까지 이르러 발생했다. 십자군 전쟁은 여러 가지 함축된 장단점을 가져왔던 역사적 현장에서 발생했던 사건이었다.[5]

2) 종교 개혁 발생시대

그리고 말틴 루터가 종교개혁(Reformed)을 단행하기까지이다.

iii. 배 경

중세교회사는 서구사회의 입장에서 볼 때, 기독교의 전성기 역사에 해당된다. 로마 가톨릭의 서구적 기반의 확립, 게르만 민족의 교화, 조직적

---

5) 십자군 전쟁(CRUSADE) :
1. 개요-서기 11세기부터 14세기에 걸친 회교도에 빼앗긴 성지 예루살렘을 탈환하기 위하여 유럽그리스도 교회가 주도한 8차례의 원정 전쟁(1095년 시작되었던 십자군 전쟁은 1456년까지 약361년 동안 계속).
2. 원인-첫째, 정치적 원인, 1) 이슬람의 동로마 침입, 동로마 제국이 이슬람에게 침략을 당했다. 서방에 원병을 요청했다. 1071년 동로마의 황제 로마노스 디오게네스가 Manzikert전쟁에서 패배하고, 투옥당한. 다음 황제 미가엘7세(1071-1078)가 교황 그레고리 7세에게 원병을 요청했다. 1081년 알렉시우스 콤네우스라가 황제가 되어 1086년 안디옥, 베데사와 같은 전통적인 기독교 도시를 빼앗겼다. 그래서 서방에 원군을 요청했다. 그레고리 7세는 헨리 4세와 서임권 논쟁을 하느라 성공을 시키지 못했으나 다음 교황이 성공을 시켰다. 2)이슬람 세계의 분열, 스페인 지역에서 1034년 회교 족장들의 싸움으로 코르도바를 중심으로 하던 칼리프 왕국이 멸망했다. 그래서 기독교가 스페인 지역을 탈환했다. 1060년 이후 시칠리 섬 탈환, 기독교인이 이슬람과의 전쟁에서 승리할 수 있다는 자신감을 가질 수 있었다.
둘째, 경제적 원인 1)당시 영주의 장남 이외의 아들들은 상속을 받지 못했다. 그래서 미지의 땅에 대한 욕구가 강했다. 2)도시 상인들의 시장개척의 노력 셋째, 종교적 원인 1076년 부터 성지가 셀주크 터어키에게 점령당했다. 이들이 성지 순례를 방해했고, 교회는 클루니 개혁운동으로 교황권이 강화되어서 동방교회까지 지배하고 개혁하려는 의지가 있었다. 십자군전쟁은 한마디로 클루니 개혁운동으로 교회가 개혁되고 신앙의 열정으로 일어날 수 있는 운동이었다.
3.결과-이 전쟁은 기독교와 이슬람교의 종교와 문명의 충돌로써 서양의 중세사에 가장 큰 의미를 가진 전쟁이다. 이 전쟁의 배경에는 교황과 유럽 영주들의 잇속과 이해타산이 엉켜 원래 목적인 성지탈환은 뒷전이고 전리품 노획과 약탈이 우선된 전쟁이었다. 십자군은 예루살렘을 점령하자마자 이슬람교도도들을 무참하게 학살했다. 포로의 학대 행위로 인해 이슬람을 뭉치게 했다. 결과는 성지회복은 실패했다. 십자군은 타락하여 중세 상인들의 돈을 받고 싸우는 용병으로 전락했다. 그러나 십자군 전쟁은 교황의 독단적인 의도가 강해 이루어진 전쟁이며 이를 통해 교황의 권위 신분사회의 후퇴 등 중세 영주들이 몰락의 길을 걷게 되었다. 이는 중세사회의 봉건영주의 몰락을 초래하게 되었다.

교회 제도의 정비를 이룩한 노정(路程)이다.

1. 역사 중심의 이동(동방에서 서방으로)

1) 원인

a. 희랍 교회(동방)의 내적 생명 고갈

_희랍 교회라고 하는 동방 교회는 지나친 교리적인 논쟁에 빠지게 되었다. 그런 이유로 동방 교회에 영적(靈的) 고갈이 서서히 찾아오게 되었다.

_동방 교회의 정통 신앙적인 독선과 우월주의는 극에 달했고 결국 아집과 독선만 키웠다. 따라서 변화와 새로운 대안이 없었다.

b. 마호메드교(회교)의 발흥(Muhammad)으로 인한 기독교의 도전

_동방에서 발흥 된 회교의 창시자 마호메드는 570년경 아라비아의 메카(Mecca)에서 출생했다.

_일찍이 부모를 잃고 성년 때, 사막에서 고독 중에 기도로 무아지경에 빠지게 되었다. 그때, 어떤 음성을 들었다고 했다.

_마호메드는 유대인들을 접했으며, 이단적 그리스도인들을 만나기도 했다. 그들에게 유일신 사상을 전달받았지만 어떤 감화도 못 받았다.

_그는 깊이 묵상하다가 참 종교는 '알라교'(Religion of Allah)를 선언하고 자신을 선지자로 자처했다.

_마호메드교의 발흥으로 기독교가 도전을 받게 되었고 선교영역에 변화가 찾아오게 되었다.

c. 로마 교회의 세력 확장

_라틴 민족의 정치적인 자질로 로마 가톨릭 교회가 활발하게 건설되기 시작한다.

_한편, 황제의 권위가 약화되면서 교황(the Pope)이 시대의 리더로 각광 받기 시작한다. 그리고 교권과 정치권을 함께 장악한다.

_교회법을 제정하여 교황권을 강화하는 등 교권주의가 크게 세속사회에 그 영향을 확장해 가게 되었다.

_샤를마뉴(Charlemagne), 오토(Otto) 등이 영웅으로 부각되어 황제(an Emperor)로 등극하게 된다. 그리고 이들은 자신의 통치기반을 위하여 교회와 제휴하여 정치적인 운신의 폭을 넓혀 간다. 이들로 인해 제국주의(Imperialism)가 제정된다.

2) 결과

a. 무소부위(誣訴部位)의 권세

이런 현상은 결국 부정과 부패를 낳는다. 절대 권력을 쥐게 된 로마 교회는 세속사회와 결탁하여 무지하고 어두운 중세시대를 만들어 갔다.

b. 민중의 무지와 미신

지도층인 로마 교회가 모든 특권을 누리며 민중의 소유를 짓밟을 때, 민중들은 상대적으로 무지 속에 헤매게 된다. 힘들고 지친 백성들은 샤머니즘에 빠져들게 되었다.

c. 사상도 정치적 통일 체제 속에 있게 됨

인간의 이념과 사상은 인간의 기본 권리를 자유롭게 행사할 때, 이상적으로 발전하게 된다. 그러나 중세시대는 인간의 사상과 이념 등을 일부 지도급의 정치적인 체제 속에 가둬버리고 만다.

d. 선교의 확장

로마 교회가 아무리 절대적 힘을 지녔어도 그 당시 주변 유럽지역 60% 이상이 아직 이방의 불신 세력으로 형성되어 있었다. 중세의 가장 바람직한 역사는 유럽지역을 대부분 선교하여 기독교화(Catholic)시켰다.

2. 종교 생활

1) 게르만 민족의 교화

a. 튜튼 족(Teurton)은 게르만 족의 한 파이다. 지금은 독일과 네델란드, 스칸디나비아, 북 유럽 민족을 구성하고 있는 독일인들이다.

b. 쥬트 족(Jutes)은 5, 6세기 앵글로 족(Angles)과 색슨 족(Saxon)과 더불어 영국에 침입한 게르만 족의 한 파이다.

c. 게르만(German) 민족은 거칠고 사나왔다. 그러나 그들은 그 나름대로 창조성과 아름다운 국민성을 가지고 있었다.

d. 교회 안에서도 그들의 특성은 발휘되고, 로마인들에게 정치적 영향과 공헌이 컸다. 라틴문화와 게르만 문화의 접목으로 복합적인 서구 문화가 형성되기 시작했다.

e. 정복자 대부분 비정통 그리스도인들인 아리우스파(Arius)의 신앙사상을 가진 자들이었다.[6] 그러나 일단 무신론에서 기독교 신앙을 고백

---

6) 김동연, 초대교회사, 서울:도서출판 러빙터치, 2022, pp.108-109

* 아리우스(Arius)의 그리스도관 : 아리우스는 '유사본질론'(Homoiousios/ὁμοιουσιος)의 교리를 주장했다. 그리스도에 대한 아리우스의 [유사본질론]은 다음 같은 논리로 말한다.

첫째, 비 존재성이다. 그리스도는 "비 존재로부터 태어났다"는 것이다.

둘째, 선재설(Pre-existence)을 부인했다. 그리스도는 "존재하지 않았던 때가 있었다"고 한다.

셋째, 영원성(Eternality)을 부인한 것이다. 그리스도는 창조 전에 존재하지 않았다.

넷째, 피조물이 그리스도라는 것이다. "그는 피조 되고 만들어 졌다"고 가르쳤다.

다섯째, 열등한 존재라는 것이다. 예수는 모든 피조물 가운데 가장 앞서 고귀하지만, 본성과 위엄에 있어서 아버지보다 열등하다고 주장했다.

* 아타나시우스(Athanasius) 주장:자신의 스승, 알렉산더의 교리사상을 이어 받아 니케아 신조를 계승하여 발전하게 되었다. 320년 알렉산더(Alexander, 알렉산드리아의 감독)는 "아들은 아버지와 본질상 동일하며 동일하게 영원하다"는 신앙고백을 선언했다.

* 아타나시우스(Athanasius)의 그리스도관:'동일본질론'(Homousios/ὁμοουσιος)을 다음 같이 주장했다.

첫째, 예수 그리스도의 신성을 성부 하나님의 신성과 동일하다고 주장했다.

한 것은 다행스러운 일이다. 왜냐하면 이교도보다 나은 일이기 때문이다.

2) 로마 가톨릭의 서구적 기반의 확립

a. 중세의 특징 중의 하나는 신비롭고 청렴한 생활이 형성되는 기풍이다. 이는 수도원의 운동에 커다란 영향을 받고 산출되는 시대적인 산물이라 할 수 있다.

b. 성자(a Saint)와 위인(a Great man)이 속출했다. 종교적으로 눈부신 발전은 순수한 신앙의 바탕 위에서 경건을 삶의 원리로 살아가는 사람들에 의해서 이뤄진 것이다.

c. 중세 시대의 건축, 조각, 회화 등의 번영을 꽃피게 한 것은 로마 가톨릭의 종교적인 발전을 가져다 주었다. 이것은 나중 서구 사회의 문화의 근간을 이뤄내는 기초가 되었다.

3. 종교적 부흥

1) 중세시대의 종교적인 큰 특징이라 할 수 있는 수도원을 중심으로 여러 차례 영적 부흥이 있었다.

2) 오늘의 로마 가톨릭을 지배하는 신학과 제도는 거의 중세기에서 발생하여 이어온 것이다.

둘째, 예수 그리스도는 죄 없으신 구속 주(Redeemer)라고 주장했다.
셋째, 그리스도는 참 하나님(vere Deus), 참 인간(vere homo) 이심을 고백했다.
넷째, 우리가 그리스도의 은총으로 속죄함을 받게 되었다.
다섯째, 예수 그리스도는 우리의 예배와 찬양을 받으실 영원한 하나님이심을 고백하게 되었다.

iv. 초대 교황 등극

1. 로마 제국(구 로마제국)의 멸망

1) 로마 제국(구)의 종결-알라릭

5세기 초반, 410년에 로마(구) 제국이 멸망되었으며, 로마제국의 운명을 종결시킨 인물이 알라릭(Alalic)이다.

2) 로마 제국의 침입-서고트족

a. 그는 서(西)고트 족(Visigoth, 지금의 스페인)을 이끌고 로마제국을 침입했다.

b. 로마 황제, 꼭두각시 역할

알라릭은 명목상 서로마 황제 호노리우스(Honorius)를 세워 관직을 통치하게 했다. 이때부터 로마 황제의 권력은 꼭두각시 같은 그림자 신세로 전락하기 시작했다.

3) 5세기 중후반 시기에 북방 민족의 침략으로 로마제국은 476년 완전한 멸망 이후 국가의 권위를 회복하지 못했다.

4) 그레고리 1세-중세 가톨릭 전통 세움

a. 그즈음 중세기 마지막 교부요, 첫 교황으로서 그레고리 1세는 중세 가톨릭의 전통을 세우게 된다.

b. 이노센트 1세(Innocent 1)와 레오 1세(Leo 1, 440-461)가 교황 제도의 길을 트는 데 공을 세웠다.[7)]

5) '교황'(the Pope) 칭호 부여

이때부터 '교황'(the Pope) 칭호는 로마 교회의 감독(대주교)에게만 사용되었다. 그레고리 1세가 등극(登極)하면서부터이다.

6) 유럽의 재난 상황 극심

6세기 중엽부터 유럽은 침략과 기근, 흑사병에 짓눌려 휘청거렸다. 마치 지옥이 폭발해 세상을 덮은 것 같았다. 하지만 약해질 대로 약해진 당시 정권은 자연 재난 상황을 해결하기에는 역부족 상태였다.

7) 최초의 교황

a. 그런 시대에 권력의 공백을 메운 것은 교황이 이끄는 교회였다. 교황은 어느 날 갑자기 등장하지 않았다. 교황이라는 자리는 수 세기에 걸쳐 서서히 진화한 셈이다.

b. 많은 이들은 그레고리를 최초의 교황으로 보는 것이다.[8)]

---

7) 500년대 까지는 '교황'(the Pope)이라는 칭호는 서방의 모든 주교에게 적용되었다. 그러나 그레고리 1세 때부터 로마의 대교구의 주교에게만 사용되기 시작했다. 교황 제도의 길을 트는데 공을 세웠던 이는 이노센트 1세(Innocent 1)와 레오 1세(Leo 1, 440-461)이다.

8) 5 Minute Church Historian, Richard W. Cornish, NavPress, a division of The Navigators, U.S.A., 2010, pp.98-99. 초대 기독교와 중세 기독교를 나누는 분기점을 그레고리 1세의 교황이 출현하면서부터라고 본다.

v. 그레고리 1세(590-604)

1. 그레고리 1세의 생애

1) 그레고리 1세는 540년 출생했다. 부친이 로마 원로원(元老院, the A Senate)에 재직하고 있었다. 그의 가문은 신앙이 깊으면서 부호(富豪)의 가문이었다.

2) 그의 어머니와 고모 2명이 '성자'(a saint) 칭호를 받은 매우 경건한 가정이며, 부모가 지닌 거룩한 경건과 영성의 감화 속에 교육을 받았다. 따라서 거룩한 영성과 신앙의 사람으로 그레고리는 교육을 받으며 출중한 신앙의 사람으로 성장했다.

3) 그레고리 1세는 574년 부친 사망 후 막대한 재산을 팔아 빈민을 구제하며 6개 수도원에 기증하고, 586년 성 안드레 수도원의 평 수도자가 되었다.

4) 그는 베네딕트 1세(Benedict 1) 교황(감독)의 특사로 콘스탄티노폴에 파견되었으며, 나중에 그의 비서가 되어 교회 지도자로서 자질을 닦았다.

5) 교회와 원로원이 모두 그가 교황이 되기를 갈망했으나 거절했다. 그는 옷을 바꿔 입고 도망하다가 붙들려 주변에 의해 590년 9월에 강제로 교황이 되어 604년까지 14년 동안 눈부신 활동을 하게 되었다.

6) 그의 성격은 은둔적, 금욕적, 헌신적, 신비적, 그리고 조직(계급)적인 성향이 있었다. 한편 오만하고 야심만만한 사람이었으며, 하나님 앞에서는 항상 겸손한 사람이었다.

2. 업 적

교황 그레고리 1세에 의해 로마 교회는 베드로의 사도직 계승 문제를 완전히 매듭짓게 되었다. 그러므로 그의 교황권은 중세 교회사에서 큰 발전과 자취를 남기게 되었다. 교회의 변모가 뚜렷하게 드러나게 되었는데, 다음 몇 가지를 주목해 본다.

1) 교회의 중요 직위에 수도사 채용

a. 그레고리 1세는 수도원장을 지냈던 영성(靈性)의 사람이다.

b. 당시 교회의 영향력 있는 직위에 있어서 영적인 권위가 필요했으며, 공동체에 대한 강력한 리더십을 위해 수도원에서 훈련받은 수도사를 임명했다.

2) 확립된 교황권

a. 그레고리 1세는 다른 모든 감독과 차별화를 드러냄과 동시 그들을 지배하게 되었다고 주장했다.

b. 따라서 동등했던 교구들, 콘스탄티노플 교구 감독, 안디옥 교구 감독, 예루살렘 교구 감독, 알렉산드리아 교구의 감독보다 교황은 더욱 크고 확실한 교회적 권위를 지녔다고 선포하기에 이르렀다.

c. 이어서 세속 국가에도 교황권의 권력을 행사하기 시작했다.

d. 교황의 힘, 직책과 지위는 '로마 감독이 사도 베드로의 사도직을 계승한다'는 문제를 완전히 매듭짓게 한 것이다.

e. 이때부터 로마 교회의 교황은 초대 교회 장로들 같은 겸손하게 섬기는 목자가 더 이상 아니었다. 세상 국가의 황제와 동등한 권위를 갖게 된 채로 교회와 정부를 이끌어 갔다.

3) 영국 선교

영국을 선교하기 위해 어거스틴(Augustine)을 파송시켰다.[9] 역시, 영국의 복음화로 유럽 일대가 선교적 운동이 강하게 일어나게 되었고, 영국과 유럽이 로마 교회의 감독 통치하에 들어오게 되었다.

4) 연옥설

a. 동방 교회는 중간상태(죽음과 심판 사이)를 말하나, 서방 교회는 그레고리 이후 연옥설을 그대로 인정하였다.

b. 작은 죄는 심판을 받기 전에 연옥의 불로써 정결하게 된다고 교리적으로 해석했다(고전3:11-15).

c. 다른 사람의 중보적 기도에 의하여 연옥으로부터 구원받게 된다고 가르쳤다.[10]

5) 성모, 성자에게 예배할 것을 주장했다. 이는 우상숭배가 뚜렷하다.

---

9) 여기 언급되는 어거스틴은 초대 교회사의 성 어거스틴과는 다른 후대의 인물이다.

10) 김의환, 기독교회사, 같은 책, pp.164-165.

3. 실 패

포카스(Phacas)에 대한 태도

a. 포카스는 자신이 동로마 제국 황제로 지칭한 자로 여기에 반대하는 6명의 아들들을 부모가 보는 앞에서 학살하였다.

b. 그레고리 1세는 이 사람에게 축사했다.

Chapter 2

The Movement of Monastic

수도원 운동

ⅰ. 수도원 운동의 원인

ⅱ. 수도원의 기원

ⅲ. 수도원 규칙

ⅳ. 서방 수도원의 효시

ⅴ. 서방 수도원 운동

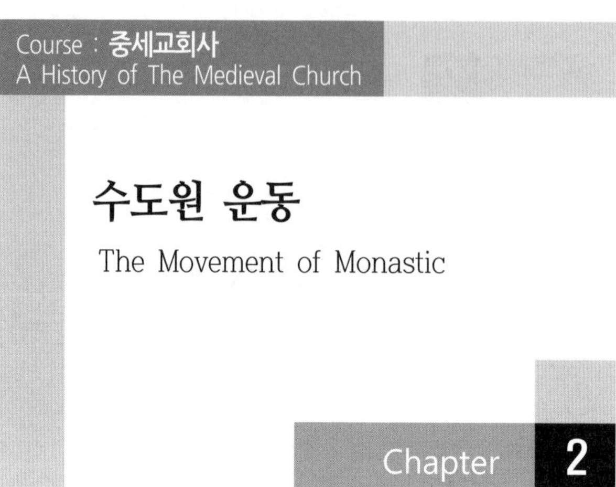

i. 수도원 운동의 원인

수도원 운동은 이미 사도 시대에 사도 바울에 의해 비정상적인 금욕주의를 피하라는 권면에서 비롯되었다(골2:23; 딤전4:1-3). 그러나 엄밀한 의미에서 수도원 운동은 금욕주의에서 발생한 것이라고 말할 수 있다.[11]

1. 수도사의 의미

1) '홀로 사는 사람'(monk)

---

11) 사도 시대부터 사도 바울의 금욕주의를 피하라는 권면을 수도원운동의 효시라고 본다(골2:23; 딤전4:1-3). 수도원 운동은 금욕주의에서 발생한 것이다. 주후 250년 이후 이집트에서 수도원 운동(Monastic Movement)이 시작되었는데, 기독교의 진정한 금욕주의는 이집트의 성 안토니에 의하여 발생했다.

a. 세례 요한

-'수도사'라는 용어는 '홀로 사는 사람'을 뜻하며, 이 용어는 헬라어 '모나코스'(monachos)에서 유래하였다. 홀로 사는 사람의 전형을 말할 때, 성경에 기록된 사례로서 세례 요한을 들 수 있다.

-세례 요한은 예수 그리스도 보다 6개월 먼저 이스라엘에서 주의 길을 예비하면서 금욕적인 생활을 했다.

b. 금욕주의(Anchoretism) 선례

그는 홀로 광야에 거하면서 "회개하라 천국이 가까웠느니라"(마3:1-7; 막1:1-18; 눅3:1-18; 요1:19-28) 천국 복음을 선포하며, 광야에서 낙타옷을 입고 만나와 메뚜기를 먹으면서 철저하게 금욕주의 생활의 선례를 후대를 살아가는 현대인에게까지 교훈을 남겨주고 있다.

2) 수도하는 사람들의 발생 원인

a. 종교적 공동체의 삶 때문에

교회라는 공동체가 이미 구성된 그 안에서 신앙생활을 하던 일부의 사람들은 마을 또는 도시를 떠나 사막에서 홀로 살기 시작했다. 이들은 독신은 아니지만 평범한 사람들과 격리되어 세속과 분리된 독특한 종교적 공동체를 이루는 수도원 삶을 원했다.

b. 그리스도 닮기를 추구하기 때문에

교회가 부패되어 가던 상황 속에서 그리스도를 닮는 본연의 영적(靈的) 생활로 되돌아가자는 운동이 일어났다. 이 운동의 중심을 이룬 것은 수도원이었다. 수도원 운동은 중세시대 초기를 이끄는 영적 원리로 작용했다.

c. 영성으로 더 충만한 삶 때문에

세속과 분리된 수도원의 일상적인 삶을 통해서 영성(spirituality)으로 충만한 삶이 더 유익하다고 생각한 것이 수도자(monk)가 수도원에서 은둔하는 생활이라고 생각하게 했다.

d. 콘스탄틴 대제가 313년 기독교를 공인한 이후 박해받는 교회 공동체의 그리스도인에서 수도원 공동체의 그리스도인의 그룹으로 바뀌어 갔다. 그것은 기독교 교회가 세속화로 빠져드는 것을 경계하고 초대 교회 공동체로 회귀(回歸)하려는 움직임의 하나로 수도원 운동이 출현했다.[12]

2. 세속화의 반작용

기독교가 국가적으로 공인되는 국교(國教)가 되자 나타나게 된 형태로 인해 기독교의 세속화 현상으로서 여기저기서 일어나게 되었다. 수도사가 발생하게 된 원인은 여기에 대한 반(反)작용으로서 금욕생활, 경건생활의 운동이 본격적으로 일어나게 된 것이다.

1) 개인적 신앙 활동 추구

교회가 점차적으로 조직화, 규율화 되어감에 따라 개인적 신앙활동을 수도원이라는 별개의 사회 속의 은둔 그룹에서 구하게 되었다.

2) 물질을 떠난 새로운 생활

a. 인간이 모여 사는 사회생활은 단순함에서 복잡한 생활로 접어들기 시작했다. 인간사회 생활에서 물질은 마음을 변질시키거나 오염시키는 속성이 있다는 것을 깨달았다.

b. 물질을 떠나 그것 없어도 만족하는 새로운 생활을 찾게 되었다.

---

12) https://terms.naver.com/entry.naver?docId=

ii. 수도원의 기원

주후 250년 이후 이집트에서 수도원 운동(Monastic Movement)이 시작되었다. 수동원 운동의 정신에서 싹튼 기독교의 금욕주의는 251년 이집트에서 태어난 성 안토니에 의하여 일어나게 되었다.

1. 성 안토니(St. Anthony, 251-356)

1) 그의 출생

a. 안토니는 나일강에서 24마일 떨어진 작은 마을 코마(Koma)에서 태어났다.

b. 이집트 가문의 풍족한 가정이었지만, 그가 18세 되던 해 부모는 농장과 그밖의 유산을 남기고 세상을 떠났다. 오직 누이동생과 생활했다.

2) 수도사가 된 동기

a. 안토니의 감동과 그리스도의 명령

안토니는 그의 부모가 죽고 16개월 후 교회에서 선포되는 말씀에 크게 도전을 받게 되었다. '소유를 팔아 구제하라'(마19:16-21)는 말씀에 감동하게 된다. 이 말씀은 안토니에게 그리스도의 명령으로 다가섰다.

b. 그는 기도한 후 누이에게 일부의 재산을 주어 생활하게 했다. 그리고 남은 재산을 소외된 계층의 구제와 도움을 절실하게 필요로 하는 자들에게 나눠주었다.

c. 길고 긴 고난의 여정

안토니는 굴속에 들어가 영성이 충만한 경건 생활에 돌입하여 그 길고 긴 고난의 여정을 시작하게 되었다.

<Table-2> **성 안토니의 영성 방법 8가지**

1 세속 떠난 묵상 영성	세속에서 떠나 은둔하면서 수도 생활의 영성을 개발했다. 안토니가 은둔자의 삶을 최초로 시작한 것은 아니나 안토니의 공헌은 수도생활의 처소가 확립된 사회의 주변으로부터 황량하고 고립된 사막의 처소로 옮긴 것이다
2 묵상 훈련 믿음 덕성	지속된 영성의 훈련으로 영성의 믿음과 덕성을 쌓았다. 그는 지식이나 교양이 부족하였으나 신성한 지혜가 있었다. 안토니는 당시 논리학을 배우지 않았고 정규 교육과정을 밟지는 않았으나 영적 훈련으로 인하여 지식보다는 믿음과 덕성을 강조했다. 그의 가장 중요한 덕은 겸손이었다
3 십자가 묵상 능력 증거	십자가 능력을 증거했다 그는 십자가에 달리신 예수 그리스도에 대한 고난에서 발생되는 그리스도의 믿음과 십자가 능력을 증거했다
4 묵상 영성 마귀와 투쟁	영성의 삶은 마귀와의 투쟁을 강조했다 마귀는 믿음이 깊은 자들에게 아무런 해를 끼치지 못하는 존재임을 말하며 마귀를 두려워하거나 마귀를 쫓아내었다고 자랑해서는 안 된다고 했다
5 묵상 중 정통 신앙 견지	교리적으로 아리우스파의 이단성을 비판하면서 정통사상을 견지했다. 그리스도는 하나님과 동일한 본질을 지니신 완전한 하나님이라고 증거함으로 아다나시우스는 안토니를 정통 신앙의 대표적 인물로 묘사하고 있다
6 묵상 중 치유	은둔하면서 묵상하는 영성은 세상 속에서 사람의 치유자요 조언자 역할을 했다
7 묵상 겸손 훈련	인격이 겸손했으며 교회 지도자들과 원만한 인간 관계를 유지하는 비결은 그의 원할한 인성이었으며 이는 그가 추구하는 묵상의 훈련으로 가능했다
8 성령 열매와 묵상 훈련	안토니는 성령의 열매를 맺는 인격적 성숙, 완전을 중요시했다 그가 추구하는 묵상 훈련은 삶의 과정 속에 매우 중요한 우선순위로 실행하였다

3) 그의 경건의 삶

a. 공동묘지부터 사막의 의식처
안토니의 경건의 삶은 깊은 영성의 삶을 시작하는 것이었다. 그는 처음엔 집 없이 마을 밖 공동묘지에서 경건 생활을 시작했다. 나중에는 사람들이 오지 않는 사막에 자리를 잡고 의식처로 삼았다.

b. 악한 세력과 투쟁하는 영적 전쟁
그는 여러 해를 홀로 지나면서 악령들에 둘러싸여 악한 세력과 투쟁하며 살았다. 무시무시하게 생긴 괴물들을 보면서 마음을 빼앗기지 않았고 오히려 그들과 더불어 영적 전쟁을 하게 되었다.

c. 아타나시우스가 사탄과의 영적 전쟁을 하는 것은 인간의 상상을 벗어나는 엄청난 전쟁상태를 말하는 것이다.

4) 추종자

a. 박해의 두려움을 격려하는 안토니
알렉산드리아의 감독을 순교시킨 로마 제국의 마지막 박해 기간에 안토니는 그 도시를 방문하여 두려움에 떠는 신자들을 격려했다.

b. 아타나시우스를 옹호하는 안토니
더욱 유명한 것은 그는 아타나시우스가 아리우스와의 기독론 논쟁에 어려움을 당할 때였다. 안토니는 아타나시우스를 공식적으로 격려하고 기독론에 이단적 교리를 내세우는 아리우스는 "사탄보다 더 악하다"고 했다.

c. 그런데도 이상하게도 그를 벌하거나 비판하는 사람이 전혀 없다는 것이다. 왜냐하면 그 당시 아타나시우스를 옹호하는 것은 곧 자신에게 위해(危害)를 받는 것을 각오해야 했기 때문이다.

5) 수도원의 전형(典刑)

a. 수도원의 효시

안토니는 사막에 들어가 은둔생활을 하게 된다. 거기서부터 안토니에 의하여 지상에 수도원이 세워지고 수도원의 효시가 된 것이다.

b. 위로와 상담으로 소망을 줌

사람들이 그의 소문을 듣고 찾아오면 그들을 잠시 만나 위로와 상담 등을 하면서 힘없는 그들에게 용기와 소망을 주었다. 그들과 함께 사막에 하나의 공동체를 세우고 생활하게 되었다.

c. 다 깊은 사막으로 은둔

안토니는 소문을 듣고 몰려오는 사람을 피해 다시 더 깊은 사막으로 은둔하면서 수도사적인 삶을 보냈다.

2. 공동생활

1) 은둔자(수도자)들의 모임

a. 유명한 은둔자(수도자)가 거주하는 곳에 많은 수도자가 모여 왔다.

b. 수도원의 공동생활

수도원 공동생활은 영성(靈性)이 깊어져 그리스도를 닮기를 원하는 사람이 운집되어 기도하는 곳이다. 그 주변에 사람들이 한 집단을 이루면서 공동생활이 자연스럽게 공동생활하는 곳이 수도자들의 모임이다.

2) 수도원의 기원

a. '수도사'(a monk)

이 말은 '은둔자'의 뜻과 '공동생활을 하다'의 의미를 내포하고 있다. 공동체 회원들은 수도사적인 생활을 하는 지도자를 '수도사'로 불렀다.

b. 수도원의 기원

수도를 위해 집단을 이루고 서로 모여 기도하고 후에는 공동생활을 하게 되면서 이것이 수도원의 기원(the origin of a monastery)이 되었다.

3) 수도원 직접 발생 동기

공동생활을 하게 된 집단은 다른 목적으로 모인 것은 아니다. 하나님을 알고 그를 따르며 그와 함께 깊은 명상과 거룩성(Spirituality)을 유지하려고 모여든 무리를 통해서 수도원은 직접적으로 발생하는 동기가 되었다.

iii. 수도원 규칙

1. 규칙 제정자들

1) 파코미우스(Pachomius, 229-346)

a. 수도원 규칙의 필요

수도원 규칙은 인간이 집단을 이루는 다른 사회 집단이라 할지라도 거기에는 반드시 하나의 규칙(rule)이 필요하게 되었다.

b. 수도원 규칙 제정자

수도원 규칙을 최초로 제정한 사람은 파코미우스이다. 그는 동방의 북부 이집트 나일강의 타베나스(Tabanessi) 섬에 수도원을 설립하고 규칙적으로 예배와 의식, 성경 공부와 학문, 경건 훈련, 노동, 징벌 등에 관한 규정을 제정했다.

2) 아타나시우스의 수도원 방문

a. 이 수도원이 건립된 직후 아타나시우스가 이 수도원을 방문했을 때, 약 3,000명의 수도사로부터 열렬한 환영을 받았다.

b. 모든 커리큘럼에 의한 수도원 교육이 실시되고 있었고 노동을 통하여 자립하며 규모 있는 공동체 생활을 하는 것을 목격하게 되었다.

c. 확장하는 수도원

4세기 말에 가서는 이와 비슷한 수도원 공동체들이 이집트에 세워졌고 이 수도원 운동은 다른 지역으로 퍼져나가기 시작했다.

3) 성 바실(St. Basil the Great, 300-379)

a. 성 바실의 수도원 규칙 제정

성 바실은 삼위일체론과 성령론의 대가(大家)였던 가이샤라의 바실과 함께 지나친 금욕주의를 반대하는 원칙을 가졌다. 그는 사랑과 봉사, 노동, 기도, 성경 읽기, 등의 수도원의 규칙을 나름대로 정했다.

b. 수도원과 교회와의 다리 역할

그는 수도원만 고수하는 사람은 아니었다. 그는 오히려 수도원과 교회와의 연락을 도모하면서 수도원과 교회의 다리 역할을 하게 된 것이다.

2. 규칙제정의 필요성

1) 극단적 금욕생활 자제를 위해

a. 자연발생적 필요에 의하여

수도원 규정은 사람을 통해 세워졌지만, 이 규칙은 자연발생적인 필요에 의해 세워지게 된 결과를 가져왔다.

b. 적절한 금욕생활을 위해

금욕생활의 목적은 거룩하신 하나님께 세속적인 인간이 나아가는 것이다. 그러나 부패한 인간이 어디까지 나가야 하느냐의 경계는 필요했다. 그러므로 지나치게 극단적이지 않으면서 너무 소극적이지 않는 금욕생활의 규칙을 적용하므로 수도원 공동체를 바르게 유지해 갈 수 있었다.

〈Table-3〉 **수도원의 전통적 원칙**

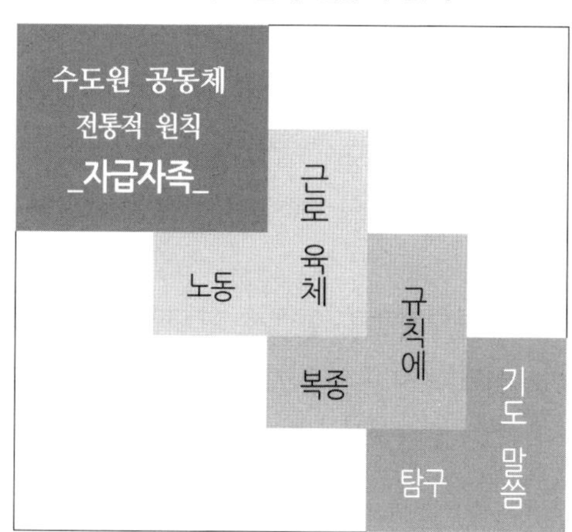

수도원 공동체의 전통적인 원칙은 '자급자족'이다.
그리고 그에 따르는 중요한 원칙은
(1) Work(노동 근로)-육체 노동하는 것이다.
(2) Obedience(복종)-수도원 규칙과 원장의 권위에 대함이다.
이것은 하나님 아버지의 뜻이기 때문이다.
(3) Exploration(기도 진리 탐구)-하나님의 말씀과 그에게 간구하여
부수적인 것이 포함된 모든 것을 지키기 위함이다.

2) 수도원 임무 유지를 위해

a. 인간에게 자유는 주어진 만큼 방종(放縱)하게 되어 있다. 인간이 허용된 규정 가운데 자유를 누려야 한다.

b. 수도원의 엄한 규율은 인간의 자유에 대한 방종(放縱)을 방지하는데 목적을 두고 있다.

c. 수도원의 고유한 본래의 임무를 계속하기 위하여 규정은 원칙대로 고수하면서 적용되어야 한다.

3) 명령계통의 확립을 위해

a. 의지가 강하면 개성도 강하게 나타나게 된다. 이런 부류의 사람들이 모인 집단은 그 통제가 더욱 어렵기 때문에 규칙이 필히 적용되어야 한다. 효과적인 통제를 위하여 규정을 적용하면 그만큼 효과가 배로 나타나기 마련이다.

b. 여러 부류의 사람이 한 공동체 안에서 한 의견으로 조율(調律)되기란 그리 쉽지 않다. 그러므로 효율적인 지도력을 위하여 명령계통을 확립할 것을 깨달았다. 이것은 또한 의견 충돌을 미리 방지하기 위한 지혜로운 조처이기도 했다.

iv. 서방 수도원의 효시

1. 성 마틴(St. Martin)

1) 서방 수도원에 최초 설립자

서방에서 가장 최초의 교회공동체 지도자 중 한 사람은 4세기의 성 마틴(St. Martin)이었다. 그는 동방에서부터 곧 바로 고울(Gaul)[13]에 수도원을 도입하여 설립했다.

2) 성 마틴의 영향력

a. 마틴의 영향은 니니안(Ninian)에게서 찾을 수 있다. 니니안은 397년 솔웨이 퍼스의 훼튼(북 아일랜드 인근)에 교회와 수도원을 세웠다. 그로부터 성 마틴 활동의 본보기로 삼을 수 있었다.

b. 나중 이 수도원은 스코틀랜드 뿐 아니라 아일랜드에도 큰 영향을 끼쳤고, 켈트 교회에도 수도원적인 경건과 영성추구에 영향을 끼쳤다.

2. 서방 수도원 소개

1) 아타나시우스의 유배

a. 아타나시우스는 정통 기독론을 변증하다 7차례의 유배 생활을 당했으며, 오히려 아타나시우스에 의해 서방에 수도원이 소개되기 시작했다.

b. 그는 서방 교회에 동방의 수도원 운동을 서서히 소개하면서 주입했으며 그 당시의 중세 교회의 경건 운동을 강력하게 주도해 갔다.

2) 서방 교회 지도자의 영향

a. 특별히 아타나시우스에 영향을 받았던 서방 교회 지도자는 성 제롬(St. Jerome)[14] 이었다. 그는 중세 서방 교회의 경건한 신학자이다.

---

13) 고울현 프랑스지역을 말한다.

14) 성 제롬(St. Jerome)은 기독교 성직자이다. 제1차 니케아 공의회 이후의 교회 신학자이자 4대 교부 중 한 사람으로서 특히 중세기 서방교회에서 중요한 신학자이다. 중요한 성자로 추대하고 있다. 라틴어 번역 성경인 불가타 성경의 번역자로 잘 알려져 있다. 그의 이름은 고대 그리스어 '히에로뉘모스(Ἱερώνυμος, 347년-420년 9월30일) '신성한 사람'에서 유래한다.

b. 그 밖의 성 암브로스(St. Ambrose)는 이태리 밀라노에 동방의 수도원 제도를 도입하여 수도원을 과감하게 설립하고 확장해 갔다.[15]

3. 왕족의 수도원 생활

1) 수도사의 생활 규범이 서민에게

a. 서방 교회에 세워진 수도원에 수도사의 생활의 규범은 서민들까지 구석구석까지 파고 들어갔다.

b. 수도원 생활 규범은 의식과 교리에 치우치긴 했어도 오히려 그런 원인으로 서방 교회에 수도원의 영향은 엄청나게 파급되어 갔다. 서방에서 수도원은 특별한 계층이 아니라 보통 사람들의 영역으로 간주했다.

2) 로마의 귀족층이 수도원 삶 적응

a. 로마의 귀족층이 수도원의 삶을 살았다는 기록이 있다. 로마 귀족층의 귀부인과 그 자녀들이 수도원에서 노동하며 생활했다.

b. 당시 사회적 분위기는 왕족, 귀족층과 서민의 차이를 아예 구분하기조차 어려운 정서였다. 특히 수도원의 왕족(귀족층)의 생활은 영적 기류의 변혁에서 대단히 큰 기류라고 볼 수 있다.

v. 서방 수도원 운동

1. 베네딕도 수도원 운동(Benedictus, 480-543)

---

15) http://www.newadvent.org/cathen/08341a.htm

1) 서방 수도원의 전형

a. 성 베네딕도

그는 누르시아(Nursia)의 출신으로 본격적으로 서방 교회 수도원 운동을 개척하고 확립해 간 인물이다. 그는 몬테 카시노(Monte Cassino)에 수도원을 설립했다.

b. 서방 수도원 전형

여기에 세운 수도원은 서방 수도원의 전형(典型)이 되어 그에 적용되는 수도원 규칙(규범)까지 제정했다.

c. 베네딕도 수도원-서방의 전형적인 수도원 운동이 되었다. 번영하여 크게 확장하고 성공하게 된 것이다.

d. 베네딕도 수도원 타락

이 수도원이 널리 확장되면서 나중에 경제적으로 부유하게 되었다. 그 후 부패하고 타락하여 세속적으로 흐르는 모순을 남겼다. 이러한 원인으로 베네딕도 수도원은 옳은 전형을 전수하지 못했다.

e. 베네딕도 규칙서 의미

① 성 베네딕도 규칙서(The Rule of St. Benedict)는 기독교에서 수도회의 수도사들을 위해 6세기경 작성했다.

② 7세기부터는 여성 수도회(수녀회)에도 받아들여졌다.

③ 성 베네딕도 규범서의 의미는 베네딕도 수도원 연합의 모토에 집약된다. 그 모토는 다음 2가지로 설명될 수 있다. '평화'[16]와 "기도하고 일하라!"[17]

④ 베네딕도 규칙서는 전체 73개 조항으로 구성되었으며, 지금까지 수도원 규칙의 교본으로 사용되고 있다.

---

16) (라틴어: pax 영어: peace)
17) (라틴어: ora et labora 영어: pray and work)

⑤ 이 규칙서는 15세기가 넘게 사용되었으며, 서방 수도회의 근본으로 인정할 정도이다.[18]

2) 서방에 세워지는 수도회

이때부터 본격적으로 서방에서 수도회들이 조직되어 설립되기 시작했다. 나중 베네딕도는 누이동생을 위하여 마르세이유에 수도원(a convent)과 수녀원(a convent)을 개설했다.

2. 클루니 수도원 개혁 운동(The Cluniac Movement)

1) 설립자 : 베르논(Bernon)

a. 이 운동의 설립자 베르논은 프랑스의 클루니 출신이다.

b. 이 운동은 910년 클루니 출신 베르논이 수도원 개혁을 위해 발생한 것이며, 베네딕도 수도원의 부패 척결을 그 동기로 하고 있다.

c. 클루니 수도원(프랑스어: Abbaye de Cluny)
이 수도원은 프랑스 클루니에 있는 수도원으로 전에 베네딕도회 소속 기독교 수도원이었다. 이 수도원은 로마네스크 양식으로 지어졌으며, 세 개의 교회로 이루어졌으며, 10-12세기 경 완공되었다.

2) 설립 동기

a. 베네딕도 수도원은 부패와 모순된 열정에 빠진 나머지 자신들의

18) https://ko.wikipedia.org/wiki

타락을 간과하는 결핍을 바로잡기 위해 일으킨 것이다. 당시의 수도원 운동은 왕족이나 귀족의 지원을 받아 운영해 갔다. 자연히 그들의 간섭이 나중 부패와 타락의 원인으로 나타나게 되었다.

b. 거기서 수도원을 되찾아 자유롭게 하며 총회나 수도사들이 감독들과 수도원장을 원하는 대로 선출하고 수도원을 영성적으로 독립하려고 일으킨 운동이다.

c. 수도원 개혁을 위한 클루니 수도원 운동은 수도사, 성직자의 개혁을 요구하면서 철저한 금욕생활로 발전해 갔다.

3) 클루니 개혁 운동 4가지

다음 소개하는 클루니 수도원 개혁운동의 4가지 중점사항은 이 수도원 성격과 특징을 보여주고 있다.[19] 클루니 운동의 영향은 서방에 널리 퍼져갔다.

a. 수도원 설립자 베네딕트의 엄격한 성격과 수도원의 규칙(규율)에 따라 수도생활을 규제했다.

b. 당시 사회적 전반에 부정적 정서에 휩싸여 유행하던 성직매매를 강력하게 금지했다.

c. 성직자(사제)의 결혼을 금지하고 경건한 독신생활을 강조했다.

d. 교황의 권위를 높이고 손상되는 일을 경계하고 관리했다.

---

19) https://blog.naver.com/kaistq/150125844447

3. 시토수도회(The Cistercians)

1) 설립자 및 설립 지역

시토 수도회는 1098년 베네딕트 계 수도사 몰로스메의 로버트에 의하여 부르군트(Burgundy)의 시토(Citeaux)라는 곳에 설립되었다.

2) 설립 목적

a. 이 수도원은 베네딕트 교단 특유의 엄격하고 순수한 규칙을 지키려 했던 수도사들에 의하여 세워졌다. 수도적인 정신에 입각한 단순한 삶을 목표로 삼았다.

b. 작은 교회 운동으로서 초막을 짓고 고행하고 수도하면서 자급자족(의복, 식량) 등을 통해서 거룩한 경건생활을 위해 모여든 출신은 농부, 빈민 출신의 수도사로 금욕을 엄격히 금지할 것을 강조했다.

3) 끌레보르(Clairvaux) 수도원 건립

a. 수도원 운동 대표적인 인물-성 버나드

성 버나드는 클레보르의 십자군 기사 출신, 그가 바로 성 버나드(St. Berpnard, 1090-1150)라는 인물이다.

b. 모범적 수도원 만들며 헌신함

그는 1113년 23세에 시토 수도회에 입단한 후 시토회의 정신을 살려 끌레보르 수도원을 모범적인 수도원을 만들며 평생 원장으로서 헌신했다.

c. 클레보르 수도원은 매우 거칠고 외진 계곡이었다. 버나드는 이곳에서 열정적이고 깊은 영성과 특유의 웅변으로 그 운동을 확산해 갔다.

d. 유럽에서는 그를 '유럽의 양심', '유창한 교사'(Doctor Mellifluous)라고 불렸다. 그 유명세대로 그는 겸손하고 위대한 설교자였다.

e. 나중 12세기 중반이 되면서 '시토 수도회'로 조직되고 그 관습을 따르는 수도원의 수가 전 유럽에 걸쳐 300곳 이상으로 성장하게 되었다.

f. 이후 종교 개혁 운동에 영향 끼침

성 버나드는 나중 말틴 루터와 존 칼빈에게도 종교 개혁 운동을 일으키는데 지대한 영향을 끼친 인물로서 중세 수도원 운동에서 매우 중요하다.

4. 탁발수도회(The Mendicant Orders)

이 단체는[20] 프란시스 수도원(Franciscants)과 도미니크 수도원(Dominicants)을 말한다. 한편, 중세교회의 권위를 회복시켜 준 종단이 바로 걸식교단으로서 프란시스 수도원과 도미니크 수도원 종단이었다.

1) **프란시스 수도원**(Franciscants)[21]

a. 창설자

---

20) 탁발교단이란 청빈한 생활을 서약하고 구걸로 생계를 이어가는 수도단이다.
1) 발달 원인:교황과 감독 등이 부와 권세를 얻고 교회에서 안일하게 지내고 예배 의식만 중히 여기고 설교를 가볍게 여겼고 백성들을 멀리하며 수도사들은 청백한 일만 힘쓰고 전도와 구령 사업을 등한시 하므로 수도원이 발달하는 원인이 되었다.
2) 중심 인물:프란시스코 (Francesco, 1182-1226). 이탈리아 앗시시(Assisi)출생으로 3인조 전도대 (소형 제단)를 조직하여 각처에 파송했다. 교단을 운영했다(교황 인노센트 3세의 인가 받음. 교단원은 1221년에 3천명이었으며 귀족, 학자 ,부호들이 많이 입단).
3) 영향:당시 보통 수도사들은 일반이 모르는 언어를 사용하였으나 이들은 민중들을 도와주고 그들의 고백을 듣고 설교했고 많은 대학 교수들이 참가했으며 대학 세력을 확장하였다. 13세기의 학자들은 거의 이 교단에서 배출되었다.

21) 프란시시스 수도원은 교단을 운영했다(교황 인노센트 3세의 인가 받음. 교단원은 1221년에 3천 명이었으며 귀족, 학자, 부호들이 많이 입단함).

프란시스 수도원은 성 프란시스(St. Francis, 1182-1226), 이탈리아의 앗시시(Assisi) 출신이 창설했다.

b. 설립 목적

예수 그리스도의 본을 따라 청빈한 삶을 살아가기 위해 세워졌다.

c. 활 동

3인조 전도대(소형 제단)를 조직하여 각처에 파송했다.

d. 영 향

당시 보통 수도사들은 일반이 모르는 언어를 사용하였으나 이들은 민중들을 도와주고 그들의 고백을 듣고 설교했고 많은 대학 교수들이 참가했으며 대학 세력을 확장하였다.

e. 배 출

① 13세기의 중세 학자들은 거의 프란시스 수도원에서 나왔다.

② 이 수도원에서 보나벤투라(Bonaventura), 둔스 스코투스(Duns Scotus)가 배출되었다.,

그리고 윌리암 오캄(William of Occam) 등 영적 거장들이 배출되었다.

③ 이들은 중세교회에서 영적으로 주도적 위치를 차지했다.

f. 결 과

프란시스 수도원은 나중 설립자 성 프란시스가 지향하는 청빈적 삶의 이상을 저버리고 세속화로 기울게 되었다 그에 따라 프란시스 수도원도 다른 수도원들이 겪었던 악순환에 빠져들면서 약화되기 시작했다.

2) **도미니크 수도원**(Dominicants)

a. 창설자

도미니크(Dominic)-스페인의 귀족 출신 도미니크에 의해 1215년에 창설되었다.

b. 목 적

간소하고 엄격한 생활을 주장하면서 누구든지 이 운동에 참여할 수 있도록 했다. 그리고 이 목적을 그들은 훌륭하게 수행했다.

c. 종교재판소

① 나중에 교황의 인정을 받아 종교재판소의 역할을 도미니크 수도원에 위임하여 수행하게 되었다.

② 종교재판소는 1229년 투올로스 회의(Council at Toulouse)에서 처음으로 설치되었으며, 감독들이 운영했다.

③ 그로 인해 수많은 사람과 지역이 종교재판이라는 미명하에 피로 물들여지는 결과가 나타나게 된 것이다.

d. 농업 장려, 학교 설립

① 나중 이 수도원의 전성기에 농업을 장려하고 학교 등을 세웠다.

② 소외되고 빈민에 빠진 사람들을 구제하는 등 사회적으로 큰 역할을 감당해 갔다.

e. 기도원 열기 시들어감

① 이런 이상적인 사업들에 참여가 줄어들면서 영적인 열기가 점차적으로 식어갔다. 엄격한 수도원 규칙이 영향력에는 한계를 드러냈다.

② 도미니크 수도원은 영적으로 퇴보하여 초기의 영향력에서 멀어지고 결국 타락과 부패가 만연하게 되었다.

4. 프란시스와 도미니크의 비교

1) 성 프란시스

a. 성 프란시스는 가장 섬세하고, 인자하고, 사랑이 넘치는 수도원 출신의 성인이었다. 그는 인격적인 리더십으로 수도원과 종단을 이끌었다.

b. 프란시스는 사도적 기질을 가지고 있었으며 그의 필생의 사업은 개인의 영혼 구원에 궁극적인 목적을 세웠다.

c. 프란시스는 겸손의 표상으로서 당시 사회에서 존경을 받았다.

2) 도미니크

a. 도미니크는 냉철하고 조직적이며 근엄한 성격이었다. 그는 훈련의 대가로서 종단을 엄격한 규범으로써 이끌었다.

b. 그는 교회 행정가로서의 역량을 펼쳤는데, 교회의 권위를 회복하는 능력이 출중했다.

c. 도미니크에겐 이단을 물리치는 데는 망치와도 같은 단호함이 배어 있었다. 정통 교리에 어긋난 이단자에게 가혹할 만큼 대처했다.

<Table-4> **프란시스와 도미니크의 비교**

프란시스	⇦ 차이점 ⇨	도미니크
섬세하고, 인자하고, 사랑이 넘치는 인성	① 본성	냉철하고 조직적이고 근엄한 인성
사도적 기질로 종단을 주도했다	② 기질	엄격한 규범으로 종단을 주도했다
개인의 영혼구원의 교리적 복음을 가졌다	③ 교리	교회 권위를 회복하는 사회구원 복음을 가졌다
겸손의 표상으로 존경 받았다	④ 역량	행정가로서 역량을 가지고 있었다

*복음의 변증에 있어서 나사렛 예수의 역사적 내러티브에 대해 의심하는 태도를 갖고 있다는 것을 경계해야 한다

5. 군사적 종단(The Military Orders)

a. 그들은 모두 군인 신분으로서 수도적인 삶을 사는 사람들로 구성되었으며, 팔레스타인의 순례자들을 보호해줄 목적으로 조직되었다.

b. 그들은 군대적인 조직으로 변해갔으며, 나중 주된 목적이 바뀌게 되었다. 주로 사라센족과 싸우며 종교적인 투쟁으로 비취게 되었다.

c. 힘을 가진 그들은 재산을 모으고 영향력을 사회 전반에 깊숙이 행사하게 된다. 그리고 그 세력들은 사회 전반에 확산되어 갔다.

1) 성 요한 기사단(Ordo Equitum Sancti Johannis)

a. 설립 일자 : 예루살렘에서 1048년 창설되었다.

b. 설립 목적 : 병상자의 간호

c. 주요활동/업무 : 부상자 및 환자의 간호와 구조

d. 소재지 : 프랑스

2) 성 요한 기사단의 내용

a. 요한기사단은 십자군 전쟁 이전에는 구호단(救護團)으로서 활동하였다. 십자군 전쟁 이전이던 1048년 이탈리아 항구 도시국가인 아말피와 살레르노 출신의 상인들은 이집트의 칼리프에게 진료소를 세울 수 있도록 청하였다.

b. 칼리프가 이를 허락하자 예루살렘으로 가는 순례자들을 위한 진료소가 세워질 수 있었다.

c. 이 진료소는 세례자 요한의 묘지에 세워졌고 베네딕도회 수도사(修道士)들의 봉사로 운영되었다. 이러한 사실을 바탕으로 요한기사단은 '구호기사단'이라고도 불린다.[22]

3) 성전 기사단 : 1119년 창설되었다.[23]

a. 설립 명칭 : 그리스도와 솔로몬 성전의 가난한 전사들(라틴어: Pauperes commilitones Christi Templique Solomonici) 속칭 그 소속 수도사를 성전사(聖殿士, Templar)라고 했다. 기독교의 기사수도회 가운데 가장 유명한 조직이다.

b. 설립 목적 : 비전투원들은 기독교 세계 전역의 거대한 경제 인프라를 관리하며, 은행업의 초기 단계라고 할 수 있는 혁신적인 재무 기술들을 개발했다.

c. 주요활동 업무 : 성전 기사단은 1119년 설립되어 1129년경부터 1312년경까지 활동했다(1139년 교황청의 '완벽한 선물' 칙서로 공인되었다). 성전 기사단은 유럽과 성지 곳곳에 요새를 축성했다.

4) 성전 기사단 내용

a. 성전 기사단은 기사수도회 중 가장 부유하고 권세가 강했으며, 기독교 세계 전역으로부터 기부를 받아 규모와 권력이 급속히 성장하여 기독교 금융의 주요 기관이 되었다.

b. 성전 기사단의 기사 수도사들은 흰 바탕에 붉은 십자가가 그려진 망토로 유명하다. 이들은 십자군 전쟁 때 기독교 세계 측의 가장 숙련된 전투 병력이었다.

c. 성전 기사단은 십자군과 불가분한 관계에 있었다. 성지를 상실하자 성전 기사단에 대한 지지도 사그라들었다. 성전 기사 수도사들이 비의적

---

22) https://terms.naver.com/entry.naver?docId
23) https://ko.wikipedia.org/wiki/

의식을 행한다는 소문이 나돌자 성전 기사단에 빚을 지고 있던 프랑스 국왕 필립 4세는 그것을 핑계로 성전 기사단을 제압했다. 1307년 프랑스의 성전 기사 수도사 다수가 필립 4세에 의해 체포되어 고문 끝에 거짓 자백하고 화형에 처해 졌다. 필립 4세의 압박을 받은 교황 클레멘트 5세가 1312년 조직을 해산시키면서 성전 기사단은 공식적으로 사라진다.

5) 튜턴 기사단 : 1190년 창설되었다.[24)]

a. 설립 명칭 : 일반적으로 알려진 튜턴 기사단(독일어: Deutscher Orden, Deutschherrenorden 또는 Deutschritterorden)은 1190년경 예루살렘 왕국의 아크레에서 설립된 가톨릭의 기사수도회이다.

b. 설립 목적 : 기사단의 기원은 제3차 십자군을 지원하기 위해 성지 예루살렘 근처의 아크레에 1190년경 세워진 야전 병원이며, 1198년에 기사수도회로 격상되었다.

c. 주요활동/업무 : 1211년에 지벤뷔르겐(트란실바니아) 같은 동유럽 지역에서 활동하다가 1225년 이후 프로이센으로 이동하여 활동하였다.

6) 튜턴 기사단 내용

a. 그곳에서 이들은 헝가리 왕 엔드레 2세를 도와서 침입한 이교도(異敎徒)인 쿠만족과 싸웠다. 1225년 엔드레 왕에게 쫓겨났다가 마조비아의 콘라트로부터 프로이센에 있는 사람들을 기독교로 개종시켜달라는 요청을 받은 기사단원들은 비수아 강 북쪽으로 이동해 토른(토루인)에 거점을 마련했다.

---

24) https://ko.wikipedia.org/wiki/

b. 1233년 그 지역 담당 단장인 헤르만 발크는 주로 중부 독일에서 자원해온 평신도들로 구성된 군대를 이끌고 프로이센 공격을 개시했다.

c. 그 후에 50년에 걸쳐 비수아강 하류에서 네만강 하류에 이르는 지역에서 대부분의 프로이센인을 라트비아 동부로 몰아냈다. 이후 프로이센 지역에서 프로이센 공국(共國)이 건국되었다.

6. 서방 수도원 규칙

1) 서방 수도원의 원장은 전원이 선거하여 선출한다. 수도사는 원장에 전적으로 순종해야 한다.

2) 서방 수도원의 큰일은 전체 회의에서, 작은 일은 수도원 원장이 수석 수도사와 협의하여 처리한다.

3) 수도원 지원자 : 수도사는 일정한 기도 시험을 한 후, 일정 기간 동안 정주(定住)할 것과 엄격한 도덕을 지킬 것. 복종할 것을 서약한 후 수도원에 입원을 허락하여 수도사가 될 수 있었다.[25]

4) 노동을 장려하여 자력으로 수입을 얻어 자립생활을 하게 했다.

5) 교황 그레고리 1세는 수도원의 교육을 통하여 이교도들에게 전도하는 임무를 맡겼다.

6) 캇시오르도루스는 수도원을 학문의 중심지와 학문의 요람인 교육센터로 만드는 데 큰 공헌을 했다.

---

25) 김의환, 기독교회사, 같은 책, pp.143-144.

Chapter 3

Occurrence Religion of Mahomet

이슬람(무슬림)교의 발흥

i. 이슬람-무슬림교
ii. 마호메드교의 발흥지
iii. 교주 마호메드
iv. 마호메드교(Religion of Mahomet)
v. 마호메드 교의 분열
vi. 현재의 교세
vii. 기독교와 이슬람 관계

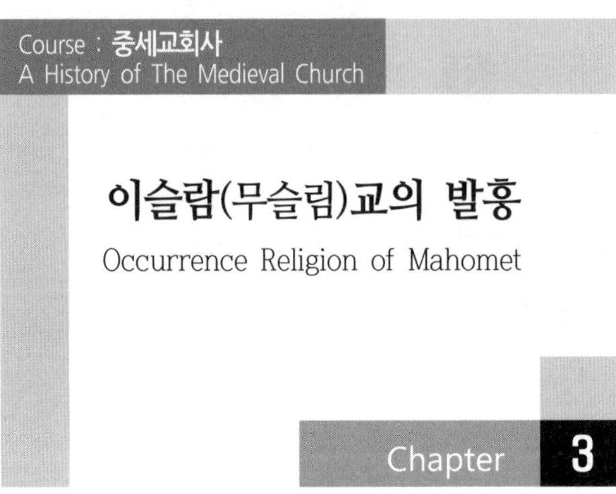

ⅰ. 이슬람-무슬림교

1. 이슬람 교파 이름

1) 마호메드교 : 주로 유럽 쪽에서 이슬람에 대하여 창시자 이름을 붙여서 '마호메드교'라고 부른다.

2) 회회교(회교) : 중국에서는 한문문화(漢文文化) 이므로 '회회교'-(回回敎)라고 부르고 있다.[26)]

---

26) 이슬람 이름의 회회교에 대한 영어명은 다음 표기로 불린다.
1) Mohammedanism/ 2) Islam/ 3) Islamism.

3) 이슬람교(혹은 회교) : 한국에서 부르는 이름은 '회교'(回敎)라고 인식하고 있다.[27]

2. 이슬람 교도는 무엇을 믿는가?

이스라엘 민족이 '여호와'라는 이름으로 유일신 하나님을 믿듯이 이스마엘의 후손인 아랍 민족도 '알라'라는 이름으로 유일신으로 하나님 알라를 믿는다고 한다.[28]

3. 이슬람-무슬림의 의미

1) '이슬람'(Islam)의 의미

이슬람은 순종이라는 뜻이다.[29] 이 종교를 창시(創始)한 자인 마호메드(Mohammed)의 신은 알라(Allah)이며, 그에게 순종을 말하고 있다.

2) 무슬림(Muslim)을 함께 사용

신봉자들은 자신을 무슬림(Muslim−복종이라는 의미), 또는 다른 말로 모슬렘(Moslem)이라 하며, 이는 '복종하는 자'라는 뜻을 지니고 있다. 그러므로 무슬림은 '이슬람의 법도를 따르는 사람'을 말한다.

---

27) 회족(回族)의 종교라는 뜻으로, '이슬람교'를 이르는 말이다.

28) 마호메드(무하마드)를 알라의 계시를 받은 사람이며, 이슬람창시자라고 믿는다. 그러나 이슬람 종교와 관계된 이름들이 자주 오르내리는 단어를 소개한다. '지하드'는 노력한다는 뜻이며, 이슬람은 성전(聖戰)으로 사용한다. '탈레반'은 '탈'-(학생아라는 뜻), '반'-(결사대라는 뜻)이다. 모하메드 오마르는 탈레반 창시자(32살이며, 빈 라덴(44세)은 얼마 전 미국테러의 주모자로서 미군에 의해 체포하여 그 시신이 바다에 수장되었다.

29) '이슬람'이라는 말은 알라께 복종한다는 의미도 담겨있다.

ii. 마호메드교의 발흥지

1. 아라비아(Arabia)

1) 아라비아의 지역 분포

a. 아라비아는 주로 사막이 대부분이다. 그러나 메마른 돌들이 깔린 지형도 무시할 수 없으며 광활한 지역으로 분포되어 있었다.

b. 아라비아의 의미는 Arabia/Αραβία-'초원지대'를 가르킨다. 홍해와 페르시아만 사이에 있는 거대한 반도이다. 고대에서는 아라비아를 세 지역으로 구분했다. 그러나 성경에서 말하는 아라비아는 주로 바위(petrea) 지역과 사막(deserta) 지역을 가리켰다.

c. 한편, 역대하 9:14, 에스겔 27:21에서는 남부 해안지역인 펠릭스(felix)까지 포함하여 말했다.[30] 드넓은 지역이므로 소 부족간의 분쟁과 영토 확보 투쟁이 계속되었다.

2) 인종은 크게 두 종류로 구성되었다.

a. 베두윈인

용맹하고 사막에 거주. 유목민으로 '광야 사람'이라고 불렀다. 거칠고 모진 광야생활을 하는 유목민족(렘25:24)은 동쪽으로 바벨론까지, 서쪽으로 이디오피아까지 건너가서 살았다고 기록하고 있다(대하21:16, 사13:20).

---

30) 1) Petrea, 돌이 많은 지역-모압, 에돔, 요단강 동편지역/ 2) Deserta, 사막지역-시리아 사막과 중앙 아라비아를 포함하는 지역/ 3) Felix, 해안에 접한 지역-반도의 남부지역.

b. 하데시인

도시 외래문화를 받은 종족으로 주로 상업에 종사했으며, 베두윈족에 비하여 비교적 온화한 성품의 종족이었다.

3) 종교

a. '알라교'(Religion of Allah)를 선언하고 '알라'(Allah)를 최고의 신으로 믿었다.[31)]

b. 그리고 자신을 선지자로 자처했다. 한편, 알라교에는 다신(多神) 숭배가 많았다.

4) 메카(Mecca) 마호메드교의 중심지이며, 이곳은 각종 우상이 360개나 안치되어 있었다.

iii. 교주 마호메드

1. 마호메드(Mahomet)

1) 출 생 : 마호메드는 570년경 아라비아의 메카(Mecca)에서 명문 상업 귀족 가문에서 유복자로 출생했다고 한다.

---

31) 알라 (Allah)의 이름은 코란에 99번 다른 뜻이 있다. 그 중에 하나는 "파괴자"라는 뜻이고, 다른 하나는 "그는 해악을 위해 (al-Durr) 손상시키는 자"로 설명된다. 이것은 하나님의 속성(성품)이 아니다. 성경은 증거하기를 "하나님은 파괴자가 아니다."라고 한다. Allah(모슬림의 신) 종교의 실체이다. 알라숭배는 모하메드(Mohammed: 622 A.D.)가 출생되기 이전부터 있었다. 모하메드는 압둘라(Abd Dullah)의 아들이다. 압둘라 엘무타립(Abd al-Muttalib)은 하심 (Hashim)이 모하메드의 본 이름이다. 압둘라(Abd Dullah)는 알라의 종(Slave)이었다. 그렇다면 모하메드가 어떻게 알라(Allah)를 자신의 아버지라 소개하는가? 바로 이것이 바벨론 종교의 본색이라 한다.

2) 성 장 : 일찍이 부모를 잃고 불행한 시절을 보내다, 25세 때, 부유한 과부와 결혼했다.

3) 종교적 계시

a. 성년 때, 사막에서 고독 중에 기도로 무아지경에 빠졌다. 그때, 마호메드는 누군가의 음성을 들었다고 했다.

b. 마호메드는 사업차 외국을 드나들었으며, 유대인들을 접했다. 그러나 기독교 세계와 접하기도 했으나, 이단적 그리스도인들을 만났다. 마호메드는 그들에게서 유일신에 대한 사상을 전달받았지만 어떤 감화도 못 받았다.

2. 일신교(一神敎) 설립

1) 일신교 창시

a. 40세에 신의 계시를 받았다고 했으며, 그 후 이슬람교인 일신교(一神敎)를 창시했다.[32]

---

32) 이츠키 히로유키, 양윤옥 역, 신의 발견, 지식여행, 2007, p.238.
일신교는 기본적으로 하나의 신만을 섬기는 것을 의미한다. 그러나 하나의 신만을 섬긴다고 해서 그것이 항상 엄격한 일신교, 즉 절대적 일신교인 것은 아니다. 경쟁하는 다른 여러 신 중에 하나의 신만을 경배한다는 의미일 수도 있기 때문이다. 기독교의 구약 성경 신명기 5장 10절의 "내 앞에서 다른 신을 섬기지 말라."는 말에는 이러한 것이 암시되어 있다. 다신교라 할지라도 내재적인 유일신을 인정할 수 있다. 고대 그리스 철학자들은 신이 어떤 식으로든 세계에 내재되어 있다고 여겼으며, 힌두교에서는 세계 자체는 환영이며 브라만만이 우주의 궁극적인 실재라고 파악한다는 점에서 힌두교 역시 덜 엄격한 일신교라고 볼 수 있다는 주장도 있다(대니얼 J 부어스틴, 이민아 외 역, 창조자들 1, 민음사, 2007, p.85.). 이런 주장에 입각할 때, 아브라함 계통의 종교를 절대적 일신교라고 한다면 힌두교는 선택적 일신교, 즉 단일

b. 일신교(一神教 · Monotheism,توحيد) 또는 유일신교(唯一神教)는 오직 하나의 신만이 존재한다는 믿음이다.[33]

2) 메카에서 추방 : 마호메드는 자신의 출생지인 메카에서 추방되어 메디나(Medina)로 도피했다.

3. 알라신을 섬기는 신흥종교

1) 신흥종교 중심지

a. 마호메드는 새롭게 근방의 부족들을 규합하여 세력을 점차적으로 확장해 갔다.

b. 630년에 메카를 점령하고, 알라를 섬기는 신흥 종교의 중심지로 삼았다.

2) 알라 신전으로

a. 이슬람교 창시 후 교세를 확장하다가 메카에서 622년 메디나로 피신할 때 신자 수는 100명에 불과했다.

b. B.C. 630년경 다시 무력을 사용하여 메카를 점령하고 메카에 있는 '카바' 신전을 알라 신전으로 바꿨다.

신교에 해당한다. 정토진종의 경우도 여러 신과 부처를 인정하나 오직 아미타불에만 의지하므로 선택적 일신교, 즉 단일신교에 해당한다고 볼 수 있다.

33) 제이 스티븐슨, 이지영 역, 펼쳐라 철학, 서해문집, 2006.
유대교, 기독교, 이슬람교와 같은 아브라함 계통의 종교라고 주장하고 있다.

3) 기독교에 도전

a. 마호메드교의 발흥으로 기독교가 도전을 받게 되었고 선교영역에 변화가 찾아오게 되었다.
b. 마호메드는 632년 63세를 일기로 세상을 떠났다.

iv. 마호메드교(Religion of Mahomet)

1. 기 원

1) 마호메드가 개교한 종교는 처음엔 아라비아인의 종교 혁신에 있었으나 나중에는 세계 정복에 목적을 세웠다.

2) 마호메드교는 무력으로 그들의 종교적인 세력을 확장하기 위해 최대 수단으로 삼을 것을 정책적으로 삼는다.

3) 알라 종교의 세력을 위하여 무력을 사용하고 자비와 긍휼 대신 칼을 사용할 것을 결의했다.

4) 마호메드교는 다른 일신교와 제휴하려 했으나 기독교에서 박해하므로 기독교에 대해서도 철저하게 배타적 태도를 취했다.

2. 교 리

1) 일신교로 일체의 우상을 배척하는 것을 원칙으로 삼는다.

2) 참신의 이름-'알라'

a. 마호메드의 참신의 이름은 '알라'-Allah라고 한다.

b. 인류 구원을 위해 천사, 모세, 예수를 보냈다고 한다.

c. 그러나 이는 기독교의 성경과는 거리가 먼 하나의 자신들의 주장일 뿐이다.[34)]

3) 구원론

a. 마호메드의 구원론은 신앙을 위해 노력하는 자가 천국에 간다고 믿고 있다.

b. 기독교의 구원론은 성경이 말하는, 오직 예수 그리스도를 믿어야 구원을 얻는 것을 선포하고 있다(요 3:16, 14:6).[35)]

4) 이슬람교 다른 이름 : 절대복종의 의미를 담고 있는 '이슬람'(Islam·알라께 복종)이라는 마호메드가 만든 이슬람교의 다른 이름을 보아도 안다.

5) 신에게서 받는 보상 : 이들이 자신이 믿는 이슬람을 위하여 무모하게 생명을 거는 것도 나중 알라에게 받는 보상이 크다는 것을 확실하게 믿고 있기 때문이다.

---

34) 모하메드는 천사(예언자, 인간)로 모세와 예수보다 우월하다고 한다.

35) "하나님이 세상을 이처럼 사랑하사 독생자를 주셨으니 이는 저를 믿는 자마다 멸망치 않고 영생을 얻게하려 하심이라"(요한복음 3:16). "예수께서 가라사대 내가 곧 길이요 진리요 생명이니 나로 말미암지 않고는 아버지께로 올 자가 없느니라"(요한복음 14:6).

3. 도 덕

1) 근행 기도, 구제, 메카 순례

2) 음주, 돼지고기 금함.

3) 일부다처제 이슬람의 일부다처 제도

a. 당시 '우후드산' 전투에서 전사한 미망인과 고아를 돌보아야 할 사회적 필요와 종족 유지를 위해 채택되었다.

b. 전쟁으로 인하여 남자는 적고 여자는 많은데 여자의 성관계 대상이 어차피 부인이 있는 남자일 수밖에 없으므로 간음 죄를 짓지 않도록 합법화했다.

c. 가난하여 어렵게 살아 결혼할 능력이 없는 여자를 능력 있는 남자가 둘 이상 돌봐준다는 취지에서 합법화시켰다.[36]

4) 노예를 허락함

a. 마호메드교는 노예제도를 허락한다. 이 종교의 상태를 봐서 전제주의 산물(產物) 같은 인상을 지울 수 없다.

b. 이는 기독교에서 노예제도를 금하는 것과 정반대의 종교적 사상을 발견하게 된다.

---

36) 이슬람 쪽에서는 좋은 취지로 만든 법이라 할지라도 기독교 사상에는 어긋나며 기독교인이 아니더라도 현대 관습에도 맞지 않으며 이슬람인 자신들도 이법의 원래 취제에 어긋나게 남존여비 사상이 짙어졌으며, 또 부자나 권세있는 사람은 여자를 노리개나 성 만족 대상으로 이용하는 악습이 되어 기독교인이 볼 때는 마땅히 폐지되어야 할 악습이다.

4. 경전-「코란」

1) 최상 예언자 : 마호메드를 최상의 예언자로서 종교, 정치, 모든 사물을 정하는 무상의 권위자로 인정하고 있다.

2) 코란 편집자 : 코란은 마호메드가 사망 후, 수족처럼 활약하던 그의 제자 아부베커(Abubeker)와 서기 자이드(Zaid)가 편집한 것이다.

3) 코 란

a. 이슬람의 경전인 코란은 마호메드가 '알라에게서 받은 계시'를 22년 동안 전한 것을 모은 모음집인 격이다.

b. 내용

① 전 114장으로 편집되어 있다.

② 음주, 도박을 금하고 있다.

③ 돼지고기를 안 먹기 등 금지하고 있다.[37](열사 기후, 부패 쉬움).

④ 남성 1명은 4명의 아내까지 둘 수 있도록 일부다처를 허용한다.

⑤ 남자의 수염 기르기 등은 남성 우월주의를 조장하는 것이다.

⑥ 수염을 길러서 남성과 여성을 엄격한 구별하기를 강조한다.[38]

4) 순니는 마호메드의 언행을 기록한다.

---

37) 돼지고기 안 먹기는 열사기후와 유목민 생활환경으로 돼지 사육이 어렵다.
38) 아브라함, 모세, 예수, 무하마드가 실천한 것을 따라야 한다는 이슬람 교리를 실천하는 것이다.

v. 마호메드교의 분열

1. 원 인

1) 교리 투쟁

2) 세력 다툼

2. 후계자 세력 다툼

1) 1대 장인 아부 베커(Abu-Beker, 632~644)

2) 2대 오마르(Omar, 634~644)

3) 3대 오트만(Othman, 644~655, 북아프리카 점령

4) 5대 조카 알리, 6년 후 살해됨

5) 6대 므아위아 1세(Moiawiya Ⅰ)는 알리(Ali)를 죽이고 옴마야 가문(家門)을 개설하여 100년간 유지했다.

3. 분 파

1) 순니파(Sunnites) : 3대 치하에서 코란 이외의 전설(이것을 순나(Sunna)라 부름)을 인정했다. 이 파는 마호메드교의 정통파로 자처하고 우월권을 주장한다.[39)]

2) 쉬데파(Shiites) : 순나(Sunna)를 반대하는 파이다.

---

39) 이슬람의 여러 교파 중에서 경전과 순니를 사용하는 순니파가 정통이라고 한다.

3) 수리파(Sufism) : 신비적인 영성을 추구하는 종파이다. 이 파에서는 성자가 많이 발생했다.

vi. 현재의 교세

1. 포교-이슬람의 번창

1) 이슬람교는 후계자(칼리파, Khalif·Khalifa)가 군대를 조직하고 무기를 들고 영토를 확장했다. 이들은 피정복자들을 설득하여 선봉이 되게 했다.

2) 계속해서 B.C.644년경 아라비아 반도 밖으로 진출하여 시리아, 이라크, 북부 메소포타미아, 아르메니아, 이란, 이집트 등을 정복 하여 이슬람교를 믿도록 했고 정복 사업은 계속되어 북아프리카, 대서양 연안까지 확장했다.

3) B.C. 711년에는 스페인, 중앙아시아, 인도북서부, 프랑스, B.C.751년에는 중국의 당나라까지 포교를 성공했는데, 그 후 이슬람 본부의 힘이 약화되어 모로코, 튀니스, 중앙아시아, 이란, 이집트 등이 독립국가를 만들었지만 이슬람교는 더욱 번창해갔다.

4) 이슬람의 영향력은 동편은 인도, 서아시아, 중앙아시아, 북아프리카 연안, 스페인 반도, 콘스탄티노폴, 로마까지 위협했다.[40]

---

40) 제5장. 회교의 발달과 기독교권의 축소-570년 메카에서 출생한 모하메드는 부모를 잃고 삼촌의 손에서 자랐다. 622년 7월15일 메카에서 메디나로 이동하였는데, 이날을 회교도에서는 헤지라라고 부르며 또한 회교도의 기원 원년으로 삼는다. 이렇게 출발한 회교도는 한 손에는 코란을, 한손에는 칼을 들고서 칼리프 아부 바크르가

2. 현재의 교세

1) 지금도 이슬람교를 믿는 나라는 대부분 신정일치(神政一致) 제도이며 그 나라는 점차적으로 신정일치로 바뀔 공산이 크다고 본다.

2) 외국에 이슬람 선교사를 나랏돈으로 보내기 때문에 이슬람교의 성장이 빠르다 참고로 최근 50년 사이 세계적으로 기독교는 47% 성장한데 비해 이슬람은 500% 성장을 했다.[41]

3) 현재는 세계인구의 1/3(11억 추산, 그중 어린이가 5~6억) 북아프리카 아라비아반도, 이란, 동부 소련, 터키, 아프카니스탄, 파키스탄, 서부중국, 미국, 유럽(특히 독일, 프랑스) 그리고 한국에 까지 퍼져 있다.

4) 2025년 경에는 전 세계인구의 35%가 될 것이라고 내다보기 때문에 이슬람의 실체를 인정하고 그에 걸맞는 정책을 펴야 한다.

아라비아 전역을 점령하였으며, 칼리프 오마르는 635년 다마스커스를, 638년에는 예루살렘을 각각 점령하였다. 동시에 또 다른 회교도들은 이집트를 침공해서 오늘날 카이로로 알려진 도시를 건설하고 642년 알렉산드리아를 점령하였으며, 647년에는 아프리카 북부 해안을 따라서 점령하기 시작하였다. 그리고 651년에는 페르시아까지 완전히 점령하였다. 북아프리카를 점령하기 시작한 회교도들은 695년 카르타고를 점령하고서 그때까지 존속하였던 모타누스 교회, 도나투스 교회, 아리우스파 교회, 그리고 단성론파 교회들은 모조리 회교도화 시켰다. 지브롤터 해협을 건너서 스페인을 점령하기 시작하였으며, 732년에는 피에네 산맥을 넘어서 프랑스까지 침공하다가 투르에서 프랑스의 망치 왕 찰스를 만나서 퇴격당한 이후로 스페인의 코르도바에 독립적인 칼리프제국을 건설하였다. 그러나 이들 칼리프제국은 유대교도들과 기독교도들에게 회교도를 인정하는 조건으로 거주를 허락하였으며, 이렇게 스페인에서 회교도를 인정하는 조건으로 거주를 허락하였으며, 이렇게 스페인에서 회교도 밑에서 잔존하였던 기독교도들을 타종교에서는 '모자람이라고 부른다. 기독교권은 회교도들을 맞이해서 유럽의 동쪽과 남쪽에서 축소 되었다.

41) 기독교는 선교사 단독으로 파견하는데, 이슬람은 선교사를 뒤따라 구호물자, 병원, 학교 등이 들어간다.

3. 우리나라의 이슬람 교세

1) 한국에서 무슬림 소개

a. 무슬림 교도가 처음 한국 땅에 소개된 때는 6.25 전쟁 시기였다.

b. 한국 전쟁에 유엔군의 일원으로 참전한 터어키군의 주베르코치와 압들라흐만 형제였다.

c. 그들은 북한의 공산당과 전투를 하면서, 한편으로는 천막으로 이슬람(무슬림)교 성전을 세워 한국인에게 무슬림교를 전했다고 한다.

2) 임시 무슬림 성전 세움과 선교 시작

a. 터어키군의 지원으로 서울 이문동에 임시 성전이 세워졌다.

b. 텐트 3동을 설치하여 청진학원을 개원, 정규 중학교에 진학하지 못한 불우 청소년 약 120명에게 중등과정 교육과 이슬람 교육을 병행하여 실시하였다.

3) 한국 이슬람교 협회 발족

a. 1955년 10월에 이슬람교를 효과적으로 전파하기 위해 '한국이슬람교협회'가 발족 되었다.

b. 1967년 3월에는 '한국이슬람교협회'를 재정비하여 '재단법인 한국이슬람교'를 설립하여 한국 정부에 설립 인가를 받았다.

c. 1976년 5월에는 현재 한남동에 [중앙 사원]과 [이슬람교 센터]를 개원했다.

4) 한국의 이슬람교도 수 : 이들의 교도 수는 약 32,000명이지만 계속해서 무섭게 증가하고 있다고 봐야 한다.

5) 한국 이슬람대학교 기공식 : 1980년 최규하 대통령이 오일공급 문제로 사우디아라비아를 방문하여 한국 이슬람대학교 설립공사의 일체를 지원을 받아 13만 평에 기공식을 했다.

6) 중등 근로자가 무슬림 되다 : 70년대 중동의 건설 붐으로 중동에 파견되어 일하던 한국인 근로자 1,700여 명이 중동지역에서 무슬림이 되어 귀국하여 무슬림 포교의 중심역할을 한 것이다.

vii. 기독교와 이슬람 관계

1. 십자군 전쟁

1) 11~12C 유럽의 기독교는 성지 탈환이라는 이유로 이슬람 지역에 침입하여 민간인까지 무자비하게 학살하는 십자군 전쟁을 일으켰다. 그 후 1000년 이상을 기독교는 이슬람과의 악연이 계속되었다.

2) 20C 들어와서는 공산당이라는 공동의 적으로 인하여 기독교와 이슬람은 그냥 침묵 상태로 지내왔다.

2. 문명 전쟁과 역사

1) 이슬람 극단주의자 : 서구사회를 괴롭히는 이슬람 극단주의자인 탈

레반은 한때는 오히려 미국에서 무기를 지원받는 한편이었다.

2) 문명 전쟁의 개념

a. 동서 이데올로기 시대(냉전 시대)를 지나 세계적으로 공산당이 무너진 후, 다시 기독교와 이슬람이 싸우게 되었다.

b. 학자들은 기독교와 이슬람의 분쟁을 '종교 전쟁'이라하지 않고 '문명 전쟁'이라고 한다.

3) 서구 기독교와 이슬람

a. 당시 서구 기독교 국가 진영은 어디를 가든지 물질이 풍부하고 문화와 문명이 발달되었다.

b. 이슬람 국가는 하루에 1~2천명 이상 어린이가 굶어 죽을 정도로 매우 가난하고 미개 국가가 대부분이었다.

4) 미국의 무력 공격

a. 서방국가를 대표한 미국은 아프카니스탄을 무력으로 보복 공격을 감행했다.

b. 미국은 이 전쟁에서 종교 전쟁 혹은 문명 전쟁이 아니라는 인식을 세계에 심어주려고 폭격기가 지나간 후에 구호물자를 실은 수송기가 지나가면서 음식, 의복 약품 등을 투하한다고 메스컴을 통해서 보도했다.

5) 현재 이슬람교도(무슬림)의 인구

a. 현재 세계 무슬림 인구는 아시아, 유럽 및 아프리카 대륙에서 10억에 달한다. 인류의 다섯 명 중 한 명이다.[42)]

b. 과거 무슬림 교도는 거의 이슬람 국가에서 배타적으로 살아왔다.

c. 현재는 이민을 통해 서부 유럽에만 600만 명 이상의 무슬림(이슬람) 교도가[43)] 살고 있다.

42) 프랑스에서 무슬림교도는 가톨릭 버금가는 제2의 종교 세력을 구축했다. 1945년 이래 단 1개의 이슬람 사원을 소유하고 있었던 영국은 1989년 이후 1천개가 넘었으며, 1백만 명 신도에 서유럽에서 가장 큰 이슬람 성전을 보유하고 있다. 더욱이 미국에서는 현재 5백만의 신도와 6백여개의 회교 사원으로 세번째로 규모가 큰 종교로서 자리를 잡았다.

43) 이슬람은 오일 달러를 무기삼아 조직적 선교활동을 전략적으로 행사하고 있다. 이슬람은 1974년 무슬림 세계연방회의에서 이슬람 세계 선교 위원회가 구성된 이래, 세계적으로 성장 속도가 가장 빠른 종교가 되었다.

Chapter **4**

Mission to West Europe

서유럽 전도와 복음 확장

ⅰ. 프랑스 전도
ⅱ. 독일(German) 전도
ⅲ. 영국 전도(Anglo saxon)
ⅳ. 아일랜드(Ireland) 선교
ⅴ. 반동과 싸움
ⅵ. 이단 바울파(Paulicians)

Course : 중세교회사
A History of The Medieval Church

서유럽 전도와 복음 확장

Mission to West Europe

Chapter 4

ⅰ. 프랑스 전도

프랑스는 중세시대에 프랑크 왕국이었다. 프랑크 족은 독일계통의 사람들로서 중부 유럽 평지와 독일 숲 속에서 나온 민족이다. 프랑스는 원래부터 고울(Gaul)이라 불렀다. 2세기 중반부터 프랑크 왕국에 대한 선교가 이루어졌으며 리용(Lyons)과 빈(Vien) 지역에서 교회가 활발하게 확장되기 시작했다.

1. 선교사

1) 이레니우스(Irenaeus)

a. 이레니우스는 2세기 후반 고울(프랑스 지역)에서 처음 전도한 선교

사로 기록되었다.

b. 이레니우스는 리용(Lyons)의 감독이 되어 라틴 말이 아닌 셀틱(Celtic) 말로 전도하여 선교의 큰 효과를 거뒀다.

c. 이 사역은 주변의 많은 사람에게 개종(改宗)하는 선교의 열매를 맺게 했다.

d. 이레니우스의 고울(프랑스) 선교는 로마화한 도시 사람들을 넘어서 교육받지 못한 시골 사람까지 기독교가 확장되는 계기를 만들어 주었다.

2) 성 마틴(St. Martin, Bishop of Tours, 361~400)

a. 성 마틴을 포함한 7명의 선교사가 로마로부터 파송되어 선교사역을 감당했다.

b. 그는 본래 군인이었다가 수도사가 되었다. 그러므로 그는 군대식으로 수도원을 운영했다. 사람들을 수도원에 강제로 입교시켜 복음을 군대식으로 주입 시키며 훈련했다.

c. 그는 사랑이 많은 사역자였다. 헐벗은 자가 지나가자 자신의 외투 절반을 찢어 그에게 입혔다. 그날 밤 꿈속에서 외투 절반을 예수님이 입고 계신 모습을 보았다고 했다.

d. 고울 지역 전국에 우상이 세워진 전당을 헐고 제거하며 사역을 단행했다.

3) 콜럼바누스(Columbanus, 540-615)

a. 콜럼바누스는 선교에 대한 열정적이며 위대한 선교사였다. 그는 이미 북 아일랜드 뱅고(Bangor)에 수도원을 세워 선교사역을 강하게 발생시켰다.

b. 선교사들은 아일랜드 뱅고에서 고울을 향해 멀리 혹은 가까운 지역으로 나갔다. 콜럼바너스 역시, 선교팀을 조직하여 고울 지역으로 이동하여 선교를 단행했다.

c. 595년에 12명의 선교팀을 이끌고 독일에 선교했다.

d. 보스게스(Vosges) 지방에 룩스웰(Luxeil), 앤그레이(Anngray), 폰테인(Fontaine) 등 유명한 수도원을 세웠다.

e. 610년 스위스 북방지역의 여러 곳에 수도원을 세워 복음을 활발하게 전개했다.

f. 614년 이탈리아 지역 바비오(Bobbio)에 수도원을 세웠다.

2. 선교 역사를 일으킨 왕

1) 클로비스(Clovis, 496)

a. 496년 성 마틴의 헌신적인 선교는 프랑크 족 왕이었던 클로비스가 왕의 신분으로서 예수 그리스도를 영접하게 되었다.

b. 클로비스는 부르군디의 클로틸타(Clotilta of Burgundy) 공주와 결혼한다. 그리스도인이었던 클로틸타는 남편에게 전도했으나 그리스도를 영접하지 않았다.

c. 독일과의 전쟁에서 큰 위기를 당하게 되자, 이 전투에서 하나님이 승리하게 해주시면 하나님의 종이 되겠다고 서약한다. 왕은 전쟁에서 이기고 약속대로 493년 크리스마스에 3천 명의 창을 든 군사와 함께 연합 세례를 받는다. 군인 합동세례식의 효시가 되었다.

d. 클로스비의 개종은 기독교를 국가정책으로 장려하고 퍼트리게 되어 프랑크 왕국은 새로운 국면을 맞게 되었다.

e. 로마 제국이 멸망하면서(AD 476년 로마제국 완전 멸망), 야만인

취급을 받던 프랑크 왕국이 점점 세력을 확장해 가기 시작한다.

2) 찰스 마르텔(Charles Martel, 715~740)

a. 찰스 마르텔은 샤를마뉴(찰스 대제)의 조부(祖父)이다.

b. 732년 회교의 군대가 스페인을 정복한 후, 피레데 산맥을 넘어 프랑스 중심부에 도착하여 공격해왔다. 회교 군대에게 전 유럽이 문을 열어 제치고 유럽을 내준 듯한 급박한 상황에 빠지게 되었다.

c. 그 때, 프랑크 왕국의 궁내 대신이었던 찰스 마르텔은 유럽의 기독교 세력을 총 결집하여 Tours에서 그들을 격퇴시켰던 것이다.

d. 그 결과 유럽 국가 전체가 모하메드의 회교도가 정복하게 될 뻔한 위기에서 기독교로 남게 되었다.

3) 서방 유럽 교회를 복음으로 견고하게 함

a. 독일과 화란에 선교사를 파송하여 그 지역에 복음의 전초기지가 서도록 한 장본인이다.

b. 보니페이스의 주선으로 742년 프랑크 교회 대회를 소집하여 다음과 같은 사항들을 결의하여 고울 지역의 교회를 확고하게 다지게 된다.

① 교회의 규칙을 엄수하며 계율에 따라 생활하게 한다.

② 성직자의 부도덕한 생활을 엄하게 다스리며 부패를 방지한다.

③ 신부의 결혼을 원칙적으로 금지시킨다.

④ 금욕생활을 장려하여 성직자의 영성을 강화시킨다.

c. 프랑스는 감독회의를 747년에 소집하고 로마 교황의 사법권을 인정하기를 결의하고 선포한다.

ii. 독일(German) 전도

게르만 족들이 발생했던 지역이다. 그들에게 복음이 들어가기 전에는 약탈과 노략질을 일삼으며 생존했던 야만족들이었다. 그러나 그들이 기독교로 귀의한 후에는 아름답고 훌륭한 민족으로 변화하게 되었다.

1. 사역자들

1) 윌리브로드(Willibroad, 657~739)

출생과 사역

a. 윌리브로드는 영국의 요크(York) 출신이다. 그는 아일랜드 교회 신자로서 신앙의 교육과 감화를 받고 성장했다.

b. 690년 프리지아(Frisia)에 선교사로 파송된다. 처음에는 이교도 주민들의 심각한 반대에 봉착했다. 그러나 끝까지 도전하여 수많은 기독교로 개종하게 한다. 나중 프리지아 전 지역이 기독교 신앙으로 고백하게 되었다.

c. 네델란드(화란)와 덴마크는 당시에 황무지였다. 그러나 윌리브로드는 그 지역에 사력을 다해 복음을 증거하여 선교사역의 교두보 역할을 감당했다.

2) 윈프리드(Winfrid, 680-754)

a. 출생과 성장

① 영국의 귀족 출신으로 672년에 데본(Devon) 지방에서 출생했다.

소년시절부터 수도원에서 신앙지도와 고등교육을 받으며 성장했다.

② 윈프리드의 별명은 보니 페이스였으며, 이 뜻은 '선행하는 자'이다.

③ 윈프리드는 윌리브로드의 제자였다. 그에게 복음의 감화와 지도를 받았다. 그를 도와 선교사역에 동참하여 사역을 감당하게 되었다.

b. 사 역

① 그는 켄터베리(Canterbury) 대주교를 도우며 선교활동에 힘썼다.

② 교황 명령으로 프로이센(716) 선교를 거쳐 독일 전도의 사명을 받았다. 거기서 게르만 여러 부족들에게 복음을 전파하며 선교사역을 감행했다.

③ 732년 독일의 대 감독으로 임명되었다. 우뢰신에게 입신했던 게르만 족들이 발생하게 되자, 수천 군중인 그들 앞에서 우뢰신이 있다는 상수리 나무를 도끼로 찍어 무사하자 많은 게르만 족들이 복음을 갖게 되었다.

④ 738년 라인강 동부에서 다뉴브강 북쪽까지 광범위한 지역을 복음화 시켰다.

⑤ 그는 전 사역을 통해 20년간 10만 명에게 세례를 베풀었다.

⑥ 744년 독일 중서부 폴다(Fulda)에 베네딕트 수도원을 세우고 제자들을 양성했다. 이 수도원은 후에 그 지역의 성직자 양성과 학문연구 중심지가 되었다.

⑦ 746년 마인츠(Mainz) 지방의 대 감독이 되어 독일에서 가장 모범적인 선교활동의 기지로 세웠다.

-흩어진 교회를 일사분란한 행정체제 아래 연합시켰다.

-그 지역의 왕과 지방 유지들을 기독교로 개종시켰다.

-여자 전도자를 남자 전도자 보다 더 강하게 훈련시켜 수도원 밖으로 나가 전도를 감당하게 했다.

-베네딕트 수도원 규칙을 엄하게 적용하여 성직자 기강을 강화했다.

c. 순 교

① 753년 그는 마인츠의 성공적인 사역지를 룰(Lull)에 물려주고 50여 명의 일행과 함께 프리시안의 새 사역지를 찾아갔다.

② 755년 7월 프리시안의 독쿰에 있는 본(Borne) 강가에 천막을 치고 전도하는 중 프리시안의 이교도 습격을 받아 그와 제자들이 함께 순교했다.

iii. 영국 전도(Anglo Saxon)

1. 선교사들

1) 어거스틴(Augustine)과 수행원 40명

a. 596년 교황 그레고리우스 1세가 어거스틴을 영국의 공식 선교사로 파송했다.

b.어거스틴과 그의 일행은 타네트(Thanet) 섬의 엡스플리트(Ebbsfleet)에 상륙했다.

c. 영국 켄트(Kent) 왕 에델버트(Ethelbert)의 왕비는 베르타(Bertha)였으며, 그녀는 프랑코(Franco) 왕가의 공주 출신이다.

d. 그녀는 자신의 출생국 프랑스에서 기독교를 받아들였다. 남편인 에델버트 왕은 아직 기독교를 몰랐으나 로마에서 온 선교사들을 관대히 대했다.

e. 597년 켄트 왕은 어거스틴의 전도를 받아 예수 그리스도를 영접했으며, 그해 2월에 세례를 받았다.

f. 켄트 왕은 자신이 믿는 복음으로 인해 영국 전역에 기독교를 확장

시켰다. 이때, 1만 명이 세례를 받았다.

g. 이 선교로 인하여 영국의 국교(Englican Church)가 탄생되는 중요한 요인이 되었다.

h. 597년 11월, 어거스틴이 영국교구의 대감독이 되어 계속 선교 활동을 강화하고 든든한 선교전초기지로 마련하게 되었다.

I. 영국의 켄트 왕은 성 어거스틴에게 캔터베리에 저택을 마련해주고 그의 선교사역을 앞장서서 도운 일화도 있다.

j. 604년 어거스틴이 죽을 때, 왕은 다음의 비문을 그의 무덤에 세웠다.

> "여기 로마의 감독 그레고리에 의해 파송된 Canterbury 대주교 어거스틴이 누워있다. 그는 하나님의 도우심으로 에델베트 왕과 영국을 우상숭배로부터 그리스도의 신앙으로 돌아오게 했다".

2) 펠라기우스

a. 펠라기우스는 원죄(Original Sin)를 믿지 않고 타락 이후에도 인간의 자유의지(Free Will)의 선택에 의해 구원이 시작된다고 했다.

b. 펠라기우스는 성 어거스틴과 교리적 논쟁을 벌였던 이단적 그리스도인이다.

c. 그를 통해 영국은 AD 400년 경에 이상한 복음이 들어가게 되었다.

iv. 아일랜드(Ireland) 선교

1. 선교사들

아일랜드는 지리적으로 유럽 대륙에서 볼 때, 서북쪽에 위치하여 영국에 가려있었다. 면적으로도 영국과는 1/3 정도 밖에 안 되는 섬나라 아일랜드가 영국 보다 먼저 복음화가 이뤄졌다. 이는 패트릭 선교사 때문이다. 아일랜드는 유럽선교의 중심지가 되어 많은 선교사들을 유럽 각지에 파송하게 되었다.

1) 패트릭(Patrick, 396~493)

a. 영국 북쪽의 작은 귀퉁이를 차지하고 있는 스코틀랜드 그리스도인의 가정에서 389년 출생했다. 그의 부친은 교회 집사였다.

b. 그는 어릴 때 북아일랜드의 도적들에게 포로가 되어 추장 집에서 6년간 종으로서 목동 생활을 하게 되었다.

c. 종살이에서 프랑스로 피신하여 레닌스(Lenins) 수도원에 들어가 수도한 후 파리에 유학한 후에 귀가한다.

d. 패트릿은 431년 아일랜드인이 '우리를 도와 달라'고 간청하는 환상을 보게 되었다.

e. 432년 안수받고 아일랜드의 선교사로 파송되어 그 지역에 복음이 본격적으로 번창하게 되었다.

f. 신학교와 수도원을 세워 학문을 일으키고 선교의 기지로서의 발판을 굳게 다지며 30년간을 사역하게 되었다.

g. 그의 사역은 일반 서민들의 두터운 지지를 받았다. 그리고 귀족까지 그의 신망이 두터웠고 아일랜드 각처에 수도원을 세워나갔다.

2. 선교에 공헌한 자들

1) 휘니안(Finian of Conlard, 470~548)

a. 콘라드의 휘니안은 수도원 운동을 중심으로 사역했다.

b. 휘니안은 아일랜드 지역 곳곳에 수도원을 세우고 그 제도를 크게 발전시켜 나갔다.

2) 성 콜룸바(St. Columba, 521~597)

a. 성 콜룸바는 왕가(王家)에서 출생한 왕족 출신으로서 정치가이며, 수도원장이었다.

b. 성 콜룸바는 패트릭의 선교단체로부터 스코틀랜드의 선교사로 파송을 받았다.

c. 563년 동역자 12명과 아이오나(Iona) 섬을 선교 수도원을 건립하고 복음화의 기지로 삼는다. 그곳에서부터 스코틀랜드 복음화의 확산을 가져오게 했다.

3) 아이단(Aidan)

a. 아이단은 아이오나 수도원의 수도사로서 신 아이오나에 수도원을 세웠다.

b. 635년 아이단과 그의 친구들은 아이오나에서 린디스판(Lindisfarne)이라 불리는 노덤브랜드 해안의 작은 섬으로 건너갔다.

c. 30년 이내에 노섬(노덤)브리아(Northumbria) 포스(Forth)에서 험버(Humber)까지 복음화 했다.

4) 베다(Beada, 673~735(추정)

a. 베다는 7세에 출생지 비아마스의 수도원에 들어가 지냈다.

b. 성서학자이며, 법학자이며, 역사 서술가로서 영국 교회사(731)를

저술한 학자이기도 했다.

c. 692년경 젊은 나이로 부제에 임명되고 703년경 사제가 되었다.

d. 일찍부터 성서 연구에 전심하여 그의 학식은 동시대인에게도 높이 평가받았다.[44]

v. 반동과 싸움

1. 왕가의 혼란

1) 에드윈 왕 전사, 선교사 귀향

a. 개요 : 앵글로색슨족의 7왕국 가운데 하나였던 베르니시아는 7세기 서부 픽트족의 달 리아타 왕국을 통합하였고, 후에 영국 노덤(노섬)브리아 왕국으로 발전한다.

b. 종교 : 노덤브리아의 앵글로색슨 종교는 이교(7세기 이전)였다가 복음을 받고 앵글로색슨 기독교(7세기 이후) 왕국이 되었다.

c. 노섬(노덤)브리아(Northumbria) 왕국(653-954)은 남북 간의 내란으로 에드윈 왕이 전사했으며, 그곳에 파송되었던 선교사 파울리스는 귀향한다.

2) 건국과 혼란 끝에 기독교 문화 번영

a. 건국 : 베르니시아에서 547년에 건국하였다. 610년경 데렌 왕국을 지배하고, 노섬브리아 지방을 제패하였으나 그의 아들인 오즈왈드 왕이 641년에 머시아 왕국의 국왕 펜다에게 패배하고 만다.

44) https://terms.naver.com/entry.naver?docId=

b. 그 후 프랑크 왕국으로부터 원조를 받아 머시아에 대항하였으나, 825년 웨식스 왕국의 국왕인 에그버트에게 항복하였다.

c. 북방의 브리튼족의 침입, 국내 귀족의 반항 등으로 고통을 받았다.

d. 기독교를 받아들이기 시작하여 5세기경 이후부터 아일랜드인 등의 도래가 이어져, 기독교로 인해 문화는 번영하였다.

2. 로마 교회에 속하기로 협의

644년 휘트비(Whitby)에서 영국 교회 대표와 로마 교회 대표가 모여 협의한다.

1) 노섬(노덤)브리아 앵글로 색슨 왕은 협의 결과 서방 로마 교회에 속하기로 한다.

2) 또한 영국 교회의 제도와 예배 의식은 서방의 로마 교회의 법을 따르기로 결정했다.

3) 협의 결과 부활절은 주일(Sunday에 지키기로 했다.

vi. 이단 바울파(Paulicians)

1. 개종과 주장

1) 콘스탄티누스 실바누스(Constantin Silvranus, 650~660)

a. 마니교 가정에서 출생했으나 마니교를 배척하였다.

b. 바울 서신에 감동되어 영과 육신, 율법과 은혜를 대조하여 열심히 그 주의를 설명하고 그 주장을 펼쳤다.

c. 바울을 존경하는 의미에서 자신을 실루아노, 제자들을 디모데, 디도 등으로 불렀다.

2) 이단 바울파의 주장

이단 바울파는 1891년 아르메니아 남방 에드미아찐(Edmiatzin) 도서관에서 발견된「진리의 검」이라는 책에 의해 드러나게 된다.

a. 이단 바울파는 이원론(二元論) 주장한다.[45)]

b. 이들의 주장 중에 '예수는 하나님의 양자'라고 했다.

c. 신약은 베드로 서신을 제외하고는 모두 선한 신의 말씀이다.

d. 로마 교회 제도를 혹평(화상 예배, 수도원, 성례 등에 대하여)

e. 생활은 순결, 개혁 정신이 강하다.

2. 전파

1) 전파의 내용

a. 콘스탄틴 황제가 27년간 키봇사에서 전도했다.

b. 콘스탄틴 황제가 포고나투스 시메온(Pogonatus Simeon)을 사자로 보내어(685년) 정통 교회를 따를 것을 권면하였으나 도리어 세메

45) '이원론'은 세상은 악의 세력이 조장했으나 영은 신에게서 왔다는 이론이다.

온이 감동되어 그 이단들의 무리 바울파에 가담하고 지도자가 되었다. 세메온은 699년에 화형을 당하고 말았다.

c. 박해와 핍박의 도덕적 타락 행위로 말미암아 분열되었다(여황제 테오도라의 박해로 10만 명이 죽었다).

d. 이들의 이단 교리는 10세기 경에 유럽 각지에 퍼졌다.

Chapter 5

Iconoclastic dispute

성상 파괴 논쟁과 동서교회 분리

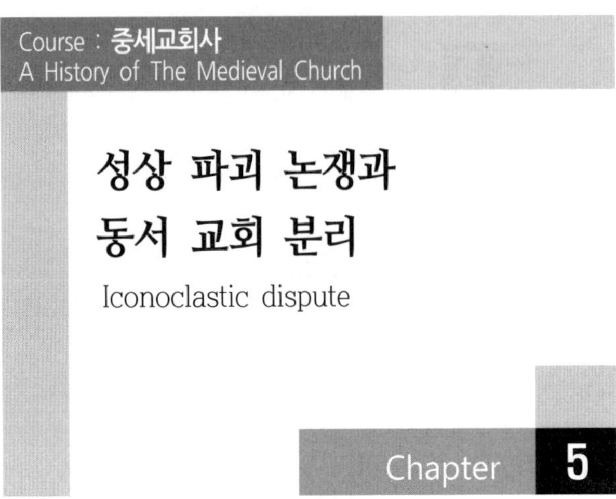

i. 성상 파괴 논쟁(Iconoclastic dispute)

1. 미신적 분위기 고조

1) 성화 성상 숭배

a. 7세기 초, 교회들의 가장 큰 이슈는 예배당 안에 성화(聖畵, 화상이라고 말하기도 함)나 성상(聖像, 조각이나 상징물을 말함)을 설치하거나 사용하는 일이었다.

b. 성화, 성상 등에 대한 그림이나 형상에 대해 무릎 꿇고 기도하거나 예배하는 등 무지한 미신적인 분위기가 고조되고 있었다.

2. 제1차 성상 파괴 운동(726~787)

1) 동방의 황제 레오 3세(Leo Ⅲ)가 2개의 칙령을 발표했다.

a. 726년 회당 안에 성화(화상)에 입 맞추는 것을 금지하라
b. 회당에서 성화, 성상(성화)을 일체 제거하라

2) 동서 교회 갈등, 형태적으로 돌출되기 시작했다.

a. 서방 교회(로마 가톨릭교회)에서는 이것들을 설치하는 일을 허용했으나 숭배되어서는 안 된다고 했다.

b. 동방 교회(희랍 정교회)에서는 이것들을 아예 세우거나 설치도 안 되며, 성상 숭배를 강력히 반대하여 양측 동서방 교회 서로가 갈등을 거듭해 갔다.

c. 한편, 교회 밖의 회교도(무슬림)들은 그리스도인들이 '우상 숭배자'라고 조소까지 하게 되었다.

3) 성상 파괴 운동-8세기와 9세기에 두 차례 일어났다.

a. 동기 : 키클라데스 제도의 화산이 분화하고 해일 피해가 일어나자, 레오 3세는 이를 '신의 분노'로 여겨 성상 숭배를 금지해야겠다고 생각했다.

b. 시작 : 성상 파괴 운동의 시작을 말하고 있는 전통적 설명에서는 726년~730년에 레오 3세가 콘스탄티노폴 대궁전 카르케 문(Χαλκῆ Πύλη, '청동문')의 그리스도 이미지를 제거하라고 명령하면서이다.

c. 성상(聖像) : 여기서 말하는 성상은 성화(聖畵, 이콘)와 성상을 포함하며, 예수, 마리아, 성인 등을 조각하거나 그린 것을 말한다.[46]

d. 여론 : 레오 3세는 성상 파괴를 지시했지만, 성상 옹호론자에 대한 처벌은 없었다. 처음에는 신학적 문제보다 성상 숭배의 실질적인 증거와 효과에 관심이 집중되었다.

3. 754년 동방의 콘스탄틴 5세가 대 종교회의 소집

1) 동방 교회의 성상 숭배에 대한 반대 입장

a. 동방 교회는 서방 교회의 성상 등 일체의 물리적인 설치를 반대했다. 당시에 서방 교회는 성상 등을 숭배하며 그 앞에서 분향하고 있었다.

b. 이런 예배행위는 교회에 있어서 심각한 문제로 제기되기 시작했다. 콘스탄틴노플에서 대 종교회의를 소집했는데, 이 회의는 성상, 화상, 십자가, 휘장을 교회당이나 개인 집, 그리고 수도원 등에 계시하는 것을 금지하는 결의를 단행했다.

2) 동방 교회 교리적 선언

a. 서방 교회의 성상 숭배는 비성경적, 반(反) 기독교적인 것이라고 선언하고 동방 교회의 교리적인 입장을 밝혔다.

b. 교회당에 성상 등 이외의 것을 설치하여 숭배하는 것은 그리스도

---

46) 성상 파괴론을 자세히 설명하는 문서(사료)는 남아있지 않다. 최종 승리자인 성상 숭배 옹호론자들의 기록만 있다. 성상 파괴 운동은 황실(궁정)이 아닌 속주(屬州)에서 일어났는데, 콘스탄티노폴리스 총대주교 게르마노스 1세가 주교 2명에게 성상 숭배에 대한 염려를 표하면서, "성상숭배가 계속되면 신도들이 심하게 동요할 것"이라고 말한 것을 추정하고 있다.

인을 유혹에 빠뜨리는 것이다.

c. 이것은 성경에 위배되며 우상숭배의 행위로서 기독교에 도전적인 것이라 규정하여 금지시켰다.

3) 성상 숭배를 두고 동서방 교회가 서로 규탄과 응징

a. 성상 반대에 대한 규탄 : 로마 교황 그레고리 3세는 731년 교회 회의를 소집하여 레오 3세의 행위를 규탄했다.

b. 성상 숭배에 대한 응징 : 이에 대한 응징으로 레오 3세는 칼라브리아와 시칠리아의 교황 영지를 몰수했고, 교회 회의는 없었고, 총대주교나 주교들도 성상 파괴를 지시하지 않았다.

c. 741년에 레오 3세는 사망했다. 아들 콘스탄티노스 5세도 성상 파괴론자였다.

4) 성상 파괴주의의 신학적 관점

a. 754년 콘스탄티노스 5세는 히에리아 공의회를 소집하여 성상 파괴주의를 공식적으로 기독교 교리에 포함했다.

b. 이때 성상에 대한 복잡한 신학적 주장들이 나타났다. 성상 파괴론자들은 초기 기독교의 한 형태인 성상 숭배를 엄격히 금지하는 것이 목표였다.

c. 성상은 예수 그리스도의 2가지 본성(本性)을 동시에 표현하지 않고, 따로 표현한다.

d. 예수의 육체적 모습만 표현하면 네스토리우스파이다. 예수의 2가지 본성을 하나의 형태로 혼합하여 표현하면 단성론이다. 그러므로 성상 숭배는 이단에 해당하는 행위이다.

5) 성상 숭배 옹호론자에 대한 탄압과 과정

a. 765년 콘스탄틴 5세는 성상 옹호론자(숭배)를 과격하게 탄압했다.

b. 775년 콘스탄틴 5세가 사망하고, 아들 레오 4세가 황위에 올랐다. 레오 4세는 아버지보다 덜 과격했고, 파벌을 중재하기도 했다.

c. 780년 레오 4세가 사망하자, 황후 이레네(Irene)가[47] 섭정을 맡았다. 이레네는 성상 옹호론자였다.

2. 제2차 니케아 공의회 소집(787년)-(동서방 회의라 불림)

1) 동방의 레오 4세의 미망인 황후의 소집

a. 동방 황제 콘스탄틴 5세를 계승한 레오 4세의 미망인 황후 이레네(Irene)의 영향으로 소집된 회의가 2차 니케아 회의였다.

b. 754년 불가리아와의 전쟁에 밀리는 동로마 제국의 상황에서 레오 5세는 성상 파괴에 대한 교회 회의에 관심을 보였다.

2) 성상 숭배를 위한 복원 운동

787년에 동서방 교회 양측이 2차 니케아 회의에 참석할 것을 소집하고 성상 숭배를 복구했다.

3) 동방의 레오 3세의 정책을 완전히 번복한 결정

---

47) 황후 이레네는 콘스탄틴 5세 부인, 레오 4세 모친이다

a. 황후(황제모친)는 예배당에 성상 등을 설치, 섬기는 것을 좋아했다.

b. 그런 분위기 속에서 참예하는 예배를 좋아하여 아들의 통치에 대하여 섭정을 한 것이다.

c. 거기서 결정된 사항들은 다음과 같다.

① 그리스도, 마리아, 천사, 성인들의 성상을 세울 수 있도록 했다.

② 성상에게 예배와 경배는 존경의 뜻으로 드리는 것이다.

③ 성상에 촛불을 켜고 분향도 가능하다.

④ 성상 예배는 그 근원을 숭배하기 때문이다.

2) 성상 파괴 운동의 결과

a. 성상 파괴 운동으로 인한 정치적 갈등은 결과적으로 유스티니아누스 1세부터 계속된 동로마 제국의 교황 통제를 종식했다.

b. 동로마 제국은 교황을 직접 지명하거나, 선출된 교황을 승인했다.

c. 교황은 랑고바르드족이 이탈리아를 침입하는 상황에서 동로마 대신 자신을 보호해줄 세력으로 프랑크 왕국을 선택했다.

ii. 서방 교회의 성상 숭배의 동향

1. 성상 숭배에 대한 서방 교회 교황의 강력한 지지

1) 서방 교회들은 성상 숭배에 대한 지지는 절대적인 것이었다. 그 이유는 자신들의 교회전통을 지키는 것은 자존심 그 자체였다.

2) 다른 한편으로 동방 교회가 자신들보다 더 우위권을 나타내는 것에 대한 견제심리도 컸던 것은 사실이다.

2. 794년 프랑크프르트 회의 성상 숭배에 대한 반대

1) 샤를마뉴 대제와 프랑크족의 성직자들은 동방 교회와 같이 성상 숭배를 단호히 반대하고 나섰다.

2) 샤를마뉴의 언명(言明)

> "오직 하나님만이 예배 되고 경배 되어야 한다. 성자(聖者)들은 존경될 뿐이며 성상(聖像)들은 절대 예배되어서는 안 된다"(카롤링거 왕조의 책, Car- olingian Books).

iii. 동서방 교회의 갈등 진상

원래 하나였던 동방과 서방 교회는 중세시대가 시작된 이후부터 서서히 그 진상이 심각하게 나타나기 시작했다. 동방(희랍 정교회) 교회와 서방(로마 교회) 교회는 정치적인 상황과 문화적 배경의 차이가 심하게 확대되므로 둘로 갈라지기 시작했고 그 갈등으로 인하여 원래 하나이던 교회 공동체는 서서히 멀어져 가버린 것이다.

그 진상은 성화 논쟁으로 불붙기 시작했다. 그리고 콘스탄틴노플 대 주교의 권위를 강조한 102권징 조문 통과로 더욱 노골화되어 갔다. 양쪽 교회는 전통이 서로 다르게 나타나면서 예배와 성례 전 등 사소한 차이가 양측 동서방 교회 간의 사이를 극과 극으로 분열되게 했다.

1. 동방 교회의 분리 시도

1) 동방 정교회(Orthodox Church) 이해

a. 정교회, 로마 가톨릭교회, 개신교회

이 지구상에 있는 기독교(예수 그리스도를 구세주로 고백하는 신앙공동체-기독교)를 크게 셋으로 구분한다.

① 정교회(동방)

② 로마 가톨릭교회

③ 개신교회

b. 정교회(Orthodox Church)-동방정교회, 희랍정교회

① 정교회는 '동방 정교회', '희랍 정교회'라고 불리지만 같은 말이다.

② 동방 정교회로 불리는 것은 로마를 중심으로 유럽의 東쪽(그리이스, 불가리아, 폴란드, 러시아, 체코 등)에 분포해 있으므로 그렇게 불린 것이다.

③ 희랍 정교회라고 불리는 이유는 그 신학사상과 교리가 희랍어(헬라어)로 되어있으며, 희랍 철학적인 요소(신플라톤주의, 신비주의, 수도원주의)가 강하기 때문이다.

c. 동시에 정(正)교회라고도 불리는 그것은 자기들이야말로 정통교리를 수호하는 진정한 교회라는 자부심에서 그렇게 부른다. 정교회(正教會)란 정통교회(Orthodox Church)의 줄임말이다.

2) 로마 가톨릭 교회에 대한 이해

a. 로마 가톨릭 교회란 이태리 로마에 있는 바티칸 교황청의 지휘를 받는 교회를 말한다.

b. 로마 가톨릭 교회는 서방교회, 천주교회라고도 불리고 있는 같은 말이다.

c. 서방(西方) 교회라고 불리는 이유는 주로 이 교회가 서유럽에 분포하기 때문이다(이태리, 프랑스, 스페인, 포르투갈 등).

d. 그 교리와 신학책들이 로마 제국의 언어였던 라틴어로 기록되어 있기 때문이다. 한국에서는 '천주교회'라고 불리운다. 천주(하나님의 교회)라는 뜻에서 그렇게 부른다.

3) 처음엔 하나였던 기독교회

a. 원래 기독교회는 하나였다.

b. 사도행전에 나타나 있는 대로 예수님의 부활 승천 이후 마가의 다락방에 모인 120명의 사람 가운데 성령님이 역사하심으로 기독교 공동체가 형성되었다.

c. 예수 그리스도를 구주로 고백하는 교회 공동체가 시작되었다.

d. 이 교회는 예루살렘에서 안디옥으로 안디옥에서 소아시아와 로마, 스페인, 북아프리카 등지로 퍼져나갔다.

e. 그리하여 주후 300년 경에는 기독교 공동체가 다섯 개의 교구로 조직화 되었다. 주로 대도시를 중심으로 다섯 개 교구가 만들어졌다.

① 로마 대교구

② 콘스탄티노플 대교구

③ 알렉산드리아 대교구

④ 안디옥 대교구

⑤ 예루살렘 대교구

iv. 동서방 교회 완전 분열 결과

1. 분열 형태

이 다섯 개 교구는 서로 사이좋게 협력하며 좋은 관계를 유지했다.
1054년 거대한 힘과 능력을 소유한 로마 대교구의 교만으로 인하여 동방 교회와 서방 교회가 두 조각으로 나누어지고 말았다.
로마를 중심으로 한 로마 가톨릭교회(서방 교회)와 나머지 4개의 교구를 중심으로 한 동방 정교회로 분리되고 말았다.

〈Table-5〉 **동방 서방 교구 분열 형태**

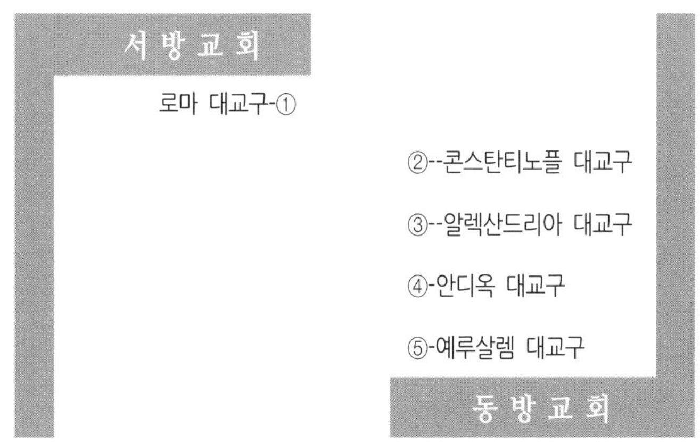

1) 로마 가톨릭의 계속적 확장

a. 이후 로마 가톨릭은 서유럽의 정치, 경제, 군사적, 문화적 발전에 힘입어 계속 발전되고 지리적으로 확장되었다.

b. 로마 가톨릭은 라틴 아메리카, 미국, 필리핀 등지로 확산되었다.

2) 동방 정교회의 쇠퇴

a. 첫 번째, 동방 정교회는 동유럽이 아라비아의 무슬림(이슬람)의 침공을 받아서 거의 쑥밭이 되었다.

b. 두 번째, 동방 정교회는 몽고족의 침공으로 식민 지배를 받게 되었으며, 종교적으로 문화적으로 다른 이질문화의 침략을 당하게 되었다.

c. 세 번째 최근 20세기 초에는 공산주의 정부가 동유럽을 70여 년 동안 지배하는 바람에 발전하지 못하고 정체되어 있다.

d. 네 번째, 미국 청교도 선교사들에 의하여 복음화되었고, 반공을 국시로 하는 대한민국의 개신교회 지도자들과 신자들에는 이 동방 정교회가 낯설기만 해서 한때는 이상한 종교로 보일 때가 있었다.

iii. 비잔틴 제국

1. 비잔틴 제국의 영토(전성기 시절)

비잔틴 제국은 최고의 전성기에 카프카스[코카서스]에서 대서양까지, 크림반도에서 시나이반도까지 그리고 다뉴브 강에서 사하라 사막까지 이르는 광대한 영토를 가지고 있었다.

2. 비잔틴 제국의 문화

비잔틴 제국은 그레코-로만 문화를 보존했으며, 소위 그리스도교를 확산시키는 데에도 크게 기여했다. 비잔틴 문화는 서방 교회의 문화를 동방으로 발전시켜가는 교두보 역할을 하게 된 것은 사실이다.

3. 비잔틴 제국의 관습

비잔틴 제국은 서방의 정치적, 사회적, 종교적 관습들을 창안하고 체계화했다. 그러한 관습들은 우리 시대까지 상당한 영향을 미치고 있다. 다음과 같이 그 역사를 살펴볼 수 있다.

1) 비잔틴 제국의 탄생 시점

a. 많은 역사가는 비잔틴 제국이 기원 4세기부터 기원 15세기까지 존속했다고 한다.

b. 비잔틴 제국은 동로마 제국의 연속이었다. 비잔틴 제국이 탄생한 시점에 대해서는 의견이 분분하다.

c. 다수의 역사가는 콘스탄틴 대제가 기원 330년에 제국의 수도를 로마에서 비잔티움으로 옮기면서부터 비잔틴 제국이 하나의 구별된 개체로서 그 모습을 갖추기 시작했다고 한다.

2) 비잔틴의 수도

a. 콘스탄틴 대제는 자기 이름을 따서 그 도시(현재의 이스탄불)에 '콘스탄티노플'이라는 이름을 붙였다.

b. 한 역사가는 고대 콘스탄티노플을 '명성도 높았지만, 소유물은 그 명성을 능가할 만큼 많았던' 도시라고 묘사한다.

c. 비잔틴 제국의 통치자들과 시민들은 한 번도 자신들을 '비잔틴 사람들'이라고 부르지 않았다. 자신들을 그저 '로마이오이' 즉 '로마인'이라고 생각했다. '비잔틴'이라는 용어는 14세기 이후가 되어서야 사용되었다.

3) 비잔틴의 번성

a. 기원전 657년에 그리스의 정착민들은 자기들의 전설적인 지도자인 비자스의 이름을 따서 이곳을 '비잔티움'이라고 불렀다.

b. 869년 동방 교회는 자신들을 '정통 교회'라 부르고 서방 교회를 '비 정통교회'라 불렀다. 그 후 200년간 비잔틴 제국(동방)은 왕성하게 세워지고 확장되어져 갔으나 서방지역의 유럽은 영국을 제외한 나머지 나라들은 대부분 점차적으로 쇠잔해 갔다.

c. 1000년도 더 지난 후에, 이곳은 '신(新) 로마'로 불리게 되었으며, 전성기였던 기원 6세기에서 11세기 사이에는 50만 명이나 되는 사람이 이곳에 살았다.

d. 서방에서 온 방문객들은 세계 무역로의 중심지인 비잔틴 대도시의 발전과 동방의 화려함에 감탄을 금하지 못했다.

e. 이 도시의 항구에는 배들이 가득했다. 도시의 시장에서는 비단, 모피, 보석, 향기 나는 목재, 조각한 상아, 금, 은, 에나멜을 입힌 장신구, 향료 등을 팔았다. 콘스탄티노플은 다른 강국들의 선망의 대상이 되었다. 따라서 그들은 거듭 콘스탄티노플을 침공하려 했다.

4) 비잔틴 제국의 정복

a. 오스만 제국이 1453년에 콘스탄티노플을 점령하기 전까지, 침략자들이 이 도시를 정복하는 데 성공한 것은 한 차례 뿐이었다.

b. 그들이 제4차 십자군(그리스도인)이었다.

c. 십자군인 클라리의 로베르는 '세상이 생긴 이래 이만한 보물을 보거나 얻은 사람은 없었다'고 탄성을 발하였다.[48)]

iv. 동서방 교회의 분리에 대한 연구

1. 교권 쟁탈 문제

1) 콘스탄틴노플 대주교 이그나티우스를 파면.

a. 콘스탄틴노플 황제는 대주교 이그나티우스를 반역죄로 감금했다.

b. 그 이유는 황제의 외숙이었던 바르다스(Bardas)가 자신의 며느리와 간통했다는 죄목을 들어서였다.

c. 또 857년 성령강림 주일 성찬예식의 참석까지 거부했다는 것이다.

2) 이그나티우스 파면을 결의함

후임에 콘스탄틴노플 대주교 포티우스(Photius)를 선출하여 861년에 콘스탄티노플 지방 대회에서 이그나티우스의 파면을 결의했다.

2. 분리 시도 문제

1) 포티우스를 '동방의 루터'라고 부름

a. 콘스탄틴노플 대주교 포티우스(Photius)를 '동방의 루터'라고 불렀다. 그는 두 번에 걸친 재임 기간(850-867, 878-886)중 동방 교회를 서방 교회로 부터 독립시키려는 시도를 강하게 추진했기 때문이다.

b. 포티우스는 성상 숭배 반대 논쟁에서 우위를 차지하면서 그 힘을

48) '신,구교의 분쟁사'[비잔틴 제국-위키백과].

얻어 서방 교회에 대해 성상 숭배 찬성 입장을 포기할 것을 주장했다.

2) 서방 교회와 동방 교회의 극한적 갈등

a. 서방의 로마 지방대회는 이그나티우스를 대주교로 인정(시인)하여 동방과 반대 의사를 나타냈다.

b. 동방 교회가 서방 교회의 교황을 부정할 것 결의했다.

양 교회는 극한 갈등을 거침없이 표면적으로 드러냈다. 동방 교회는 서방 교회의 교황제도를 부인하고 교황 자체를 부정(인정하지 않음)할 것을 결의했다.

3. 언어적 교류 단절

1) 헬라(희랍) 언어 사용-동방 교회

a. 동방은 헬라(희랍) 문화로서 그 지역이 헬라어를 사용하게 되었다.

b. 동방 교회도 헬라어로 예배드리고 헬라어를 사용하여 설교했다.

c. 학문적, 사회적, 기타 등의 활동 역시 헬라어로 진행했다.

2) 라틴 언어 사용-서방 교회

a. 서방 지역은 라틴문화를 형성하게 되었다.

b. 라틴어로 예배 활동과 라틴어로 학문적인 활동을 했다.

c. 그 결과, 문화적인 언어 문제로 동서 지역이 확연하게 분할되었다.

4. 동방 교회와 서방 교회의 교세 확장과 파문 선언

1) 선교사 파송과 확장 : 북서쪽에 위치한 슬라브족에게 헬라(희랍) 선교사를 파송한 동방 교회는 교세 확장을 꾀하며 통치영역을 넓혀 갔다.

2) 선교지로 서로 충돌 : 동방과 서방 교회는 각자의 선교운동을 통한 교세확장은 복음적인 동기보다 지역통치기반에 목적이 있었기 때문에 결국 양측 교회가 선교지 확장 문제로 서로 충돌하는 지경에 이르게 되었다.

3) 양측 간 파문 선언 : 동방 교회 대주교 포티우스(Photius)와 서방 교회 교황 니콜라스(Nicholas)는 마침내 서로 간 파문을 선언했다.

5. 동방 교회와 서방 교회의 성령론

1) 별도 종교회의 개최 : 서방 교회는 동방 교회와 별도로 니케아 종교회의를 개최했다. 그 회의에서 성령론을 채택하기에 이른다.

2) 동방 교회의 서방 아리우스 파 거부

a. 동방 교회는 성령이 '아버지 성부로부터 보내심을 받았다는 니케아 신조에다 아버지(성부)와 아들(성자)로부터 보내심을 받았다는 헬라어 표현을 더하여 동방 교회 성령론을 결의했다.

b. 이런 주장 원인-스페인 학자 아리우스(Arius)파를 거부 때문이다.

3) 서방 교회에 대한 이단적 요소를 반박함

a. 동방 교회는 오히려 서방 교회에 대하여 성령론의 교리적인 문제에 있어 이단적 요소를 반박하고 나왔다.

b. 거기서부터 서방 교회에 대해 교리적 탈선을 규탄하는 구실을 제공하게 된 것이다.

4) 성령론에 대해 서로 간 반대 입장 주장

a. 동방 교회는 서방 교회의 성령론을 따를 리 없었으며, 오히려 인정하려 들지도 않았다. 그리고 성령론에 대한 이단 문제로 반박했다.

b. 서방 교회는 성령론의 교리를 채용하고 교황이 승인하기에 이른다.

5) 성령론 문제로 양측 교회 분리의 원인과 결과

나중 이 문제는 서방의 로마 교회(가톨릭)와 동방의 헬라 교회(정교회)가 분리할 수밖에 없는 교리적인 문제의 원인과 결과로 나타나게 되었다.

6. 정통교회와 비 정통교회

1) 제각각의 길로 가는 정통교회와 비 정통교회

9세기의 동서교회는 정통교회와 비 정통교회의 시비가 엇갈리는 가운데 서로 하나가 될 수 없는 길을 제각각 걸어가게 된 것이다.

2) 우월한 로마 가톨릭 교황

a. 동방의 황제 콘스탄틴 9세는 서방이 노르만족 침략을 받을 때, 이

탈리아에 있는 그의 소유지를 지키기 위해 로마 교황의 도움을 구했다.

b. 한편 그 문제로 인해 동방의 황제는 로마 가톨릭 교회의 교황 레오 9세의 우월성을 인정하지 않을 수 없었다.

3) 동방 교회의 분리 시도

a. 1054년 동방 대주교 미카엘 세루라루이스(Michael Cerularuis, 1043-58)는 동방 교회를 서방 교회로부터 분리를 시도했다.

b. 분리 시도의 근본적인 이유는 자신이 독자적으로 대주교에서 상승하여 교황이 되기를 꾀했기 때문이다.

4) 동서방 교회의 갈등, 최고조

a. 로마 제국의 교황 레오 9세가 1053년 노르만족에게 패하여 기진맥진하게 되었다.

b. 동방의 세루라루이스 대주교는 콘스탄틴노플에 있는 서방(라틴) 교회의 수도원들을 폐쇄시켜 버렸다.

c. 한편 이탈리아 남부지방의 감독들에게 서신을 보내 라틴교회의 부정부패를 고발했다.

d. 이 관계로 동방 교회와 서방 교회의 다툼은 악화(惡化)될 대로 악화되어 혼잡한 상황으로 거침없이 빠져갔다.

7. 동방 교회와 서방 교회의 분리선언
-1054년 7월 16일

1) 화해를 위한 사절단

로마 황제 콘스탄틴 모노마쿠스(Constantine Monomachus)는 훔벌트(Humbert)를 단장으로 동방 교회와의 관계를 개선하기 위해 사절단을 로마에서 콘스탄틴노플로 보내기도 했다.

2) 동방 교회와 서방 교회의 완전 분리 선언-1054년 7월 16일

a. 로마 교황을 대표한 사절단은 갖가지 가능한 화해의 시도를 제시하며 동방 교회와의 중계노력을 했으나 이미 화해는 물 건너간 뒤나 마찬가지였다.

b. 1054년 7월 16일 동방의 대표적인 소피아교회의 상제단에 교황의 이름으로 파문장을 정식으로 던지고 말았다.

3) 동방 교회의 파문장

a. 동방 교회 대주교 세루라루이스도 반대로 로마 교황에게 파문장을 던지고 말았다.

b. 그로 인해 분열된 양측 교회는 오늘까지 좁은 지중해를 사이에 두고 서로를 갈등하는 상황을 낳고 말았다.

8. 러시아 정교회

1) 러시아 정교회

a. 15세기 터키가 동방의 콘스탄티노폴을 점령하게 된다.

b. 그때, 소피아성당의 대주교가 러시아로 피난하면서 러시아 정교회

내로 도피처를 삼는다.

c. 그 러시아 정교회가 중심이 되어 애굽, 시리아 등 14개국 교회가 러시아 정교회 연맹을 조직하게 되었다.

2) 러시아 정교회 특징

동방 정교회의 한 갈래인 러시아 정교회의 특징은 다음 주요한 역사적인 사건들에 의하여 형성 내지는 발전되었으며 다른 교회와는 다른 특징을 지니게 되었다.

3) 러시아 정교회 역사

a. 1천 년의 러시아 정교회 역사적인 줄거리를 잡을 수 있다.

b. 러시아 정교회는 주후 988년 블라지미르 왕(지도자)의 결심에 따라서 러시아(당시 러시아 영토는 키예프를 중심한 우크라이나 지역)의 국교로 받아들여졌다.[49]

4) 동방 정교회를 수용

a. 러시아 왕 블라즈미르가 동방 정교회 예배 참석

우크라이나 드네프르강과 볼가강을 중심으로 씨족 내지는 부족 생활을 해오던 루씨인(고대 러시아인)의 왕(지도자) 격이었던 블라지미르가 당시 동 로마 제국의 수도이자 동방 정교회의 중심지 콘스탄티노플 소피아 성당의 예배에 참석했다.[50]

---

49) https://namu.wiki/w

50) https://blog.naver.com/chanelruby/222261971147

b. 종방 정교회 수도사에게 세례 받음

그는 예배방식에 감동하여 동방 정교회를 받아들이기로 결심하고 동방 정교회 수도사 2명을 초대하여 왕이 먼저 세례를 받았다.

c. 다음 신하들과 귀족들에게 세례를 강요하여 온 국민이 동방 정교회를 국교로 정하고 신하와 백성에게 신자가 되도록 했다.

d. 이후 수 백년 동안 헬라어를 사용하는 동방 정교회 수도사들을 수입하여 러시아 민중들의 예배를 인도하게 하였다.

e. 한편, 2200년 동안 몽고-타타르족의 지배에 항거하여 1380년 모스크바 근교 삼위일체 수도원(지금의 자고르스키 수도원)의 원장이었던 세르게이 수도사의 애국적인 독립운동이 러시아 민족주의 독립국이 될 수 있었으며, 러시아 정신사에 구심적 역할을 하게 되었다.[51]

51) https://blog.naver.com/karanitis/222849162826

v. 서방 교회와 동방 교회의 교리적 차이

〈Table-6〉 **동·서방 교회 교리적 차이**

동방 교회	교리적 차이	서방 교회
금식 안 함	1. 토요일 금식 문제	금식 허용
일체 육류 금함	2. 사순절기간 음식 문제	밀크, 버터, 치즈, 사용
누룩 넣은 빵 사용	3. 성찬식 때, 빵 문제	누룩 없는 빵 사용
개 교회 신부 결혼 가능	4. Celibacy 문제	모든 신부 결혼 안 함
수염 기름	5. 수염 문제	수염 깍음
장로-종부성사 할 수 있음	6. 장로와 종부성사 문제	종부성사는 성례이므로 장로, 집행 불가

"교회 안에서와 그리스도 예수 안에서 영광이
대대로 영원무궁하기를 원하노라 아멘!"(엡3:21)

Chapter 6

Charles Magne and A Empire of Rome

샤를마뉴 대제와 신성 로마제국

Course : **중세교회사**
A History of The Medieval Church

샤를마뉴 대제와 신성 로마제국

Charles Magne and A Empire of Rome

Chapter **6**

i. 어떤 지도자를 원하는가?

1. 지상 제도권으로 나타난 교회

초대 교회 시대를 거쳐 중세시대는 모든 국가가 나름대로 자기의 신(god)을 가지고 있었다. 중세기의 신관(神觀)에 의하면 로마의 황제도 그런 신들 가운데 하나로 간주 되었다.
로마의 콘스탄틴 황제가 기독교를 로마의 국교로 삼았을 때, 지하에서 핍박받던 교회는 지상의 제도권 속으로 올라와 당시의 국가와 세계에 엄청난 영향력을 끼치게 되었다.

2. 기독교 국가의 존재를 필요로 함

로마 제국은 세계를 지배하던 국가였다. 그러나 몰락한 후에도 기독교 국가가 존재해야 한다는 확신을 수많은 사람이 갖게 되었다.
화려하던 옛 체제가 무너진 로마는 새로운 체제로 전환되는 과정을 거치면서 강력한 지도자를 원하게 되었다.

3. 기독교 국가 지도자는?

그렇다면 그 기독교 국가의 지도자는 누가 되어야 하는 것에 대하여 최대한 관심이 집중되었다.
영적 지도자인 교황이 통치해야 하는지, 아니면 세속 국가의 지도자인 황제가 통치해야 하는지가 문제였다.

ii. 프랑크 왕국(Frankenreich)

1. 프랑크 왕국-최초의 그리스도교 국가

1) 프랑크 왕국(Frankenreich)/(라)Regnum Francorum)은 프랑크족의 왕권을 바탕으로 5세기 말에 예전의 로마 속주(屬州)인 갈리아 북부에서 흥기(興起)한 게르만인 국가이다.

2) 프랑크 왕국은 9세기까지 존속하면서, 프랑스, 독일 서부, 이탈리아 북부에 걸치는 서유럽 중심지역을 통합한 최초 그리스도교 국가이다.

3) 프랑크 왕국은 서유럽의 그리스도교 문화와 중세 여러 나라 제도의 모체(母體)가 되었다.

4) 5세기 말 프랑크 왕 클로비스 1세가 갈리아 전역을 지배하고 소(小) 페핀(Pepin)이 왕위에 즉위하기까지의 메로빙거 왕조와 그후 10세기 말까지의 카롤링거 왕조의 2기로 나누어진다.

2. 카롤링거 왕가의 혈통 유지

1) 843년의 메르센 조약에 의해 프랑크 왕국은 동 프랑크(독일), 서 프랑크(프랑스), 중 프랑크(이탈리아)로 분할되었다.

2) 그러던 중 프랑크는 곧 소멸되었다. 동 프랑크 왕국은 911년, 서 프랑크 왕국은 987년까지 카롤링거 왕가의 혈통을 유지했다.

3. 왕위 계승 이전

1) 찰스 마르텔(Charles martel-샤를마뉴(찰스마뉴)의 조부)[52)]

a. 570년에 발흥한 모하메드 회교 군대는 북아프리카를 건너 서유럽 스페인을 점령하고 프랑크 왕국을 위협해 왔다.

---

52) 프랑크 왕국의 지도자 찰스 마르텔은 스페인을 점령하고 프랑스로 진격하는 이슬람의 침략을 막아냄으로써 서유럽의 이슬람화를 방지할 수 있었다. 당시 찰스 마르텔은 이미 실질적으로 왕의 권세를 장악하고 있었으나 국왕의 칭호를 요구하지 않았다. 그러나 뒤를 이은 찰스 마르텔의 아들 페핀은 교황과 제휴하여, 무기력한 프랑크 왕을 강제 폐위시키고 왕위에 올라 카롤링거 왕조를 열게 된다. 그리고 페핀은 북이탈리아의 롬바르드 왕국을 정복하고 그 영지의 일부를 교황에게 기증하기도 했다.

b. 이때, 유럽의 잔존 기독교 세력을 결집하여 회교 군대를 격파했던 장본인은 당시 프랑크 왕국의 궁내 대신이던 찰스(샤를) 마르텔이었다.

2) 프랑크 왕직 계승

a. 찰스 마르텔 프랑크 왕위와 계승
일명, 샤를 마르텔은 프랑크 왕위에 올라 아들인 페핀(Pepin) 3세에게 왕위를 계승시켰다. 다시 프랑크 왕직은 771년 손자인 샤를마뉴(일명 찰스 대제–Charles Augustus)에게 계승되었다.

b. 찰스 마르텔의 다양한 이름
카롤루스 마르텔루스(라틴어: Carolus Martellus, 독일어: Karl Martell 카를 마르텔, 프랑스어: Charles Martel 샤를 마르텔, 영어: Charles Martel 찰스 마텔, 스페인어:Carlos Martel 카를로스 마리텔,

3) 찰스 마르텔의 통치와 페핀의 계승

a. 680년 8월 23일–741년 10월 22일은 카롤링거 왕조 출신 프랑크 왕국의 군주이자 정치, 군사 지도자로, 718년 이후 프랑크 왕국의 동쪽 지방인 아우스트라시아의 궁재로 사실상 아우스트라시아, 네우스트리아, 부르군트 3개로 나뉜 프랑크 왕국 전체를 지배했으며, 프랑크 공작이자 프린스의 호칭을 획득하였으며, 그의 별칭 '마르텔'은 '망치'라는 뜻이다.

b. 찰스 마르텔의 아들, 페핀의 왕위 계승 승인
마르텔은 사라센의 침략을 격퇴하여 백성의 신망을 얻었으며, 로마 교회는 이슬람 세력을 물리치는 데 공이 컸던 찰스 마르텔의 아들인 페핀의 왕위를 승인하게 된다. 그리고 다음 페핀 아들 샤를마뉴가 등장한다.

2. 프랑크 왕국과 로마 교회의 관계

〈Table-7〉 **찰스 마르텔 동상**

1) 변방에서 중앙무대로

a. 샤를마뉴가 일단 로마 제국의 변방 국가인 프랑크 왕국의 왕으로서 그의 치적(治績)이 로마 교황에게 대단한 신임을 얻는다.

b. 이것은 야만 민족에 불과하던 미개한 왕국이 당시 세계의 최대 문명국으로 대변신하는 승리의 팡파르라고 할 수 있다.

2) 동맹 체결

a. 8세기에는 교황청과 프랑크족 통치자들 사이에 동맹이 체결되어 교회와 일반 세계에 큰 영향력을 끼쳤다.

b. 로마 교회의 교황은 로마의 북방족속 롬바드 족(Lombard)과 로마시 안에 잔존(殘存)하는 적들 때문에 페핀, 샤를마뉴 등의 강력한 프랑크 왕들의 지지를 필요하게 되었다.

3) 고대 로마제국 영광 기대

a. 로마 교회의 교황은 샤를마뉴가 황제에 오르게 함으로서 그에게 동 로마 제국의 권한을 부여하여 고대 로마 제국의 영광을 찾고자 했다.

b. 300년경 콘스탄틴 대제가 신설했던 동 로마 콘스탄틴노플은 오랫

동안 서로마 제국의 영광을 가로채 갔다. 그러나 샤를마뉴로 인해 서방 제국의 영광을 회복하는 정치적 의미와 함께 신정정치(神政政治)를 선포하는 종교적 의미가 더 크다.

4) 한 국가, 한 교회

a. 샤를마뉴가 황제로 즉위하고 로마 제국으로 입성하게 된 것은 수 세기 동안 유럽과 서방 교회에 지대한 영향을 준 사건이었다.

b. 이 새로운 제국의 생성에는 황제와 교황이 하나님의 영광과 인류의 평화를 위해서 서로 손을 맞잡는 '한 국가', '한 교회'라는 사상이 강하게 드리워져 있었다. 샤를마뉴 황제가 재임한 기간에는 이러한 관계가 잘 유지되어 갔다.

iii. 샤를마뉴 제국 판도

1. 샤를마뉴의 황제 대관식

1) 황제 샤를마뉴 대관식

a. 800년 크리스마스 날에 로마의 성 베드로 성당에서는 역사적인 축제로 샤를마뉴의[53] 대관식을 거행했다. 축하객들은 성직자들, 군인들, 귀족들, 품위 있는 예배자와 함께 과연 대관식장을 꽉 메운 세기적인 축제장이었다. 로마에서 교황 레오 3세의 주재로 역사 이래 성대한 대관식을 올렸다. 그의 대관식으로 신성로마 제국의 새로운 제국의 막이 올랐다.

---

53) 샤를마뉴(Charlemagne)는 신성 로마의 황제이자 서로마 제국의 황제이다.

〈Table-8〉 **샤를마뉴의 황제 대관식**

*54)

b. '황제'(Emperor)라는 칭호

로마 가톨릭교회의 교황 레오 3세에게 황제의 관을 받으며 '로마 황제'(a Emperial)라는 칭호를 수여하는 신성 로마 황제 대관식 행사는 중세기에 역사적으로 길이 남는 그런 예식이었다.

c. 샤를마뉴에게 부여된 '황제'라는 칭호는 그의 가문, 카롤링거 왕가(Carolingian)에 세습되었다.

d. 그의 영토(서프랑크 왕국)는 왕족(왕가 사람들)이 분배되어 사를마뉴와 함께 영화를 누리는 경우가 많았다.

54) https://blog.naver.com/guqwh/222967209250

2) 서유럽(서프랑크)에서 가장 강력한 왕

a. 샤를마뉴는 그리스도교 세계인 서유럽(서프랑크)에서는 가장 강력한 왕이 분명했다. 하지만 그런 샤를마뉴 조차도 공식적으로 다른 왕들보다 그가 지닌 권력에 비해 많은 권세를 누리지 못했다.

b. 이것은 그가 800년에 로마에서 대관식을 갖기 전에도 그랬고, 황제가 된 뒤에도 마찬가지였다.

2. 동프랑크 왕국, 오토 1세의 대관식

1) 동프랑크 왕국은 오토 1세가 962년에 대관식을 올리고 신성 로마제국 황제가 됨으로써 더 많은 변화가 일어났다.

2) 오토 1세는 샤를마뉴에 못지않은 정치적 권력을 누렸지만 그의 권력에 비하여 서프랑크 왕국 사람들에게 권력을 행사할 권리는 전혀 갖지 못했다.

3) 황제 권위를 인정받는 교황의 지지 기반

a. 오토 1세 시대부터 황제라는 칭호는 독일 왕들의 특권이 되었다. 하지만 이 특권도 교황의 지지를 받아야만 비로소 누릴 수 있었다.

b. 9세기 초부터 12세기 말까지 황제들은 상당한 권세를 누렸고 롬바르디아와 토스카나 및 이탈리아 중부에서는 훨씬 더 큰 권리를 가지고 있었다.

c. 그러나 붉은 수염을 기른 왕 프리드리히 1세(1152~1190, 재위)는 1176년에 레냐노에서 롬바르디아 도시의 동맹국에게 전쟁을 했으나 참패를 당했다.

3. 황제와 교황 사이 전쟁

교황 인노센트 3세는 이탈리아 중부에 자신과 후계자들이 직접 다스릴 독립 국가를 세우기로 결심했다. 그 결과 프리드릭 2세(1220~1250, 재위)인 왕과 교황 사이에 전쟁이 벌어졌다.

1) 권력과 영토 전쟁

a. 이런 사건들을 통해 로마(이탈리아)에서 황제가 누리던 권세는 차츰 줄어들었다.

b. 독일과 이탈리아 및 시칠리아 왕을 겸했던 프리드리히 2세가 죽은 뒤, 알프스 산맥 양쪽에서는 오랫동안 왕위 계승 전쟁이 벌어졌고, 이 전쟁은 이탈리아 북부와 독일에서 중앙 권력의 토대를 무너뜨렸다.

2) 명성에 비해 부족한 권력

800~1500년 신성 로마 제국은 로마 가톨릭을 믿는 서유럽의 여러 왕국들 가운데 대체로 명성만 높았을 뿐 힘은 그에 미치지 못했던 것으로 전해지고 있다.

3) 로마 제국을 위협한 왕국들

a. 고대 로마 제국을 직접 계승한 것은 수많은 불안정한 왕국들이 기록되고 있다. 그것은 3세기부터 아시아인들이 서쪽으로 대거 이동하면서 로마 제국을 위협한 것이 이 왕국들의 기원이었다.

b. 410년에 서고트족은 로마를 약탈했고 그후 스페인에 왕국을 세웠다.

c. 6세기 말에 세워진 롬바르드 왕국의 마지막 왕이 774년에 샤를마

〈Table-9〉 **샤를마뉴(Charlemagne) 동전**

뉴 대제에게 패할 때까지 느슨하게 결합 된 존재로 남아 있었다. 그후 롬바르드 왕국은 프랑크 제국의 일부가 되었다. 그러나 국가적으로 독특한 성격을 대부분 유지한 것은 분명했다.

d. 앵글로색슨족은 7세기 초까지 작은 왕국들을 세웠고 이 왕국들은 서로 패권을 다투다 9세기에 데인족의 침략으로 멸망했다.

e. 웨식스 왕국 하나만이 알프레드 왕(871~899 재위)의 지휘로 데인족의 침략에 끝까지 저항했다. 그의 후계자들은 데인족에게 빼앗겼던 땅을 되찾아 잉글랜드 통일왕국을 세웠는데 이 과정은 954년에 완전히 끝났다.

iv. 샤를마뉴의 통치 업적

1. 샤를마뉴의 가문과 인성(人性)

1) 찰스 마르텔 손자-샤를 마뉴

전통에 의하면 샤를마뉴는 AD 742년에 태어났다. 그는 찰스 마르텔의 손자였으며 페핀의 장자(長子)였다.

〈table-10〉 **샤를마뉴 제국 판도**(Charlemagne's Empire)

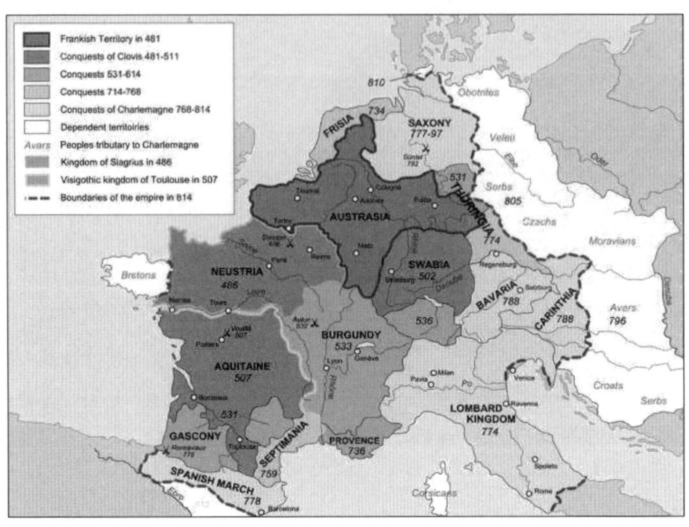

*55)

2) 샤를마뉴의 인성(人性)

a. 샤를마뉴는 인상적인 사람이었다. 기록에 의하면 키가 2m 10cm를 넘었다고 하며, 밝은 얼굴과 길고 흰 머리털이 그의 큰 키와 더불어 그에게 위엄있는 분위기를 만들어 주었다.

b. 성격적으로 강하고 다이내믹하게 활력이 넘치는 체질과 매우 긍정적인 기질을 소유하고 있었던 그는 다재다능한 사람이었고, 문화적 정서도 풍부했었다.

c. 그는 사람을 다스리는 데에 능숙했고, 먹고 마시는 일에 절제했다. 그의 경건에는 가식적인 것이 없었으며 자신이 기독교 원리에 입각해서 통치한다고 생각했다.

55) https://blog.naver.com/guqwh/222967209250

2. 중세 초기의 가장 뛰어난 통치자

1) 그의 이상과 활동

771년 즉위한 샤를마뉴는 성 어거스틴의 '하나님의 도성'(The City of God)에 감화를 받고 그 사상을 건국정신(the founding spirit)으로 삼았으며 그 정신으로 통치해 나갔다.

2) 하나님의 도성의 비전

성 어거스틴의 '하나님의 도성'(라, De civitate Dei, 426년 [1차])이 이제야 자신의 통치영역에 실현될 것을 확신하고 그 비전으로 조심스럽게 통치기반을 착실히 쌓아가기 시작했다.

3) 영토 정복과 확장

a. 샤를마뉴가 일으킨 군사 원정으로 인한 징벌전쟁은 53회 이상이다.

b. 그는 한 번도 싸움에 패한 적이 없으며, 30년간 신성 로마 제국(이탈리아)의 영토를 확장해 갔다.

c. 동부 국경인 부르고뉴, 튀링겐, 알라마니아, 바바리아를 비롯해 이탈리아 대부분을 장악하게 되었다.

d. 서쪽으로는 스페인과 사라센인(이슬람인)을 징벌했다.

e. 남쪽으로는 이탈리아 변방에 자리 잡고있는 로마 교황청의 후원세력과 같은 롬바르드인을 정복하며 징벌했다.

f. 동쪽으로는 앵글로 색슨인들을 징벌하여 정복해 나갔다.

4) 정복 전쟁에 능한 장수

a. 정복지이며, 이슬람에 빼앗긴 땅 되찾음

샤를마뉴는 중세 초기의 가장 뛰어난 통치자로 꾸준한 정복 전쟁으로 영토를 넓혀나갔다. 그는 교황의 요청에 의해 이탈리아에서 여러 차례에 걸쳐 롬바르드족을 정벌하고 독일에서는 완강히 반항하는 사나운 색슨족을 정복하고 그들을 기독교로 개종시켰다. 또 이슬람교도에게 빼앗겼던 스페인 북부 지역을 되찾기도 하였다.

b. 부친이 소유한 땅 2배로 확장

샤를마뉴는 그 후에도 정복 사업은 계속되어 아버지 페핀이 소유했던 영토를 두 배로 확장했다. 남쪽으로는 로마에 이르는 이탈리아 전역, 북쪽으로는 오늘날의 독일에 해당하는 지역의 대부분, 그리고 오늘날의 프랑스에 해당하는 지역까지 전체를 장악했다.

c. 피정복민을 기독교에 개종

그는 영토를 넓힐 때마다 선교단을 보내어 피정복민을 정통 기독교에 귀의(歸依)하여 개종시키는 일을 강력히 추진했다. 군사적 정복에 수반되는 이와 같은 선교적인 노력은 특별히 로마 교황에 의해 인정을 받았다.

5) 교회에 우호적인 지도자

a. 샤를마뉴는 교회에 대해 우호적이고 헌신적이었다. 그는 교회는 인간의 영혼이요 국가는 몸으로 비유할 수 있으며, 교회와 국가는 나름대로의 책임 영역이 있다고 생각했다.

b. 그는 어디까지나 한 나라의 왕이었다. 그는 교회의 통치자는 국가의 통치자가 내린 결정에 대해 논해서는 안 되며, 주교들은 국가의 수장에게 종속되어야 한다고 믿고 있었다.

6) 교회에 헌신적 인물

a. 샤를마뉴는 로마를 방문했을 때, 그는 아버지 페핀과 마찬가지로 자신이 점령한 땅을 교황령의 영토로 귀속시켰으며, 언제나 교황령을 보호하겠다고 약속한다.

b. 교회 일에 헌신적이었던 샤를마뉴는 매일 아침 미사(예배)에 참여했고, 저녁마다 저녁기도를 했으며, 교회에서의 중요한 행사는 능동적으로 참여했다.

7) 교회 개혁을 주도함

a. 그는 훌륭한 책들을 낭독하게 하여 듣는 것을 즐겼는데, 특히 그는 성 어거스틴의 '하나님의 도성'을 좋아했다. 샤를마뉴 치하(治下)에서는 교회가 국가의 한 부서로 인식되는 정서를 가지고 있었다.

b. 샤를마뉴 왕은 앞장서서 교회의 개혁을 이끌어나갔다. 그에 따라 수도원 제도의 개혁이 있었고, 새로운 교회들이 건립되었으며, 새로운 종교적인 건축물들이 출현했으며 교회의 예식이 개혁되었다.

3. 선교와 영성을 겸한 통치력

1) 샤를마뉴의 유명한 '법령집'

샤를마뉴의 법령집은 교회를 감독하는 법이 되었다.

a. 성직자의 생활을 통제했다.

성직자로서 일반인보다 삶을 통제했는데. 처첩을 두는 일, 술집에 자주 출입하는 일, 사냥하는 일이나 세속적인 사업을 하는 것 등을 엄격하게 통제했다.

b. 샤를마뉴 통치지역 각 처에 수도원을 설치하여 운영했다.

c. 회중들에게 주일 엄수, 십일조, 전도 강조, 화상 예배 등을 금지했다. 그리스도인으로서 마땅한 성경에 중심한 생활을 유도했다.

d. 선교사역에 주력했다. 한편 교회가 성장할 것을 주장하고 힘썼다. 그는 지상에 세워진 교회가 천국의 모형임을 간파하고 교회가 하나님 나라의 허브 역할을 다할 것을 요구했다.

2) 교육정책을 설정

a. 기독교 교육과 정책 확장(어린이에게 시편, 음악, 문법 교육).

b. 782년 영국 학자 앨퀸(Alcuin, 735?~804)을 초청하여 궁정학교를 개설했다.[56] 또한 사방에서 고명한 학자를 초빙하여 강연을 시도했다. 이 제도를 통해 현대 대학의 원형을 만들게 되었다. 파리대학의 원형도 찰스 대제에게서 찾을 수 있다.

c. 앨퀸을 투어(Tour)의 성 마틴 수도원장으로 임명하여 프랑크 제국

56) 790년 앨퀸에 대한 기대와 관심은 특별했다. 샤를마뉴에 대한 그의 책임은 계속되었는데, 796년 앨퀸은 샤를마뉴의 초청을 받아들여 성 마틴 대수도원 원장이 된다. 거기서 그는 생애 말년을 보내게 되는데, 앨퀸은 수도원 학교의 수준을 한 단계 끌어올리기 위해 노력한다. 그는 성 어거스틴 연구에 중점을 둔 새로운 커리큘럼을 만들었다. 그리고 성경연구에서 문법 구조의 중요성을 강조하고 성경을 읽고 쓰는 교육 지도자들과 수도승들을 훈련하는 프로그램도 시작하였다. 이때 앨퀸의 지도를 받은 제자들은 서유럽 각지로 흩어져 유럽의 교회를 바로 세우는데 기여하게 된다. 앨퀸은 성경을 비롯 많은 고서들을 필사하여 남기는데도 열성을 보였는데, 이 작업 과정에서 실내의 밝고 화려한 조명을 발명하는 부차적인 성과도 거두게 된다.
앨퀸은 804년 예기치 못하게 죽었으나 그가 중세초기 교회와 사회에 끼친 영향은 참으로 지대하다고 할 수 있다. 특히 샤를마뉴를 도와 카롤링 르네상스를 일으키는 데 어떤 인물보다도 많은 일을 해냈다. 이로 말미암아 중세 서유럽의 문화적 어두움을 걷어내는데 앞장선 인물이 되었다.

의 학문의 중심지가 되게 했다. 학자로서 많은 저서를 남겼다.

d. 그의 제자 라바누스 마우루스(Hrabanus Maures, 776-856)는 폴다(Fulda) 수도원장이 되었다.

3) 스콜라주의 운동 영향

샤를마뉴의 교육 정책의 설정은 로마제국 전체에 지대한 영향을 끼쳤으며, 나중 스콜라주의 운동을 지원하는 시초가 되기도 했다.

v. 로마 제국 분할

1. 샤를마뉴 대제 사후(死後)

1) 샤를마뉴 대제 사후 : 그의 아들 루이(Louis the Pious, 경건한 루이)가 즉위했으나 그는 호인(好人)이었다.

2) 따라서 제국 전체를 통치할 능력이 부족했다. 이런 틈을 타서 교황 세력이 다시 일어나게 되었다.

3) 루이가 죽게 되자 그의 아들 3형제가 권력투쟁 끝에 베르딩 조약(Treaty of Verdun)에 의하여 영토를 분할하게 되었다(840년).

a. 장남 로타아르 1세(Lothar 1)는 이탈리아 반도, 중부 프랑크, 로마 황제가 되었다..

b. 차남 루이(Louis)는 동 프랑크 왕이 되었다.

c. 삼남 샤를(Charles) 2세는 서 프랑크 왕이 되었다.

4) 장남 로타아르는 그의 사후에 세 아들에게 분할했으나, 루이 2세는 이탈리아 왕이 되고, 다른 두 아들은 870년 메르센 조약(Treaty Mersen)에 의해 동서 프랑크를 통치지역으로 할당받았다.

2. 혼란한 나라

1) 외적인 침입

a. 노르만족이 북방에서 침입하여 노르망디 왕국을 세웠다(911년).
b. 남쪽에는 사라센이 침입해 왔다.
c. 10세기에는 헝가리족이 침입해 왔다.

2) 국내 혼란

a. 삼 형제 왕들은 형제애가 끊어졌고 연락까지 단절했다.
b. 국내에는 봉건제도가 급속도로 발전하여 서로 다투게 되었다.
c. 고대 문명은 찾아볼 수 없이 암흑시대가 되었다.

3. 신성 로마 제국 건설

1) 오토 1세(Otto, 912~973)는 동 프랑크 왕국의 3대 왕으로 선출되었다.

a. 샤를마뉴의 유업을 계승하여 기독교 옹호 사상을 왕국 건설에 결부시켜 나갔다.

b. 외적 침입을 격퇴하고 제후의 반란을 평정하고, 보헤미아, 폴란드를 항복시키고 이탈리아에 출병하여 교황을 원조했다.

2) 신성 로마 제국의 기원

a. 교황 요한 12세는 그의 공적을 찬양하고 962년 2월 2일에 신성로마 제국 황제라는 칭호와 관을 주었다.

b. 이후부터 동로마 국왕이 이탈리아 왕을 겸하는 자격을 얻었고 국세(國勢)도 떨치게 된다.

3) 오토 2, 3세도 이탈리아 정책에 열중했으므로 독일 국내는 제후의 실권이 강화되고 분립 상태를 조장했다.[57]

vi. 로마 교회의 교황

1. 이시도르 문서(역대 교황 교령집)[58]

---

57) 필리오케 논쟁-필리오케 논쟁은 스페인을 중심으로 해서 일어났다가 서방교회가 전반적으로 받아들인 내용이었다. 논쟁의 발단은 니케아-콘스탄티노플신조가 성령에 관해서 "아버지로 부터 발출하신다." 라고 단순하게 언급한 데 있었다. 결론적으로 신성로마제국의 설립 자체가 다분히 교회와 정치 양쪽 측에게 정치적인 속셈이 있었다. 로마는 410년 이래로 위축되었던 옛 로마 교회의 영화를 되찾으려는 마음에서 정치적인 힘이 더 요구되었다. 또한 게르만족 출신이었던 살리안 프랑크 왕조는 자신들의 야만성을 은폐시키려면 기독교라는 문화가 필요하였다. 이러한 상호 이익적인 입장에서 출발하였던 신성로마제국은 샤를마뉴가 죽은 이후로 왕권이 축소된 반면에, 교권은 교황들의 재치 빠른 활동으로 더욱 확고히 되었다. 이렇게 해서 교황권의 증대가 가속화되었으나 반면에 교회의 부패가 또한 초래되기도 하였다.

58) A. M. Renwick and A. M. Harman, The Story of The Church(London:Inter

1) 로마 가톨릭 교령집

이 문서는 스페인 사람 이시도르(Isidore, 636년 사망)의 저작으로 알려졌으나, 나중에 이시도르의 저작이 아닌 것으로 알려져「가짜 이시도르 전집」이라고 부른다.59)

2) 내용

a. 교회 규칙과 로마 감독의 서한 등이 포함되었다고 한다.

b. '콘스탄티누스 대제의 기부서'를 작성했다고 한다.60)

c. 교직은 신의 특정한 계급으로서 지상 재판을 받지 않는다고 기록했다.61)

d. 교황은 논쟁의 최고 재판자로 신 외에는 그 위에 설 자가 없다고 적고 있었다.

Varsity Fellowship, 1958, p.81. * 로마 가톨릭 교령집: 교황의 교시, 법적판결문, 훈령, 칙령 및 이와 유사한 공식 선언문 등에 대한 총괄적인 명칭을 말한다.

59) 교황권위를 증대시키기 위하여 작성된 문서들이다. 첫째, 콘스탄틴 증여문서-이 문서의 목적은 교황권이 샤를마뉴 황제의 권위 보다 최소한 5세기 앞에서부터 세속권 까지 보유하고 있었음을 밝혀 보자는 데 있었다. 둘째, 이시도르의 거짓 교령집-이 교령집은 3부분으로 이루어져 있다. 첫번째 부분은 디오니시우스의 모음집에서 발췌한 50개의 사도적 교회법을 정리한 다음에, 로마의 감독 클레멘트로부터 멜키아데스에 이르기까지 발표되었다고 여겨지는 60개의 거짓교령을 싣고 있다. 두 번째 부분에서는 '콘스탄틴 증여문서'를 싣고 있다. 세 번째 부분에서는 교황 실베스터로부터 그레고리 2세에 이르기까지 발표된 교령을 싣고 있는데, 이 가운데에서 35개가 거짓이었다. 이 거짓 교령집의 목적은 교황의 권위를 높이고 교황이 중심적인 신정통치를 시도하기 위한 목적이 있었음이 분명하다.

60) (Donatio Constantini ad Sylvestrum; 콘스탄티누스 황제가 실버스타와 후계자에게 라테란 궁전이 로마의 토지, 이탈리아 토지 대부분을 기증한다는 내용의 날조 문서).

61) 이런 내용들은 다른 내용들과 함께 모두 황당한 거짓 내용들이라고 드러났다.

3) 교황 니콜라스 1세는 재주가 남다르고 담력까지 겸비한 사람으로 이시도르 문서를 이용하여 자기의 이상을 실현해 나갔다.

2. 내정의 부패

1) 로마의 교황권을 둘러싸고 이탈리아 당과 독일 당이 계속 투쟁했다.

2) 로마 교황과 사제(신부)들의 축첩하는 정치가 암암리에 계속되었다.

a. 로마의 부유한 과부 테오도라(Theodora) 일가의 난잡한 생활에 교황 정치가 일종의 난장판을 이루는 현상으로 전락했다.

b. 테오도라(Theodora)에게 두 딸이 있었다.

c. 장녀 마로찌아(Marozia)의 남첩(男妾)이 교황이 되어 세르기우스 3세라 칭했다(904년).

d. 과부 테오도라의 남첩(男妾), 요한 10세가 즉위 15년간 재위했다.

e. 장녀가 알베리크와 결혼하여 낳은 아들 요하네스 11세로 즉위했다(931년).

f. 그 아우가 형을 죽이고 4명의 교황을 세우고 실권을 장악했다.

g. 그 후 형의 아들 옥타비안(Octavian)이 요하네스 12세라 칭하고 즉위하였으나 그가 오토 1세에게 대관했다.

3) 그 후도 교직(성직)을 매매하고, 정치적 야욕을 위해 음모하고, 심지어 정적(政敵)을 살해 등 죄악의 역사가 10세기 중엽까지 계속되었다.

Chapter 7

The Mission Europe of East North

동북 유럽 전도와 교회

Course : 중세교회사
A History of The Medieval Church

동북 유럽 전도와 교회

The Mission Europe of
East North

Chapter 7

ⅰ. 동유럽 국가별 전도 전도

1. 안스가르(Ansgar, 801~865)[62]

1) 안스가르는 프랑스에 세워진 코르비 수도원에서 교육받은 독일 태생의 선교사이다. 안스가르는 스칸디나비아의 덴마크 또는 노르만족의 사도(使徒)라고[63] 칭송되기까지 그는 복음 사역에 있어서 상당한 굴곡이

62) 덴마크 또는 노르만족의 사도라 불리는 안스가르(Ansga)는 아미엔(Amiens)에 태어난 후 덴마크 왕 하랄드 클락(Harald Klak)와 함께 지내기도 했다. 독일 함부르크 추기경은 노르만족을 기독교로 개종시키는데 주된 사역을 정한 후 안스가르를 '노르만족의 사도'라 칭했다.

63) 거룩한 일을 위하여 헌신하는 사람이다. 신약 성경에서 예수 그리스도께서 복음을 널

있는 과정을 보냈으며 선교사로서 사명을 그 이상 감당했다.

2) 안스가르는 827년 덴마크 왕 헤롤드(Harold)를 따라 덴마크에 들어갔으나 반대자에게 축출 당하고 말았다.

3) 안스가르는 스웨덴 왕의 초청으로 스웨덴에 입국하여 선교사로 활동하며 복음을 전했다.

4) 안스가르는 1년 반 후 로마에 가서 교황에게 덴마크 스웨덴 교구의 감독으로 임명되었으나 스웨덴은 아우쯔버트(Gauzbert)에게 맡기고 덴마크만 담당했다.

5) 안스가르는 독일 국민들의 존경을 받으며 선교활동에 열정적으로 자신의 생애를 바쳤다. 그는 각처에 교회를 세우고 전도하다가 865년에 사망했다.

2. 스웨덴 전도

1) 스웨덴에 처음 전해진 복음

스웨덴에 복음이 처음으로 전해진 것은 서기 827년 독일 전도자 안스가르(Ansgar)가 스웨덴 왕의 초청으로 복음을 전한 전도기록에 의해서이다.

2) 기독교 국가로

1008년에 스웨덴의 스코트코눙(Skotkonug, 994~1024)왕이 세례를 받고 스웨덴은 기독교를 국교(國敎)로 믿는 국가가 되었다.

리 전하기 위하여 특별히 선택하고 교육과 훈련으로 세운 열두 제자를 말하고 있다.

3) 스웨덴 종교개혁의 3대 인물

a. 유럽에서 종교개혁이 한창 일어날 때, 일찍이 말틴 루터와 접촉했던 구스타프 바사 왕은 독립 국가를 세우면서 루터교를 국교(國敎)로 인정하게 된다.

b. 루터의 제자였던 올라우스 페뜨리(Olaus Petri)와 라르스 패테르손(Lars Peterson), 라르스 안데르손(Lars Anderson)은 스웨덴 종교개혁의 3대 인물로서 신약성경을 번역하는 등 기독교(개신교) 전파에 힘을 쏟았다.

4) 스웨던 세속화로 전락

a. 19세기에 스웨덴은 놀라운 부흥을 경험했지만, 20세기에서는 개방된 사회와 물질주의의 영향으로 유럽에서 가장 세속화된 나라(종교지수가 구 소련권 연방을 제외하고 꼴찌)가 되었다.

b. 부흥의 결과로 많은 선교사가 파송(100여개국, 그중 오순절교회 선교사가 절반을 차지하며, 오순절 성인 교인 130명당 1명이 선교사가 됨)되고 왕성한 자유교회가 생겨났지만,

c. 지금은 급속한 쇠퇴의 길로 접어들었다. 그 결과 매 주일 교회 출석하는 사람이 5%에 채 이르지 못한 상태로 변하고 말았다.

d. 반면 스웨덴에서의 이슬람교는 이민자들의 급속한 증가에 힘입어 신자 10만 명이 넘는 주요 종교가 되었다.[64]

---

64) 최초로 스웨덴 사람이 한국 사람을 만난 것은 1720년대로 기록되어 있다. 스웨덴 장교 로렌츠 랑에가 러시아 사절단의 일원으로 베이징에서 조선의 외교관들을 만났다. 이후 1895년에는 간호교육을 받은 스웨덴 선교사 아만다 가델린이 조선에 머무는 동안 태자비를 간호했다고 한다. 이후로도 많은 스웨덴 선교사들이 한국 땅을 밟았고 복음을 증거했다. 양화진에는 이들의 헌신을 기리는 묘비가 많이 남아 있다.
몇 년 전 시골에서 만난, 한국으로 파송된 스웨덴 선교사의 자녀는 자신들의 헌신으

3. 덴마크

1) 가장 오래된 왕조

덴마크 왕조는 하르데곤의 아들, 고름(Gorm)이 10세기 초 자신의 영토를 설정했던 때를 기원으로 세계에서 가장 오래된 왕조임을 주장한다.

2) 기독교로 개종

16세기에 종교개혁이 온 나라를 휩쓸고 가면서 교회는 불타고 그 결과로 시민전쟁(투쟁)이 초래한다. 투쟁은 1536년 가톨릭 교회의 몰락으로 종결되고 덴마크 교회는 루터교파가 설립되면서 그 영향력으로 주도된다.

3) 덴마크 왕가의 고름의 아들 하랄드 블루투스(Harald Bluetooth)가 덴마크인을 완전히 정복한 후, 서둘러 이들을 기독교로 개종시킨 것이다.

4) 덴마크 하랄드 불루투스(Harald Bluetooth) 왕
불루투스 왕은 덴마크에 루터파 감독 교구를 세우고 종교개혁의 개신교 교회를 세웠다.

5) 그의 아들인 스윙(Swegn)이 덴마크 교회를 박해하다가 스웨덴 왕에게 축출당했다. 그러나 다시 돌아와 회개를 통하여 행동으로 실천하면서 덴마크 교회를 보호하기 시작했다.

로 한국이 이렇게 왕성한 부흥을 경험하게 된 것에 대해 감격함과 아울러 복음을 전했던 자신의 나라가 이제는 복음의 불모지로 변하게 된 것에 대해 안타까움을 가지고 있었다. 작년, 예수행진을 할 때, 어느 한국인은 스웨덴이 우리나라에 선교사를 파송한 것에 대해 진심으로 감사하는 인사를 하면서 이 땅에 다시금 부흥이 오기를 함께 기도하자고 호소했다.

4. 노르웨이

1) 노르웨이 왕의 서자(庶子) 하간(Hargan)이 영국에서 유학 교육 중에 그리스도인이 되었다. 그의 형 에릭(Eric)을 대신하여 왕이 되었으나 나중 에릭 파에게 전사(戰死)하고 말았다.

2) 성 올라프(Olaf, 1014~1030)는 자신의 나라, 노르웨이에 영국인 신부(가톨릭 사제)를 초청했으며 그는 나중에 그리스도인이 되었다.

3) 올라프(Olaf Trygvason, 995~1000)는 노르웨이 왕의 증손(曾孫)이며, 영국에서 세례를 받고 자신의 나라로 돌아와서 개신교 운동을 위해 교화(敎化) 중에 전사(戰死)하고 말았다.

ii. 슬라브족 전도

1. 모라비아 전도

1) 863년 키릴로스(Cyril)와 메토디우스(Methodius) 형제가 모라비아에 전도했다.[65)]

---

65) '모라비안 파'에 대하여 영국에서 '모라비아파', 대륙에서는 '헤른후트파'(Hernhut) 자기들 스스로는 '형제파'(Br dergemeinde)라고 불렀다. 1722년 초, 독일의 진젠돌프는 보헤미아 형제들(Bohemian Brethren), 즉 모라비아 교도들이 곤경에 처해 있다는 소식을 들었다. 그리고 자신에게 피난해 온 그들을 자신이 소유한 영토 내에 거주하게 하고 '헤른후트'(Herrnhut:주님의 망대)라는 피난촌을 세웠다. 진젠돌프는 자신의 지도로 그들을 중심하여 1727년 8월 13일 모라비안 교회를 세우기에 이르렀다. 이들의 경건주의가 모라비안주의(Moravianism)이다. 모라비아 파는 북부 이탈리아와 남부 프랑스에 있는 왈도파(Waldensians) 다음으로 오래된 개신교 공동체였다. 15세기 이후 후스파의 영적 쇠퇴 속에서 그들은 치열한 박해의 와중에서도 계속 존재해 왔다.

a. 모라비아 왕의 청원으로 동로마 제국 황제 미카엘 3세가 초청했다.

b. 이들은 슬라브어를 잘하며 교황에게 복종하는 태도를 지녔다.

c. 이들은 슬라브어를 사용한다는 이유로 4년 만에 소환되었으나 키릴로스는 죽고 메토디우스만 갔으나, 990년 왕의 폐위로 동생은 남방으로 도피했다.

2. 보헤미아 전도

1) 보헤미아는 모라비아와 정치적, 지리적으로 근접했으므로 무난히 복음을 전도할 수 있었다.

2) 보헤미아 복음전도로 프라하(Praha, Prague) 감독 교구를 설치했다(976).

3) 보헤미아 교회의 예배는 라틴식으로 드려졌으며 교구적으로 로마교회에 속했다.

3. 불가리아 전도

1) 864년에 추장 보리스칸(Boriskhan, 또는 보고리스)이 미카엘 3세에게 감독 파견을 요청하고 자신이 세례를 받았다.

2) 2년 후 프랑크 왕이 루이(Louis)와 교황 니콜라스 1세에게 감독 파송을 재차 요청했다.

3) 불가리아가 동방 교회와 서방 교회 세력의 각축장으로 쟁점(爭點)이 되었다가 결국, 헬라 교회에 속하게 되었다.

4. 러시아 전도[66]

1) 러시아 건국의 시조(始祖) 루리크(Rurick)는 862년에 노브고르드(Novgorod)를 러시아 수도로 정했다. 그후 1325년에 러시아 수도를 모스크바로 천도(遷都)했다.

2) 루리크의 자부 올가(Olga)가 어린 아들을 왕위에 세우고 섭정했다. 그녀는 콘스탄티노폴에서 세례를 받은 독실한 그리스도인이었다(957년).

3) 올가의 손자 블라디미르(Vladimir)가 기독교 신앙을 받아들이고 기독교를 러시아의 국교로 정했다.

a. 블라드미르는 사절단을 각국에 파송했다. 콘스탄티노폴의 성 소피아 성당의 찬란한 장식과 엄숙한 예배 의식을 보고 돌아와 보고하니 이를 채용하였다.

b. 브라드미르는 안나(Anna)와 결혼할 때 수세(세례)를 조건으로 제시했다.

c. 그는 동로마 문화 수입에 최대 역량을 쏟으며 국가정책을 이에 올인하게 되었다.

---

66) 러시아의 선교 : 러시아는 10세기까지 통합을 이루지 못하고 여러 부족으로 나뉘어있었다. 957년 올가(Olga) 왕후는 콘스탄티노플을 방문해서 세례를 받았다. 그러나 귀족들은 왕후의 개방정책에 반기를 들었고 그의 아들은 반기독교 정책을 썼다. 그러나 그녀의 손자 블라디미르(Vladimir, 956-1015) 황제가 988년에 세례를 받음으로 기독교가 확립되었다. 그는 우상을 파괴했고 백성들에게 세례를 강요했다. 그 당시 비잔틴의 황제 바질 2세는 개종한 블라디미르에게 여동생 안나(Anna)를 부인으로 허락해 주었다. 블라디미르는 안나와 결혼한 이후 5명의 부인들과 헤어지고 자기가 세운 이교(異教) 신전을 파괴했고, 기독교 교회와 학교를 세웠고, 고아와 빈자를 돌보는 정책을 수립하고 전쟁을 멈추고, 사형제도를 폐지했다. 이후 러시아는 동방정교회 국가가 되었다.

iii. 외국 전도

1. 라이몬드 룰리(Raymond Lully, 1234~1315)

1) 라이몬드 롤리는 스페인 출신의 귀족으로서 예수의 십자가 환상을 보았으며, 그의 종교적 소속은 프란시스코 교단에 속했다.

2) 룰리는 아랍어를 배워 이슬람(회교도) 교도에게 복음을 전도했다.

3) 롤리의 저서로 「기독교 변증론」이 있다.

4) 롤리는 기독교 대학에 동양어과를 초치(招致)하는 운동을 했다.

5) 룰리는 열정적인 복음선교 사역을 전개해 가다가 그의 생애 끝 79세에 사망했다.

2. 코르비노의 요한(John de Monte Corbine)

1) 코르비노의 요한은 13세기 경에 이탈리아에서 출생한 선교사이다.

2) 요한은 중국까지 먼 길을 마다하지 않고 건너가서 복음을 전도한 선교의 열정을 지닌 사역자이다.

3) 요한은 북경에서 신약과 시편을 중국어로 번역하고 6천 명에게 세례를 베풀었다.

iv. 중국 선교-아시아의 선교

1. 네스토리우스파 선교사

1) 중세시대 중국 선교는 세 차례로 이뤄짐

a. 최초의 중국 선교사는 네스토리우스파 선교사들이었다.

b. 635년에 페르시아에서 온 알로펜(Alopen)은 당나라(중국)의 태종(太宗)을 만나 복음 선교를 허락받았다.

c. 그후 약 200년 동안 네스토리우스 기독교는 경교(景教)라는 이름으로 중국에서 번성하여 확장해 갔다.

d. 845년 도교(道教) 신자였던 무종이 불교를 박해할 때, 경교도 함께 박해를 받아 소멸하고 말았다.

2) 프란시스 수도단과 도미니카 수도단 선교

a. 두 번째 중국 선교는 13세기에 프란시스 수도단과 도미니카 수도단들에 의해 수도사들이 몽고에 파송되면서 시작되었다.[67)]

b. 몽고는 징기스칸 이후에 중국, 페르시아, 러시아, 동유럽 일대를 다 점령하고 있었다.

c. 1246년 프란시스 수도사 카르피니(Carpine)는 교황 이노센트 4세의 편지를 가지고 몽고의 칸을 방문하여 기독교를 받아들일 것을 권하는 복음 전도를 행했다.[68)]

---

67) 1272년 도미니코 수도원 교단에서 선교사 2명을 파송했으나 중국 선교를 위해 중국으로 가다가 도중에 돌아오고 말았다.

d. 1294년에 프란시스 수도사, 몬테코르비노(Monte Corbino)는 교황의 명을 받고 북경에 도착하여 교회를 세웠다.[69]

e. 몬테코르비노는 1306년까지 5,000명에게 세례를 주었고 대주교로 임명을 받았다.

f. 그의 선교는 놀라운 성과를 보인 것과 같이 로마 가톨릭에서 파송을 받고 중국에서 사역한 선교사였다.

g. 그가 죽은 후 선교 현지 신학교에서 성직자(사제)를 양성하지 못했다. 결국, 중국에서 토착 성직자를 배출하지 못하는 약점으로 가톨릭교회는 약화되고 주저앉고 말았다.

3) 예수회 선교사 선교

a. 세 번째 중국 선교는 16세기에 예수회 선교사들에 의해 이뤄졌다.

b. 예수회 창시자 중, 한 사람인 프란시스 사비에르(Francis Xavier, 1506 -1552)는 인도와 일본을 거치며 선교사역을 하다 중국에 와서 순교를 당하고 말았다.

c. 그후 마테오리치(Matteo Ricci, 1552-1610)와 마카오(1582)는 중국 차오칭(1583)에서 선교사역을 감당한 후 1601년에 북경으로 들어왔다. 그는 유학자의 복장으로 살았고, 천문학, 수학지식, 시계 제작기술로 인해 중국인의 존경을 받았고, 저서로는 '천주실의'(天主實義)를 남겼다.

---

68) 징기스칸의 손자 쿠빌라이가 원나라를 다스릴 때 이태리의 여행가 마르코폴로가 로마 교황청 에 100명의 선교사의 파송을 청원했다.

69) 20년 후 프란시스코 교단에 속한 코르비노에 요한을 선교사로 파송했다. 그가 파송된지 수년 만에 중국에 도착하여 쿠빌라이의 환영을 받고 전도를 하게 되므로 중국에서 선교의 열매를 크게 맺었다.

v. 교리 논쟁

1) 성찬식-화체설(化體說)[70]

a. 다메섹의 요한이 성찬의 교리에서 화체설에 가까운 사상을 지녔다.

b. 파스카시우스 라드베르투수(Paschasius Radbertus)가 '주님의 몸과 피의 예식'이라는 글을 저술하여 화체설을 구체화 시키고 발전시켰다.[71]

c. 1215년 라테란 회의에서 화체설의 교리를 결정하고 로마 가톨릭교회에서는 그때 결정한 화체설 교리를 지금까지 사용하고 있다.

2) 미신에 저항

a. **클라우디우스(Claudius)**

-스페인 출신으로 으로 투린(Turin) 감독을 지냈다.

-성자 예배, 화상 예배, 로마 특권을 반대했다.

-정치적으로 루이(Louis)의 보호를 받다가 839년에 사망했다.

---

70) 화체설[transubstantiation, 化體說] 성변화(聖變化)라고도 하는교리이다. 그리스도교에서 성찬식 때 빵과 포도주의 외형은 변하지 않지만 그 실체가 그리스도의 살과 피로 변한다는 교리이다. 12세기에 처음으로 화체설이라고 불렸던 이 교리는 로마가톨릭 교회를 비롯한 몇몇 그리스도교 교회에서 신봉하고 있으며, 비록 빵과 포도주의 외형은 변하지 않지만 그리스도의 살과 피가 현존한다는 그리스도의 현존에 대한 문자적 진리를 수호하는 데 그 목적이 있다. 13~15세기에 스콜라 신학자들이 잘 정의한 이 화체설은 트렌트 공의회(1545~63) 문헌에 수록되었다. 신비스러운 변화에 의해 일어나는 실재임재에 대한 신앙은 교부신학자들에게서도 발견된다. 20세기 중반 몇몇 가톨릭 신학자는 이 이론에 대해 수정된 견해를 내놓았다. 실체의 변화에서 의미 변화를 강조했다. 화체설이라는 용어 대신 의미변화(transsignification)와 목적변화(transfinalization)라는 용어를 만들어냈다. 그러나 1965년에 교황 바울 6세는 그의〈신앙의 신비 Mysterium Fidei〉라는 회칙에서 화체설 교리와 그것을 표현하는 용어를 그대로 유지하도록 공포했다(그리스도교 | 브리태니커 사전).

71) 로마 가톨릭 신학자 란프랑과 베렝가에 의해서 재현된 성찬 논쟁이 중세기 신학의 서곡이었다. 이들의 학문 활동을 통해 화체설을 확립시킬 수 있는 길을 열어 놓았다.

b. **아고바르(Agoabard)**

-리용(Lyon)에서 대주교를 지냈다.

-화상 예배, 불의 심판 등의 풍속을 반대했다.

-성경의 문자, 언어까지 계시된 것이 아님을 공언했다.

-아고바르는 840년 사망했다. 그는 사후에 성자의 칭호를 받았다.

c. **이단 보고밀(Bogomil)**

-보고밀은 이원론을 주장한 사람이다.

사람을 창조한 신은 사타나엘(Astarael)이라 믿었다. 그리고 구속하신 신은 로고스라 믿었다.

-보고밀은 금욕주의를 주장했으며, 노동을 권장하고, 전쟁을 반대했다. 그리고 평화를 주장했다.

d. 성도관 : 보통 성도가 있으며, 완전한 성도가 있다. 완전한 성도는 결혼, 육식, 음주를 하지 않은 것으로 여겼다.

e. 결과 : 수령은 박해로 사형을 당했다. 보고밀의 교리는 15세기 말까지 계속되었다.

Chapter 8

The Pope, Hildebrand

그레고리우스 7세(힐데브란드)

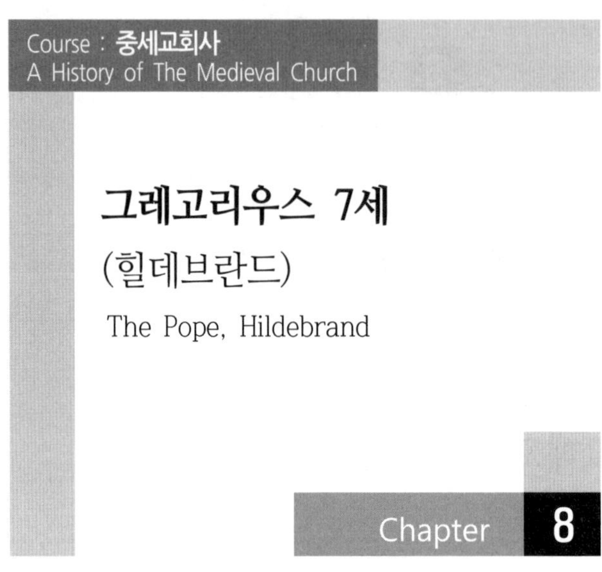

그레고리우스 7세
(힐데브란드)
The Pope, Hildebrand

ⅰ. 시대적인 상황

1. 로마 교회의 상황과 세속권의 상황

1) 샤를마뉴 이후 유럽 교회의 영적 판도는 크게 달라지기 시작했다. 그것은 로마 교회의 권위보다 세속권(Secularity)의 영향력이 더욱 강해지기 시작했기 때문이다. 세속성(권)의 영향력은 날마다 드세고 팽배하므로 로마 교회와 권위가 그 영향력을 막아서지 못하게 된 것이다.

2) 다른 한편으로 게르만족의 득세는 로마 교회의 만만치 않은 도전으로 다가서게 되었다.

3) 독일 황제의 득세

a. 게르만족의 독일의 황제는 정치적인 역량이 커지기 시작하면서 로마 교회 내정을 간섭하고 교황 및 감독 임명권까지 손아귀에 쥐고 권력을 행사해 가기 시작했다.

b. 독일 국내 정세는 대 제후가 실권을 장악하고, 교회는 영주(領主) 수중에 좌우될 만큼 세속의 권력 하에 교회가 놓여 있었다.

4) 로마 교회의 부패

로마 교회는 마치 수술을 받기 전 마취제를 맞은 환자처럼 몽롱한 시대적 상황에 놓여 있었다. 어떤 때는 세 명의 교황이 동시에 나타나 서로가 자신이 '정통 교황'이라고 주장했다.

2. 강력한 지도자 필요

1) 로마 교회와 사회적 분위기는 혼돈을 거듭하는 상황 속에서 로마 교황권을 확립하고 로마 교회를 구원하는 강력한 리더십을 소유한 지도자를 요구하기에 이르렀다.

2) 영광스러운 로마 교회시대 요망

a. 로마 교회는 현 상황에서 과거 영광스러운 로마 교회 시대를 간절히 요망하고 있었기에 그에 걸맞는 강력한 지도자를 원하고 있었다.

b. 상승세를 타던 과거의 힘으로 로마 교회는 그 영향력으로 세상을 능히 구원하기 위해 충분했었다고 보는 것이다.

ii. 힐데브란드의 생애와 업적

1. 그의 생애

1) 열정적인 신앙

a. 1015년 힐데브란드(Hildebrand)는 이탈리아의 토스카나 지방의 소아나(Soanna)의 목수 아들로 태어났다.[72]

b. 그는 성 마리아 수도원에서 학문을 닦으면서 함께 영적 자질을 수련하면서 미래에 대하여 비전을 품고 열정적인 신앙생활을 유지했다.

c. 그는 평소에도 열정은 강하면서 사려 깊고 차분한 성격의 소유자라고 볼 수 있다.

2) 부 집사직 임명

a. 레오 9세가 교황이 되자 힐데브란드는 부 집사직에 임명되어 교황권을 실제적으로 행사했다.

b. 힐데브란드는 교황에 대한 지도력의 훈련을 미리부터 교회 현장에서 실습한 매우 독특한 케이스라고 볼 수 있다.

3) 교황권 복귀 운동

a. 그레고리우스 6세(알렉산더 2세)가 로마에서 축축 당할 때, 힐데브

72) 그를 소개하는 사전에서는 힐데브란트가 1020-1025년 정도 출생했다고 말하기도 한다.

란드는 함께 독일로 동반하여 피신했다.

b. 그레고리우스 6세(알렉산더 2세)가 죽은 후, 남부 프랑스 클루니(Cluny) 수도원으로 가서 경건응 연마하면서 각지를 순회하며 추락 된 교황권의 권위 회복을 위한 운동에 힘썼다.

2. 힐데브란드의 교황 등극

1) 교황의 출현

a. 1073년 힐데브란드는 58세에 '그레고리 7세'의 교황의 공식적인 이름으로 교황으로 등극했다.

b. 1085년 70세로 짧은 재임 기간에 힐데브란드는 교황(교회의 영적 지도자)의 삶을 마쳤다.

2) 교황 그레고리 7세로서 전성기의 업적

a. 1073년 힐데브란드(Hildebrand: 1073-1085)는 교황으로서 그레고리 7세로 즉위하여 12년 동안 재임 기간을 보냈다.

b. 그는 교황 재임기간 동안 교회의 위치에 있어서 일종의 교회 개혁을 혁명적인 수준으로 단행하여 많은 개혁적인 업적과 사건을 남겼다.

3) 그의 주장

a. 그는 그리스도의 대리자로서 그리고 베드로의 후계자로서 지상의 그 어떤 제국이나 왕국, 그리고 귀족들의 모든 소유물에 대하여 주거나 빼앗을 수 있다고 주장했다.

b. 교황의 권위는 하나님이 주신 우주적인 주권이기 때문에 모두 이 권에 앞에 세상의 권세가 다 굴복해야 한다고 주장했다.

c. 최고의 신분인 황제로부터 비천한 농부에 이르기까지 땅 위에 생존하는 사람은 누구든지 지상에서 로마 교황을 인정해야 한다고 했다.

3. 그의 업적

1) 교직 매매 금지

a. 파렴치한 통치자들은 영적 자질을 고려하지 않고 최고의 입찰자들에게 성직을 파는 행위가 매우 빈번하게 발생하곤 했다. 여기에 피해를 입는 대상은 서민들이었다.

b. 회중의 본능은 가톨릭교회의 사제들이 자신들의 영적 지도자라고 신뢰하고 따랐다. 그러나 존경의 대상이 불신의 대상으로 전락했을 때, 그 상처가 대단히 심한 상태로 돌아올 것을 힐데브란드는 간파했다. 사제직의 청렴함과 거룩성 및 경건 생활을 강조했다.

2) 교직자 독신 생활 강조

a. 성직자들의 독신생활을 강조하는 것은 중세 수도원 영향에서 빼놓을 수 없다는 것을 알았다. 힐데브란드는 영적 자질은 독신적인 생활부터 시작된다고 보았기 때문이다. 실제로 중세의 성인들의 영적 생활은 거의 독신생활의 경건에서 출발했다.

b. 힐데브란드는 일부 사제들에게 결혼이 허용된 것을 통렬하게 비판하고 나섰다.

c. 또 성직자로서 거룩해야 할 사생활을 깨끗하고 신속하게 정리할 것을 강하게 촉구했다.

3) 감독 임면권(任免權) 주장

a. 힐데브란드는 교황의 권위를 다음과 같이 내세웠다.
_"교황은 그리스도의 대리자로서, 베드로의 후계자로서,
_교회의 감독 임면권(Lay investiture)을 가져야 한다"고 주장했다.
b. 그와 함께 당연히 교회의 재산과 재정을 관리하는 감독권을 교황 산하에 둘 것을 정리하고 명했다.

4) 왕권 임면권(任免權) 주장

a. 힐데브란드는 로마 교황은 세상의 제국들, 왕국들, 공작령, 후작령의 임면(任免)의 권한을 주장했다.
b. 그는 교황의 권한으로서 모든 사람의 소유물, 황제로부터 농부에 이르기까지도 그 재산들을 주거나 빼앗을 수도 있다고 명시했다.

iii. 권력의 충돌

1. 황제와 교황의 갈등

1) 헨리 4세 소환

a. 당시 독일의 황제 헨리 4세(Henry 4)는 독일의 내란이 일어나 정치적인 위기 속에 있었다. 억압받던 색슨족(Saxon)이 헨리 4세의 폭정에 대항하여 반란을 일으켰다. 이에 다른 지역의 봉주(封主)들도 반란을 함께 일으킨 것이다.

b. 1075년 부활절에 교황은 로마의 종교회의에서 세속의 권세가 성직을 임명할 수 없다는 칙령을 발표하고, 헨리 4세를 자신의 봉신(封臣)인 것처럼 로마로 소환 명령을 내리고 말았다.

2) 헨리 4세가 교황을 반대

나라의 토지 절반 정도가 감독과 교회의 소유이므로 재산 감독권이 교황에게로 돌아가면 황제(제왕)로서 실권이 약화 될 것을 알기에 헨리 4세가 힐데브란드에게 고개를 숙일 리 없었다.

3) 헨리 4세가 대 감독 임명

a. 헨리 4세는 매우 불리한 국내 정세로 잠시 교황의 호감을 사기 위해 그의 사절 앞에 한때, 고해성사(告解聖事)하고 충성할 것을 맹세했다.

b. 그러나 그는 1075년 6월 색슨족의 반란을 진압하고 다시 명실상부한 독일의 군주로 정상에 서게 되었다.

c. 독일 황제는 언제까지 교황에게 순종할 수 없다고 판단하여 민심이 황제 자신에게 쏠리는 여론을 등에 업고 밀란(Milan)의 대 감독을 임명해 버리고 말았다.

4) 보름스 종교회의-교황 폐위 결정

a. 독일의 대부분 감독은 교황에 대한 반대에 동조하여 헨리 4세에게 모였다.

b. 그는 보름스(Worms) 종교회의(1076)에서 힐데브란드의 교황직 폐위를 결의해 버린다. 교황의 독선을 규탄하고 황제의 권리를 옹호하는 결의하고 채택한 것이다.

c. "거짓 수도사이며 교황이 아닌 힐데브란드에게"라는 제목으로 '교황 폐지 통지문'을 받은 로마 교회의 반응은 즉각적 반박으로 나타났다.

5) 독일 황제 헨리 4세를 출교 폐위

a. 1076년 2월 22일 로마의 종교회의는 독일의 헨리 4세를 파문하고 왕직 폐위를 결정했다.

b. 따라서 헨리 4세의 국민은 황제의 명령에 복종할 의무가 없다고 선언했다. 그 신하와 노복들에게 독일의 해방을 선언했다.

c. 이 사건은 세기적인 사건으로서 중세시대만이 발생 될 수 있는 매우 특이한 케이스라고 볼 수 있다.

d. 이 사건을 통해서 교황의 교권과 황제의 세속권이 정면으로 충돌하는 돌출된 모습을 나타내고 만 것이다.

2. 절대 권력 부패

1) 교황이 황제를 파면함

a. 주위의 모든 사람은 교황으로서 그레고리 7세인 힐데브란드가 독일 황제의 파문 결정에 공포심을 느꼈다.

b. 영원한 형벌을 두려워한 사람들은 그레고리 7세와 음식을 나누거나 자리를 함께하려 하지 않았고 오히려 그를 멀리하게 되었다.

c. 교황에게 사죄, 황제 파문 철회를 받아 올 것 요구

한편, 제후들이 황제를 반대하여 형세가 불리해진 헨리 4세는 로마 교회의 교황에게 사죄하여 황제 파문 철회를 받아올 것을 요구하기에 이른다.

2) 카놋사(Canossa)의 굴욕

a. 1077년 그레고리 7세(힐데브란드) 교황이 아페니 산중의 카놋사 궁전을 방문하고 있을 무렵이었다.[73)]

b. 독일 황제 헨리 4세는 아이들과 아내를 동반하여 겨울의 알프스산을 넘었다.

c. 헨리 4세는 카놋사에 이르러 밤낮 3일을 맨발로 눈 위에서 사죄했다. 4일째 되는 날 교황은 그를 받아주므로 헨리 4세 교황은 파문 철회를 교황에게 받게 된 것이다.

---

73) 1076년 겨울. 교황 힐데브란드(그레고리 7세, 로마 교회에서는 그레고리오 7세라 명함)는 아우스부르크 회의에 참석하기 위해 로마를 출발했다. 그가 알프스를 넘을 때, 독일 황제인 헨리 4세(하인리히 4세)가 로마로 오고 있다는 소식을 들었다. 그레고리 7세는 순간 긴장했다. 군대를 가진 헨리 4세가 무력으로 자신을 몰아내려고 오는 것이라 여겼기 때문이다. 이때, 교황의 본거지 로마를 떠나 단출한 여행객이었던 그레고리 7세에게 구원의 손길을 보낸 것은 스위스 아페니 산중의 카노사 성의 성주였던 백작부인 마틸데였다. 그녀는 교황의 오랜 친구였으며 그의 교회 개혁을 적극적으로 지지하고 있었다.
카노사 성을 방문한 로마교회 황제 그레고리 7세는 독일황제 헨리 4세가 황제의 자격으로 온 것이 아니라 자비를 구하는 고해자(告解者)의 모습으로 자신을 찾아온다는 소식을 뒤늦게 접했다. 헨리 4세는 맨발에 수도사의 옷을 입고 성문 앞에 도착해 그레고리 7세에게 알현을 청했다.
교황이 파문을 거둬주지 않는다면 자신의 앞날을 장담할 수가 없었던 헨리 4세는 교황이 만나줄 때까지 내복 바람에 금식하며 3일을 버텼다. 이 카노사의 굴욕을 당하면서 헨리(하인리히) 4세는 이날의 치욕을 훗날 반드시 갚겠다며 이를 갈았다고 한다. 그러나 그레고리 7세에게 당한 자신의 황제의 파문이 취소되지 않는다면 자신에게는 더 이상 정치적인 훗날이 없다는 것도 알고 있었기에 그는 눈밭 위에서 맨발로 참고 또 참았다.
그러나 그레고리 7세는 헨리 4세를 만나려 하지 않았으나, 이미 헨리 4세에 대해 마음이 돌아선 그를 설득한 것은 성주 마틸데 백작부인과 클루니 수도원의 대수도원장 후고였다. 황제의 신분을 떠나 성문 밖에서 추위에 떠는 신자를 자비의 교황이 내팽개쳤다는 오명을 덮어쓸 수 없었던 그레고리 7세는 하는 수 없이 성문을 열게 하고 헨리 4세를 만났다. 헨리는 무릎을 꿇고 교황에게 용서를 구걸했으며 그레고리 7세는 자신이 집전하는 미사에 헨리 4세를 참석시킴으로써 그에 대한 파문을 거두어 들였던 것이다.

3) 독일의 두 황제

a. 결과는 표면상의 굴복이었으나 실제로는 헨리 4세가 승리했다.

b. 교황에게 파문 철회를 받은 헨리 4세를 반대했던 독일의 귀족들과 감독들은 교황 힐데브란드의 보복이 두려워 국회를 열고 스와비아(Swabia)의 공작 루돌프(Rudolf)를 헨리 대신 황제의 자리에 세웠다.

c. 독일에는 힐데브란드가 파면한 독일의 황제 헨리 4세와 새 황제로 선출된 루돌프 두 황제가 존재하게 되었다.

d. 이를 두고 힐데브란드는 한 황제를 선택해야만 했다. 스스로 파문을 해제한 헨리를 택해야 하는 당위와 자신에게 충성을 약속한 루돌프를 선택하는 실리 중 하나를 정해야 했다.

4) 독일 국민의 동정이 헨리 4세에게

a. 1080년 3월 교황은 로마에서 종교회의를 개최하여 헨리 4세를 파문하고 루돌프를 선택하는 실리 쪽에 손을 들고 말았다.

b. 헨리 4세는 그의 정적인 루돌프와의 내전에서 마침내 승리했다.

c. 한편 두 번째 파문당한 헨리 4세 편을 독일 국민은 동정하여 그를 지원하게 되는 형국에 이르게 되었다.

5) 헨리 4세의 새 교황 임명-카놋사의 치욕이 로마 정벌로

a. 헨리 4세는 1080년 6월 부릭센(Brixen)의 종교회의에서 교황 그레고리 7세를 파면해 버렸다. 이것은 황제 4세가 카놋사에서 힐데브란드에게 치욕을 당했던 보복심리에서 단행된 것이다.

b. 헨리 4세는 비벨트(Wibert)를 새 교황으로 삼고, 그의 교황의 공식

적 이름으로 클레멘트 3세(Clement 3)로 호칭했다.

c. 당시 로마 황제 루돌프를 이긴 헨리 4세는 1084년 곧바로 로마를 무력으로 점령해 버린다.

d. 1085년 교황인 힐데브란드는 남부 이탈리아 살레르노(Salerno)로 패주했다.

e. 힐데브란드는 도망하다가 그해 6월 25일 길거리에서 객사(客死)하고 말았다.

f. 11세기의 나폴레옹이라 불리던 힐데브란드는 그의 말년에 유배되어 죽으면서 "나는 정의를 사랑했고 불의를 미워했기 때문에 유배되어 죽는다"는 말을 남겼다. 과연 칼을 쓰는 자는 그 칼 때문에 망한다는 진리가 여실히 증명되었다.

힐데브란드는 당대의 교황으로서 교권이 아니라 정치권까지 그 무소부위의 힘을 휘두르면서 한 시대를 풍미했다. 그러나 그의 결국은 사제로서의 거룩하고 숙연한 죽음이 아니라 정치적인 세력에 밀려 정치적 심판을 받으면서 후회하면서 죽어갔다는 것은 진정 인생이 무상하다는 것 말고 무엇을 말할 수 있으랴…!

Chapter 9

The Rise and Controversy of the Crusades

십자군 전쟁(발흥)과 논란

Course : **중세교회사**
A History of The Medieval Church

십자군 전쟁(발흥)과 논란

The Rise and Controversy of the Crusades

Chapter 9

i. 십자군 운동의 발생과 원인

1) 십자군(Crusade)

'십자군 원정'은 [Crusade-십자군]이라는 단어를 사용하고 있다. 이 말은 '십자'(十字)를 뜻하는 Crux에서 나온 말로 십자군들은 [붉은 십자가 표]를 붙인 군복을 입고 출정하므로 십자군(十字軍)이란 말이 생겼다.

2) 십자군 전쟁

a. 십자군 원정의 다른 말은 '십자군 전쟁'이다. 로마 교황청이 중세를

어두운 역사로 만든 가장 치명적인 사건이었다. 교황이 세속역사와 국가 위에 군림하면서 역사의 방향을 잘못 끌고 가는 죄악을 세계사 속에서 저질렀던 전쟁이기도 하다.

b. 아무리 이 사건을 미화(美化)하고 거룩한 전쟁(the Holy war)이라고 변명해도 하나님과 역사 앞에 정당화될 수 없는 것이다. 십자군 원정은 무려 200년간(A. D. 1074-1291)에 걸쳐 7차례나 계속되었다.

1. 십자군 운동의 원인

1) 성지 순례 열망

a. 초대교회 시대의 성도들이 박해 중에 순교를 미덕으로 생각하면서 4세기부터 성지(Holy place)를 생각하면서 순례를 열망하기 시작했다.

b. 서방 지역의 흉년으로 경제적 불황이 계속되자 반작용으로 신앙의 열이 발화되어 성지 순례 행사가 더욱 잦아지기 시작했다.

2) 십자군 운동 발단

a. 이슬람교도인 셀죽 터키족(Seljuk Turks)이 거룩한 성지인 예루살렘을 점령하고(1071년) 성지를 순례하는 그리스도인들을 학대하고 방해하기 시작했다.

b. 이 운동은 성지를 탈환하여 "성지를 이교도의 손에서 다시 찾자!"는 것이었다. 그리고 동서방 교회가 분열을 극복하고 재결합이라는 목표를 세운 서방 교회의 원정이었다.

2. 십자군 운동의 발생

1) 성지회복 결의

a. 비잔틴(동방) 황제 알렉시우스(Alexius) 1세는 셀죽 터키군의 횡포를 견제시켜달라는 호소문을 서방교회의 교황 우르반(Urbanus) 2세에게 보냈다.

b. 클레르몽(Clermont)에서 개최된 종교 회의에서 성지 탈환을 위한 십자군을 조직하기로 결의하고 동원령을 선포했다.

c. 이 운동은 '하나님의 뜻'(Deus Vult)이라고 외쳤다. 이 구호는 서방 세계를 하나로 일어나게 만들었다. 각 도시에서는 열광적인 반응을 보이며 극렬하게 일어났었다.

2) 십자군의 특전

a. 교황은 이 거룩한 싸움에서 전사하는 사람들에게 "일체의 죄를 사면(赦免)받게 하고 영생을 준다"는 약속을 했다.

b. 십자군에 지원하는 자 중에 감옥에 수감 된 죄수도 많았다. 이런 경우 집행 중인 죄를 면해 주어 십자군 전쟁에 참여하게 했다.

ii. 십자군 운동의 개요

1. 성지에 라틴 왕국 수립

1) 제 1 차 십자군(A. D. 1096~1099)

a. 인솔자

곧프레(Godefroy), 레이몽(Raymond), 로버트(Robert), 위고(Hugo) 등이 첫 번째 십자군을 이끌고 전진하는 지휘관으로 선출되었다.

b. 종군자

약 30만 명으로서 독일과 프랑스, 영국에서 소집되어 결집되고 곧 군대 조직으로 편성되었다.

c. 성과

곧프레가 인솔한 주력부대는 1096년 성탄절에 콘스탄티노플에 도착하고, 1097년 6월 니케아를 함락시켰다. 그해 10월에는 안디옥에 도착하여 사투를 벌인지 8개월 만에 함락시켰다. 1099년에 예루살렘을 점령하고 이슬람 교도를 멸절시켰다.

d. 라틴왕국 건설

① 1099년 7월 15일 곧프레가 '성지의 왕'(예수 묘지의 보호자)으로 추대되었다. 같은 해 8월 12일 이집트에서 발병하여 이슬람의 원병으로 왔으나 격퇴시키고 성지를 회복하는 데 성공하게 된다.

② 1100년 곧프레 왕이 죽고 난 후 후계자는 동생 볼드윈(Baldwin, 1100- 1118)이 계승해 나갔다.

③ 볼드윈은 라틴 왕국을 88년 동안 세우고 안디옥, 트리블리, 에뎃사 등 팔레스틴 전역을 점령하여 이탈리안들이 참여하는 봉건제도 정치 형식을 채택했다.

2) 제 2 차 십자군(1147~1149)

a. 결성 원인

교황 유게니우스 3세(Eugenius)에 의하여 제창되고, 성 버나드(St. Bernard of Clairuaux)에 의하여 결성하여 출정시켰다.

〈Table-11〉 **십자군 전쟁의 개요**

1차 십자군 (1096~1099)	곧프레가 주력부대 인솔, 니케아 함락, 안디옥 함락, 1099년 예루살렘 점령, 이스람교도 전멸시킴/볼드윈이 성지 이스라엘에 라틴왕국을 88년 동안 세우고, 봉건제도 정치형식 채택함
2차 십자군 (1147~1149)	이슬람 회교군이 에뎃사, 예루살렘의 동북부 요새 반격, 함락/성지 구하려 2차 십자군이 결성됨/종교적 열정도 사라지고, 출정하던 바다에서 파선을 당하고 육지에서 패전함
3차 십자군 (1189~1192)	1187에 이슬람 장군 살라딘 군대가 예루살렘 함락, 서방세계는 3차 십자군을 원정 여론을 형성함/독일 황제 실리시아에서 익사, 영국 프랑스 두 왕국 지휘권 분쟁 다툼/프랑스 필립 왕은 정치적 불안으로 귀국해 버림.
4차 십자군 (1202~1204)	볼드윈에 의해 네 번째 십자군 결성되어 출정함/ 동방 콘스탄티노플에 라틴 감독을 세우고 희랍교회를 50년 동안 서방 가톨릭교회의 교황에게 예속시킴/콘스탄티노플에 라틴 제국을 세우고, 볼드윈을 동 로마제국 나라의 왕으로 세움.
5차 십자군 (1212~1221)	원인-성지회복 위해 청결한 소년,소녀 대상의 '소년 십자군'이라고 부름, 종군-프랑스 목동 스테판과 독일 소녀 니콜라스가 수천명의 소년을 모아 다섯 번째 십자군 원정 발발함, 결과-성지로 향하던 중 실패, 죽거나 대부분 이집트 노예로 팔려감.
6차 십자군 (1227~1229)	독일 황제 프레드릭 2세 인솔로 성지 진격했으나 싸우지 않음, 6차 십자군은 이슬람군대와 협상, 10년간 휴전조약 예루살렘, 베들레헴 등 해안 서방측 관리, 순례여행 이뤄짐, 성지가 이슬람교도에게 넘어가 700년간 버려졌다 이스라엘 군에 의해 탈환됨.
7차 십자군 (1248~1254)	프랑스 루이 9세 왕, 열정적으로 군대를 일으킴, 십자군은 이집트로 원정 시도하다 카이로에서 패전하여 1만명 군사 피살되고 프랑스 왕은 거액 주고 목숨 부지, 프랑스로 귀국함.
8차 십자군 (1270~1291)	영국 루이 9세 왕이 십자군을 원정하다가 전염병으로 사망. 마지막으로 영국 에드워드 왕이 십자군을 이끌고 진격, 나사렛 점령, 10년간 이슬람교도와 평화조약을 맺고 귀국, 이후 1291년 팔레스틴의 예루살렘은 완전히 이스람 교도의 소유가 됨.

이슬람 회교군이 에뎃사와 예루살렘의 동북부 요새를 반격하여 함락시키므로 회교도에 의해 성지인 예루살렘이 위협을 당하게 되었다. 이에 예루살렘 성지를 구하기 위해 두 번째 십자군이 결성되었다.

b. 인솔자

프랑스 왕 루이 7세(Louis 7), 독일의 콘라드(Conrad) 황제에 의하여 인솔된 십자군이 1147년 출정했다.

c. 결과

① 2차 십자군은 1차와는 달리 종교적 열정도 사라지고, 출정하던 바다에서 파선을 당하고 육지에서 패전하게 된 결과를 초래했다.

② 소아시아에 당도하면서 많은 병력의 소모가 있었다. 성지 팔레스틴에 도착한 부대는 1148년 다마스커스 전투에서 다시 실패한다.

③ 거의 소멸 직전의 위기에 처한 성지의 라틴 왕국은 가까스로 그 명맥을 유지할 수 있었다. 그 원인으로 당시 이슬람교도(회교도)의 자파간 분쟁으로 40년간 유지할 수 있었다.

2. 서방 세력의 성지 실종

3) 제 3 차 십자군(1189~1192)

a. 결성 원인

1187년 7월에 이슬람교도 장군 살라딘(Saladin)이 거느린 군대가 예루살렘을 공격하여 함락시켰다. 이 소식을 접한 서방 세계는 세 번째 십자군을 원정해야 한다는 여론을 형성하게 된다.

b. 종군자

영국의 리차드(Richard) 왕과 독일의 프레드릭(Frederick) 황제와 프랑스의 필립(Philip Augustus) 왕이 거느린 연합군으로 결성하여 세 번째 십자군을 출정시켰다.

c. 결과

① 독일 황제는 실리시아에서 익사하고, 영국과 프랑스 두 왕국은 서로 지휘권 분쟁으로 다투게 되었고, 프랑스 필립 왕은 정치적 불안을 핑계로 귀국해 버린다.

② 오직 홀로 남은 영국 왕 리차드가 잔유한 군대로 성지를 향해 진격하여 3년 8개월 동안 이슬람의 살라딘 군과 전투를 벌인다. 그러나 예루살렘을 정복하지 못한다.

d. 휴전과 조약

① 서로 격렬한 전투로 지친 양군은 종전조약을 체결후 휴전하고 돌아선다.

② 그 조약 내용으로는 예루살렘으로 가는 순례자에 대하여 신변 보호는 물론, 세금을 면제해주는 혜택을 부여하기로 체결한다.

3. 서방 교회의 동방교회 침략

4) 제 4 차 십자군(1202~1204)

a. 원인

교황 인노센트 3세의 주장으로 플랑데르의 볼드윈에 의하여 네 번째 십자군이 결성되어 출정했다.

b. 전략

이번 십자군의 전략은 애굽을 정복한 후 성지 예루살렘을 탈환하기로 했다. 그러나 군대의 군수 물자의 운송의 난제에 부딪쳐 어려움을 겪었다. 성지 탈환을 포기하고 대신 콘스탄티노플을 공격하여 동로마 제국의 알렉시우스 3세(Alexius 3)를 폐위시켜 버렸다.

c. 결과

① 동방 콘스탄티노플에 라틴 감독을 세우고 희랍교회를 50년 동안 서방 가톨릭교회의 교황에게 예속시켜 버렸다.

② 이로 인해 동서교회의 감정은 더 격한 상태로 증가되었다. 이에 따라 동방교회의 유물을 강제로 빼앗아 서방 교회로 옮기는 일이 빈번했다.

③ 동로마 콘스탄티노플에 라틴 제국을 세우고 볼드윈(Baldwin)을 동로마제국의 나라로 인정하고 왕으로 세웠다.

4. 십자군의 완전 실패

5) 제 5 차 십자군(1212~1221) - 소년 십자군

a. 원인

성지(聖地) 회복을 위해서 죄 없는 청결한 소년 소녀에게 위임하기로 한다. '소년 십자군'(Childrens Crusade)이라고 부른다.

b. 종군

프랑스 목동 스테판(Stephen)과 독일 소녀 니콜라스(Nicholas)가 수천 명의 소년을 모아 다섯 번째 십자군 원정을 떠나게 된다.

c. 결과

의욕에 찬 진격이 계속되었으나 도중에 이탈리아에서 흩어졌고, 다시 성지로 향하던 중 실패하여 죽거나 대부분 이집트의 노예로 팔려가기도 했다.

6) 제 6 차 십자군(1227~1229)

a. 협상

독일 왕 프레드릭 2세는 불신자였으나 교황의 정치적인 협조를 얻기 위해 십자군을 결성한 것이다.

독일 황제 프레드릭 2세(Frederick 2)의 인솔로 성지로 진격했으나 그들은 싸우지 않았다. 여섯 번째 십자군은 이슬람 군대와 협상하여 10년간의 휴전조약을 이집트의 군주(Sultan)와 맺었다.

b. 결과

이로 인해 예루살렘, 베들레헴, 나사렛 지중해 해안 통로를 서방측에서 소유하여 관리하게 된다. 이로 인하여 1224년까지 보존하게 된 성지가 순례자에게는 더 없는 유익한 여행이 이루어지게 되었다.

c. 그러나 그 후 성지가 다시 이슬람교도의 손에 들어간 후 700년간 이교도에 의해 버려진 도시가 되었다가 1947년 새로 결성된 이스라엘군에 의해 탈환되었다.

*〈Table-12〉 74) **십자군 기사를 치료하는 병원**

크라쿠프 데 슈발리에는 십자군 기사를 치료하는 병원, 십자군 전쟁 동안 지어졌다. 크라크데셰발리에는 시리아에 있는 중세 성으로, 세계에서 가장 중요하게 보존된 성 중 하나이다.

---

74) Kaufmann and Kaufmann Medieval Fortress pp. 268-269, spectacles[231]. https://en.wikipedia.org/wiki/Middle_Ages.

7) 제 7 차 십자군(1248~1254)

a. 결성

1248년 프랑스 왕 루이 9세가 종교적 열정이 대단하여 일곱 번째 군대를 일으켜 출정했다.

b. 결과

십자군은 이집트로 원정을 시도했으나 그들은 카이로 도상에서 패전하여 1만 명 군사가 거의 피살되고, 루이 9세 왕은 거액을 주고 풀려나 목숨을 부지한 채 프랑스로 귀국하게 되었다.

8) 제 8 차 십자군(1270~1291)

a. 원인

영국의 루이 9세가 다시 십자군을 결성하여 원정했으나, 도중에 전염병으로 왕은 사망해 버린다.

b. 결과

마지막으로 영국 왕 에드워드(Edward 1세)가 진격하여 나사렛을 점령하고 10년간 이슬람교도와 평화 조약을 맺고 귀국한다.

그러나 이후 1291년 팔레스틴의 예루살렘은 완전히 이슬람교도의 소유가 되어 버렸다.

iii. 십자군 운동의 실패 원인

1. 십자군 운동의 실패

십자군 전쟁(운동)은 약 2세기 동안에 무려 8차례에 걸쳐 발생했다. 그러나 십자군 운동의 결과는 아무것도 얻지 못하고 엄청난 희생과 상처만 남기고 비극적인 종지부를 찍게 되었다. 진정 허무하고 무의미한 결과만을 남기고 말았다. 약 200여년 동안 서방을 중심하여 성지를 향한 전쟁이 이렇게 허무하게 종결될 줄 아무도 몰랐다.

1) 십자군 주도권이 없는 로마 교황

십자군이 결성되고 발생한 중심이 로마 교황인데도 불구하고 정작 십자군을 통솔하는 주도권은 교황에게 없었다.

2) 십자군이 결성된 부류의 목적과 이해가 상충 됨

십자군에 출전했던 귀족, 기사들 간의 전쟁 목적이 다르고 그들끼리 이해가 상충되어 십자군의 목적을 온전히 이룰 수가 없었다.

3) 십자군 종교적 열정이 식어 짐

a. 십자군의 궁극적인 목적을 이룰 수 있는 원동력이었던 종교적인 열정이 식어지고, 감정적으로 치우치게 되었다.

b. 십자군은 본래의 힘조차 발휘할 수 없는 경우가 허다하게 전투의 실전에 나타나게 되었다.

4) 십자군의 전투로 백성이 피해 입음

십자군 전쟁은 거룩한 전쟁이지만 오히려 십자군에 의해 주민들의 재물이 약탈되거나 사소하게 발생되는 사고들로 부정적으로 작용됐다.

5) 십자군 조직의 전략 부재, 잘못 통솔함

a. 십자군은 독특하게 조직된 부대이므로 그에 합당한 전략으로 통솔되어야 하고, 그에 상응하게 운용되어야 했다.

b. 정작 실제 전투에서 십자군은 전략이 부재하거나 지휘관의 잘못된 통솔로 인하여 오합지졸을 면치 못했다.

6) 십자군에 비해 이슬람 군대가 유리함

a. 반면에 그 지역에서 방어하는 이슬람 군대(회교)의 통솔과 기강은 전쟁에 유리하게 작용하여 대부분 승리했다.

b. 십자군은 생소한 전쟁터로 원정을 하면서 전투하므로 지리적으로 매우 불리했으며, 반면 이슬람 세력은 전투에서 능하게 활동했다.

2. 십자군 운동의 유익

1) 이슬람 세력이 서방 진출을 저지함

십자군의 발생은 이슬람(회교도, 무슬림) 세력이 서방의 진출을 저지시키는데 큰 몫을 담당해 주었다.

2) 서방 유럽의 민족, 나라가 십자군 결성으로 단결함

서방 유럽의 각 민족과 나라가 십자군 결성으로 단결되었다. 또 십자군은 기독교 국가의 정신을 이방 세계에 알려주는 기회가 되었다.

3) 서방의 귀족사회 쇠퇴, 상공업 활발함

십자군으로 인하여 서방의 상류사회를 구성했던 귀족이 쇠퇴하고 봉건제도가 붕괴되었다. 대신 상공업이 활발하게 전개되었다.

4) 십자군 원정으로 해운업 발달함

십자군이 원정하면서 그 수단을 배로 이용했기 때문이다. 그로 인해 해운업이 발달했다. 이탈리아 등 지중해 연안 도시가 더불어 번영했다.

5) 십자군 전쟁은 이슬람권 새 지식을 흡수, 접촉함

전쟁으로 인해 이슬람권의 정보와 분석으로 모하메드 국가의 새 지식을 흡수하고 동방과의 접촉 기회가 많아졌다.

6) 로마 교황권의 세력은 더욱 강화됨

교황권의 세력은 더욱 강화되었다. 로마 교회는 통치지역이 확장되므로 수입이 늘어나고 재산이 증식되는 계기를 맞았다.

Chapter 10

Scholar Philosophy and Thought Problems

스콜라 철학과 사상 문제

ⅰ. 스콜라 신학
ⅱ. 시대 구분
ⅲ. 스콜라 신학의 과제
ⅳ. 중세시대 대학 설립
ⅴ. 스콜라 시대 대표적 신학자
ⅵ. 철학적 원리와 하나님 사명의 가치

Course : 중세교회사
A History of The Medieval Church

스콜라 철학과 사상 문제

Scholar Philosophy and Thought Problems

Chapter 10

ⅰ. 스콜라 신학

1. 발생 배경

1) 중세시대의 민중들은 정신적 여유가 없거나 무지하고 편협한 환경에서 성장하게 되었다.

2) 십자군 원정이 약 8차례나 발생되면서 중세시대의 서방 세계는 정신적으로 지평선을 무한히 바라볼 수 있게 되었다.

3) 화려한 동방의 세계의 아랍과 헬라문화에 접하면서 11세기 이후부

터 새로운 문화운동이 싹트기 시작했다. 동방적인 지식, 아랍의 지식이 서방세계에 전달됨으로 그에 따라서 서방세계는 지성적인 대각성이 일어나게 되었다.

ii. 시대 구분

1. 제1기 9~12C 발생기

이 시기는 스콜라 철학이 교부철학에 영향을 받고 발생되기 시작한 시기이다. 초대 기독교의 교부들이 세워놓은 기독교사상의 정통성과 마찰을 빚기도 하지만 그런 과도기를 거쳐 철학을 사용하여 기독교를 증명하고 발전해 가는 것을 볼 수 있다.

2. 제2기 13C 전성기

스콜라 철학의 전성기는 이 시기에 꽃을 피우게 된다. 13세기에는 12세기 동안 본격적으로 이루어진 고대 문헌의 번역 작업에 힘입어 다양한 고대 그리스 철학 사상이 기독교 사상에 반영되었다. 아리스토텔레스를 비롯한 고대 철학자들의 사상이 스콜라 철학에 깊이 녹아들었다.

3. 제3기 14~15C 쇠퇴기

이후 그 경계가 불분명한 후기 스콜라 철학 시기에는 유명론과 경험에 대한 강조가 스콜라 철학의 뿌리를 점차 흔들기 시작하면서 점차적으로 이 운동은 서서히 사라지게 된다. 스콜라 철학의 목표는 중세 사람들이 진리라고 믿었던 기독교 신앙에 철학을 이용하여 이성적인 근거를 부여하는 것이었다. 결국 인간 이성으로 증명하려던 하나님의 계시인 신학이 인간 이성으로 쇠퇴기를 맞게 된 것이다.

iii. 스콜라 신학의 과제

1. 스콜라 신학 명칭

Scholar란 말은 샤를마뉴 대제가 앨퀸을 통해 세웠던 궁정학교의 명칭에서 유래된 것이다. 스콜라 신학은 교회가 경영하는 학교(Scholae)에서 시작되어 [스콜라 신학-Scholar Theology]이라 불리게 되었다.

2. 스콜라 철학 운동

서방 세계의 지성적 각성이 발생하게 되었다. 그중 가장 두드러진 운동이 스콜라철학(Scholasticism) 운동이다.[75] 이 운동은 스콜라주의로 자리 잡아가게 된다.

---

75) 스콜라철학(Scholasticism) : 기독교 신앙을 체계적으로 정리하고 이를 이성을 통하여 입증하고 이해하려 했던 중세 철학이다. 철학을 신학을 위하여 사용했다는 점에서 교부철학까지 포함한 전반적인 기독교 철학을 지칭하는 용어로도 사용되나 구체적인 내용과 시기에서 교부철학과 차이가 있다. 신학을 뛰어넘어 중세 지식인들의 사유와 삶에 중요한 역할을 했으며 이후 근대 철학의 발달에 밑바탕이 되었다. 신앙과 철학을 포함하여 중세의 정치, 경제, 문화 등의 현실문제와도 깊게 영향을 끼치며 관여했기 때문에 '스콜라 주의(Scholasticism)'라는 넓은 의미의 명칭으로 불리기도 한다. '스콜라철학'이란 용어는 중세 수도원 학교 교사나 학생을 지칭하는 라틴어 스콜라티쿠스(Scholasticus)에서 유래된 말이다. 중세 스콜라 철학이 성직자들을 양성하는 수도원 학교를 통하여 교육되고 크게 발전하였기 때문이다. 중세 저명한 스콜라 학자 대부분은 이러한 교회 학교에서 학문을 배우고 학생들을 가르쳤으며 신앙과 관련된 다양한 철학 이론들은 이와 같은 수도원 학교 즉 중세기 대학을 중심으로 활발하게 논의되었으며 사회 전반으로 퍼져나갔다.

3. 스콜라 신학의 과제

1) 교리와 이성을 조화하는 일이다.

기독교 교리와 인간의 이성을 조화하다는 것은 불가능하지만 그러나 스콜라 신학의 방법으로 그 과제를 이루려 하는 작업을 시도한다는 것이다.

2) 교리를 체계화하는 일이다.

절대적 진리를 이성을 사용하여 체계화하는 일은 스콜라 신학의 과제이다. 이것은 하나의 완전한 신학(Summa Theologia)을 만드는 일이기도 하다.

4. 스콜라 신학의 유형

1) 실재론(Realism)

a. 스콜라신학의 대표적 학자들은 안셀름(Anselm)과 보나벤튜라(Bonaventura)이다. 실재로서의 우주의 보편적 개념이 구현화 된 개체 이전에 존재한다고 보았다. 이 실재론은 삼위일체론 같은 교회의 기본교리를 설명하는 데 큰 도움이 되었다.[76]

b. 이 이론을 남용하여 토마스 아퀴나스 같은 사람은 개체의 종속성을 교회에 종속되는 이론으로 전개해 나간다. 나아가서 교황 중심의 제도적인 교회의 타당성을 강조하기에 이르고 만다. 그러므로 어떤 개인도 교

76) 선이나 참, 그리고 도덕성, 사상에 상관없이 존재한다는 것이다.

회를 떠나서 구원이 없다고 못 박고 만다.

2) 유명론(Nominalism)

a. 이 논리는 로세리누스(Rosecllinus)와 옥캄(Occam) 등에 의하여 주장되었다. 이 이론(理論)의 일반적 개념을 인간 이성(理性)의 수준에서 구성된 것에 불과하며 오직 그런 이름이 있을 뿐이라고 한다.

b. 실재(實在)란 지적인 추상(抽象)에 있지 않고 개체(個體)에 속한다는 것을 강조하는 이론이다.[77]

c. 개체를 강조한 나머지 개인이 전체나 제도 보다 더 귀중함을 주장한다. 이에 성경의 개인적인 해석 가능성을 불러일으키게 된다.

d. 이 유명론으로 인해 교황의 전체주의에 반(反)하는 기회가 제공되었다. 이에 개인주의가 싹트게 되었으며 전체주의 제도를 가지고 교회 전통을 유지해 가던 교황주의의 부패와 타락상을 고발하는 종교개혁(Reformed)의 의미가 한발 다가서는 느낌을 지울 수 없게 된다.

5. 스콜라 신학의 가치와 성격

1) 신앙과 지성, 종교와 철학의 유기적인 조화를 강조하고 있다. 스콜라 신학의 영향으로 신학의 학문적인 지경(地境)을 객관성 있게 확장해 가게 되었다.

2) 스콜라 신학은 기독교와 헬라(희랍) 철학의 혼합이며, 기독교교리를 철학적으로 논증하면서 성경진리에 대해 철학적 해석을 하는 것이다.[78]

---

77) 스콜라신학의 체계 붕괴를 부정하는 논리가 될 수 있다.

3) 스콜라 신학은 그 시대 사조(思潮)에 맞추어 신학적인 이론을 재조정하는 결과가 드러나게 되었다.

4) 스콜라 신학의 놀라운 지능적인 광대함과 그 구조로 인하여 신학 방법에 있어서 대 진보를 가져오게 되었다.

5) 스콜라 신학의 경향으로 기독교 진리를 합리적 또는 철학적으로 논증하려는 의도가 있게 되었다.

6) 스콜라 신학은 성경해석의 논리에 있어서 상당한 발전을 가져다주게 되었다. 그러므로 진리의 해설이나 주석 등 오류 방지에 큰 도움을 주게 된다.

6. 스콜라 신학의 약점

1) 스콜라 신학은 역사적 평론(評論)을 경시하고 터무니없는 철학 위에 정통 신학을 수립하는 무모함의 결과가 도래하게 되었다.

2) 한편, 성경해석에 바른 이론이 아니라 인간 논리의 이론으로 시도하는 등 전통적인 해석방법에 크나큰 오류를 범하게 했다.

3) 스콜라 신학이 범할 수 있는 쉬운 오류(誤謬)로서 형식과 논리를

78) 성 빅토르 위고(St. Hugo of Victor) : 성 어거스틴 공동체의 일원이다. 위고는 "신학과 철학은 충돌하지 않는다."고 한다. 육신, 마음, 명상의 눈을 통해 지식을 습득할 수 있다. 성례전은 그리스도 수난과 은혜에 동참하는 의미. 화체설을 가장 분명히 주장했다.

과도하게 구사하여 괴변(怪變)을 구사하므로 신학적 학문에 오류를 불러오게 되었다.

4) 스콜라 신학은 성경이나 교회 역사에 근거가 없는 이론을 신학 사상에 도입하여 사용하므로 학문적인 오류를 불러오게 되었다.

5) 신학적인 논리에 맞지 않는 이단(異端)을 이론적으로 뒤집어 놓은 것이 정통이라는 독단(獨斷)이 발생하게 되었다.

iv. 중세시대 대학 설립

스콜라 신학의 영향으로 세계 대학의 기원은 수도원 내에서 설립되어 운영되었다. 거기서 점차적으로 학문적 제도적 발전을 거듭하게 된 학교에 많은 학생이 몰려왔다.

1. 설립된 대학

1) 볼로냐대학교 - 이탈리아(법학)

a. 약어 : UNIBO-University of Bologna(Alma Mater Studiorum Università di Bologn)[79]

b. 이탈리아 에밀리아로마냐 주 볼로냐에 있는 주립 종합대학교로 세계에서 가장 오랜 역사를 가지고 있다.

c. 개교 시기 : 1158년(법학)

---

79) https://terms.naver.com/list.naver?cid

d. 유형 : 공립 종합대학

e. 교훈 : Alma Mater Studiorum(Nourishing mother of the studies: 모든 학문이 퍼져나간 곳)

f. 학생 수 : 7만 6,095명(2011년)

g. 소재지 : 이탈리아 에밀리아로마냐 주 볼로냐 비아 잠보니 33

h. 내용 :

① 볼로냐대학교는 이탈리아 북부 에밀리아 로마냐(Emilia Romagna) 주의 주도 볼로냐(Bologna)에 있는 주립 종합대학교다.

② 유니버시티(University)라는 단어를 최초로 사용한 곳이다.

③ 공식적으로 볼로냐 대학교는 세계에서 가장 오랜 역사를 가지고 있는 곳으로 인정받는다.

④ 대학 모토가 '모든 학문이 퍼져 나간 곳(Alma Mater Studiorum)'일 정도로 역사에 대한 자부심이 크다.

2) 파리대학교 - 프랑스(신학)

a. University of Paris(Université de Paris)[80]

b. 프랑스 파리에 있던 종합대학으로 1970년 해체되었다.

c. 개교 시기 : 1215년(신학)

d. 유형 : 공립 종합대학

e. 교훈 : Hic et ubique terrarum(Here and anywhere on Earth: 여기와 이 세상 어느 곳)

f. 소재지 : 프랑스 파리

g. 내용 :

---

80) https://terms.naver.com/list.naver?cid

① 유럽에서 가장 오래된 대학 가운데 하나였다. 12세기 중반에 설립되고, 1160년에서 1250년 사이로 추정되는 시기, 공식 인정을 받았다.

② 이 학교는 예술, 의학, 법학, 신학의 4개 학부로 구성되어 있었다. 학생들은 보통 13~14세 때 입학하여 6~12년 동안 연구 수업한다.

③ 당시 대학이 교회의 지배를 받고 있다는 표시로 학생들은 긴 예복을 입고 머리 정수리 부분을 밀었다.

④ 유럽의 많은 영재가 파리대학교로 모였고, 특히 신학부가 유명했다. '소르본'이라는 이름은 파리대학교를 대신하는 의미로 사용되었다.

⑤ 로마 가톨릭 교회의 교황 계승을 둘러싼 대분열(Great Schism, 1378-1417) 시기에 이 대학은 중요한 역할을 수행했다.

⑥ 당시 총장이었던 장 드 게르송 (Jean de Gerson, 1363~1429)이 교회의 분열을 종식시킨 콘스탄츠 공의회(1414년~1418년, 독일 콘스탄츠에서 열린 중세 그리스도교회 최대의 공의회)를 이끌었다.

3) 옥스퍼드대학교 - 영국 1200년(신학)[81]

a. University of Oxford

b. 설립 시기 : 옥스포드대학교에서 1096년에 교육을 받았다는 기록은 있으나 정확한 설립연도는 알려져 있지 않다.

c. 영어권 지역에서 가장 오래된 대학이자 지속적으로 운영되어온 대학 가운데 세계에서 두 번째로 오래된 대학이다.

d. 유형 : 공립 종합대학교. 39개의 대학과 6개의 상설사설학당(PPH)으로 구성된 대학연합체이다. 메인 캠퍼스가 없으며 건물과 시설이 도심 곳곳에 흩어져 있다(2021년 타임스 공등교육(THE)과 포브스의 세계대학

---

81) https://terms.naver.com/entry.naver?docId=6209847&cid

순위에서 세계 1위를 차지한 세계적인 명문대학이다).

e. 개교일 : 1096년

f. 위치 : 영국 잉글랜드 옥스퍼드셔주 옥스퍼드

g. 교훈 : Dominus illuminatio mea(The Lord is my light, 신은 나의 빛)

h. 내용 :

① 1167년 헨리 2세가 영국 학생들이 파리대학에 다니는 것을 금지한 이후 빠르게 성장했다.

② 1209년 학생들과 옥스퍼드 주민 사이에 분쟁이 있은 후 일부 학자들이 북동쪽으로 이주해 케임브리지대학을 설립했다.

③ 이 두 개의 영국 고대 대학은 많은 공통된 특징을 공유하며 합쳐서 옥스브리지(Oxbridge)라고 불린다.

④ 옥스퍼드대학교는 메인 캠퍼스가 없으며 건물과 시설이 도심 곳곳에 흩어져 있다.

⑤ 옥스퍼드대학교는 영국 총리 28명과 전 세계의 정부 수반을 포함하여 저명한 동문들을 다수 배출했다. 2019년 현재 71명의 노벨상 수상자와 3명의 필즈 메달리스트 및 6명의 튜링 상 수상자가 옥스퍼드대의 동문 또는 교수진, 연구원이었다.

⑥ 졸업생들은 모두 160개의 올림픽 메달을 획득했다. 옥스퍼드대학교는 세계에서 가장 오래된 국제 대학원 수준의 세계 최고의 대학이다.

4) 살레르노대학교 - 이탈리아(의학)[82]

a. University of Salerno(Università degli Studi di Salerno)

---

82) https://terms.naver.com/entry.naver?docId=6209847&cid

b. 이탈리아 살레르노에 있는 공립 종합대학.

c. 개교 시기 : 1231년

d. 유형 : 공립 종합대학

e. 학생수 : 4만 명(2020년)

f. 내용 :

① 이탈리아 살레르노, 이탈리아 캄파니아 주 살레르노에 위치한 공립 종합대학교로, 유럽에서 가장 역사가 깊은 대학 가운데 하나이다.

② 나폴리 동남쪽 살레르노 만 연안에 위치한 인구 14만여 명의 도시 살레르노는 중세 문화의 중심지이다.

③ 이곳에 자리잡은 살레르노 대학은 중세 유럽에서 의학의 중심지로 유명하였다.

④ 10~13세기 명성을 얻었던 살레르노 의학교가 전신이다. 당시 세계 각지에서 아픈 사람들은 병을 고치겠다는 희망으로, 견습생들은 의학 기술을 배우기 위해 살레르노 의학교로 몰려들었다.

⑤ 1231년 프리드릭 2세의 칙령에 의해 대학으로 정식 승인 받았다.

⑥ 한 때, 아라비아 의학의 영향이 커지면서 19세기 초에는 학교 문을 닫았다가 1970년 다시 재건되었다.

⑦ 40만 권의 장서를 보유한 도서관, 어학센터, 박물관, 실험실, 스포츠센터 등의 부속시설을 갖추고 있다.

6) 특 권

a. 국가나 교회가 간섭하지 않음

b. 교수나 학생의 자치 단체로 발전

v. 스콜라 시대 대표적 신학자

〈Table-13〉 **스콜라 시대 대표 신학자**

이 름	활동 연대	대표적 사상
스코투스 에리게나 (Scotus Eriugena)	810-877	범신론 사상가
안셀름 (Anselm)	1033-1109	객관적 사변의 사상가
아벨라드 (Abelard)	1079-1142	신학적 사상의 자유론자
알렉산더 (Alexander of Hales)	1185-1245	실재론 사상가
알베르투스 마그누스 (Albertus Magnus)	1193-1280	신비주의 사상가
보나벤투라 (Gohn Bonaventura)	1221-1274	신비주의 사상가
토마스 아퀴나스 (Thomas Aqinas	1227-1274	신학적 교회 중심론자
존 던스 스코투스 (John Duns Scotus	1255-1308	정통신학 사상가
윌리엄 옥캄 (William Occam	1280-1348	유명론 사상가

1. 스코투스 에리게나(Scotus Eriugena 810-877)

1) 생애-아일랜드 출신이며, 845년 궁정 학교에서 일하며 높은 대우를 받았다.

2) 저서-가짜 디오니시우스(Dionysius), (국왕의 명령으로 프랑스어로 번역),「자연의 구분」이 있다.

3) 사상-그의 사상은 범신론적이며, 신과 만유를 동일시 한다.

2. 안셀름(Anselm of Canterbury, 1033~1109)[83)]

1) 생 애

a. 북 이탈리아 아오스타(Aosta)에서 출생했다.
b. 프랑스 베크(Bec) 수도원에서 수도사로 입단했다.
c. 1078년 프랑스 베크 수도원장으로 헌신했다.
d. 1093년 캔터베리 대감독에 선임되었다.
e. 국왕 윌리암 2세와 충돌하여 국외로 추방당했다.
f. 헨리 1세 때 소환되어 1109년 영국에서 사망했다.

2) 속죄론

a. 인간은 하나님의 영광을 위해 존재한다. 그러나 스스로 범죄함으로 그 존재 가치를 상실하게 되었다.

b. 인간이 하나님의 영광을 훼손했으므로 그 보상을 상실한 것이다.

---

83) 안셀름은 '그것보다 더 큰 어떤 것을 생각할 수 없는 어떤 분'이 곧바로 창조주 하나님이라고 하였다. 안셀름의 속죄론은 지금까지 받아들여지고 있다. 안셀름은 지금까지 살펴본 대로 이성을 사용하면서도 정통적인 교회의 이론을 저버리지 않음으로써 교회의 권위를 더욱 높여 주었으며, 스콜라신학의 발전을 크게 도모하는 계기를 마련해주었다.

c. 하나님은 인간을 속죄하시기 위해 예수님을 속죄제물로 보내셨다.

d. 예수 그리스도의 속죄는 인류에게 구원을 보상하시고 자기의 상을 돌리신 것이다.

3) 저　서

a. 독백(Monologion)

b. 대화(Proslogion)

c. 속죄론(Cur Deus Homo)

3. 아벨라드(Abelard, 1079~1142)

1) 생　애

a. 1079년 프랑스 출생했다.

b. 22세 때 파리에 학교를 세우고 철학을 강의했다.

c. 1115년 노틀담에 있을 때 그는 명성이 높았다. 그는 실수로 엘로이즈(Heloise)와 비밀 결혼 생활을 하다가 그녀의 숙부에게 거세당했다.

d. 수도원장이 되었을 때 문하생이 수천 명에 이르렀다.

e. 1140년 이단으로 선고받고, 2년 후에 사망했다.

2) 사　상

a. 신학 연구의 자유를 주장했다. 한쪽 사상에 치우지지 않았다.

b. 신의 계시는 신앙과 희망과 사랑과 성례에 의해서 한정된다 했다.

c. 선지자와 사도도 잘못(실수) 할 수 있다고 믿었다.

d. 원죄 부인 : 인간의 자유의지에 의한 것이다.

e. 속죄설, 도덕 감화설(십자가는 죄인이 회개할 생각이 나게 한다).

4.. 알렉산더(Alexander of Hales, 1185~1245)

1) 영국 태생이며 신학자이다. 프란체스코(앗시시 프란시스)파 수도단 단원이다.

2) 아리스토텔레스 철학의 입장에서 신학을 연구하고 실재론을 주장했다. 그리고 파리에서 교수직을 보냈다.

3) 저서는「신학 요의」가 있다.

5. 알베르투스 마그누스(Albertus Magnus, 1193~1280)

1) 독일의 신비주의자이며, 도미니카 수도원 단원으로 소속해 있다.

2) 신학, 철학, 자연과학에 능통했다. 토마스 아퀴나스를 가르쳤다.

3) 아리스토텔레스 철학과 신비주의의 조화를 위해 노력했다.

4) 독일 쾰른(Koln)에서 18년간 교수로 재직하다 87세로 유명을 달리했다.

6. 보나벤투라(Gohn Bonaventura, 1221~1274)

1) 이름은 보나벤투라의 본래 이름은 지오반니 디피단자였다.

2) 프란시스코 수도단 단원

보나벤투라는 알렉산더의 제자이면서 그는 프란시스 아시시를 따르는 수도단 단원이기도 했다.

3) 신비주의자, 고행주의자[84)]

보나벤투라의 신앙은 신비주의자이며 고행을 즐겨 경험하는 고행주의자이기도 했다. 자신의 고행을 통해서 신비로운 믿음을 경험하면서 그 신비사상을 주변 사람들과 나누려고 노력한 사람이다.

4) 중도 신학자

보나벤투라는 당시에 수도원 종파의 세력이 양대 세력으로 분리되어 있는 위기 상황에서 중도 노선을 취했다. 그럼으로써 위대한 신학자로서, 그리고 동시에 교회 행정가로서 이름을 날렸다. 이러한 면에서 그는 푸란시스 교단의 제2의 창시자라고 불리기도 한다.

5) 신학적 업적

a. 보나벤투라의 신학적 업적은 그의 [롬바르드의 문장론 주석]에[85)]

---

84) 보나벤투라의 신비주의는 또한 그리스도의 인간성을 관조하는 데 있다.

85) 피터 롬바르드의 문장론은 신학교에서 교과서로 사용되었다는 중요한 사실과 더불어서 성례전 이론의 확립에 있었다. 바로 여기에서 종교개혁은 시작한다. 가톨릭 사제와 로마 교회의 억압으로부터 중세인들에게 자유사상을 부르짖고 있었다. 바로 종교

가장 두드러지게 나타나 있다.

b. 그의 신비주의적 경향은 [하나님께 나아가는 영혼의 순례서]에 잘 나타나 있다. 피조 된 우주가 창조자에게 이르는 방법은 그리스도의 인간성에 대한 관념에 두었다.

7. 토마스 아퀴나스(Thomas Aquinas, 1227~1274)

1) 출신과 학문

a. 그의 출신은 이탈리아 나폴리 아퀴노 백작의 아들이며, 도미니크 수도원 단원이라고 밝히고 있다.

b. 그의 학문적 배경은 파리대학에서 수학한 출신으로서 학문은 그의 스승 마그누스에게 사사 받았다고 한다.

2) 대학 교수와 위대한 생애

a. 토마스 아퀴나스는 1272년 교황 우르반 2세의 초빙으로 나폴리(Napoli) 대학의 교수가 되었다. 그때로부터 그는 교육의 일생을 살았다.

b. 그는 중세기 시대의 위대한 학자로서 불꽃 같은 일생을 살았으며 1274년에 바쁜 일생을 마감했다.[86)]

c. 사후에 남긴 '신학 총론'은 가톨릭의 모범적인 텍스트로서 충분한 가치를 인정받고 그에 따른 신학사상을 남기게 되었다.

개혁자 말틴 루터는 이 사상에서 깊은 도전을 받았으며 로마 교회청의 바벨론 포로(아비뇽 포로)에서 결단을 한 것으로 알려졌다.

86) 알베르투스 마그누스는 신학, 철학, 자연과학에 능통하며, 토마스 아퀴나스를 가르친 스승이다.

3) 저서「신학 총론」(Summa Totus Theologia)

a. 이 책은 중, 고대 기독교 사상을 집합하여 체계화 한 것이다.
b. 가톨릭교회의 신앙의 표준이 되는 조직 신학서이다.
c. 근대 사상 부흥의 중요한 위치를 차지하게 된다.

4)「신학 총론」의 내용

a. 신학 연구 목적

① 하나님과 인간의 기원과 그 운명에 대한 지식을 얻는 것이다.

② 이 지식은 이성과 계시라는 두 가지 길에서 나온다.

③ 계시는 성경에 완전히 나타났으니 해석은 교회가 조도해야 한다고 주장한다.

b. 신관-계시에 의하여 삼위일체의 교리를 믿고 받아들여야 한다고 주장한다.

c. 구원론-예정을 믿는다. 구원론은 칼빈신학의 주요 교리이다. 구원은 하나님의 은혜로 오고, 은혜는 교회에서 행하는 성례를 통해서 온다.

d. 성례전

① 성세-수세 시 중생하고 원죄와 전죄의 용서를 받는다고 한다. 침례(물에 잠기는)를 좋은 예식으로 밝히고 있다.

② 성체-화체설이다. 성체를 입에 넣는 순간 그리스도의 몸과 피가 육체 가운데 물리적으로 변하게 된다고 주장하고 있다.

③ 고해(告解)

죄에 대한 후회하는 마음을 가지고 있다는 것을 말한다.

고해는 신부에게 고백해야 한다.

신부는 죄의 경중에 따라 명령한다(성지순례, 십자군, 구제, 헌금 등).

④ 사죄 선언-고해를 접수한 신부는 고해자에게 반드시 사죄 선언을 해야 한다. 이 선언이 없이는 수세후 지은 죄에서 용서받을 길이 없다.

⑤ 견진

⑥ 신품(神品)

⑦ 종부(終傅)

⑧ 혼배(婚配)

e. 내세관-연옥설을 주장하고 있다. 천국을 가는 여정에서 중간 정도로 생각하고 있다.

f. 교회관-교회는 구원의 기관이다. 교회의 머리는 교황이다. 그러므로 교황은 신성하다. 교황이 교회의 머리로서 그 직분을 수행할 때에는 실수가 없다. 그리고 교황에게 복종해야 구원을 받는다.

8. 존 둔스 스코투스(John Duns Scotus, 1266~1308)

1) 생애

a. 프란시스코 수도원 단원이다.

b. 옥스퍼드, 파리, 쾰른대학 교수를 재직하며 제자들을 양성했다.

c. 독일 쾰른 수도원장으로 남은 평생을 영성의 삶에 힘썼다.

d. 토마스 아퀴나스 신학사상에 반대한 학자로 유명하다.

2) 사상

a. 하나님의 명령은 언제나 선하다.

b. 하나님의 뜻은 하나님의 뜻인 고로 선하다.

c. 하나님의 뜻은 그의 계시에 의해 깨달을 수 있다.

d. 은혜는 성례전으로 오는 것이 아니다. 하나님께서 합당히 여기고

선물로 보내주어야 받을 수 있다.

e. 무염 시태설(無染始胎說)을 주장했다-원죄와 무관함을 주장했다.

9. 윌리엄 옥캄(William Occam, 1280~1348)

1) 생애

a. 1280년대 말 영국 런던 근처 옥컴이라는 지역에서 태어났으며, 1347년 즈음 독일 뮌헨에서 (아마도) 흑사병으로 죽었다.

b. 옥스퍼드 출신, 파리 대학 교수로 재직했다.

c. 영국 스콜라 신학자 존 둔스 스코투스의 제자이다.[87)]

2) 사상

a. 그는 신학자이자, 철학자 그리고 정치가로 알려져 있다.[88)]

b. 그의 사상과 견해는 교회와 속권의 분리를 주장했다.

c. 보편적 개념을 부정하며 이해하고 터득할 수 있는 것은 개체뿐이라고 말한다.

d. 이성을 통해 기독교를 증명하는 것을 반대했다. 기독교 신앙은[89)] 교회가 가르치고 성경이 말하기 때문에 그것을 믿음으로 받아들여야 한

---

87) 윌리엄 옥컴은 토마스 아퀴나스(Thomas Aquinas), 존 둔스 스코투스(John Duns Scotus)와 더불어 후기 중세 철학 Big3에 포함된다.

88) 그의 정치적 활동은 그가 참여한 수도사의 청빈에 대한 논쟁과 관련되어 있다. 이 논쟁은 단순히 신학적인 논쟁이 아니었으며, 당시 교황인 요한 22세와 독일 황제였던 바바리아의 루이스(Louis the Bavarian) 사이의 정치적 투쟁이라고 부를 수 있다. 그때 옥컴은 독일 황제 편에서 그 투쟁을 이끌었던 중요 지도자 중에 한명이다.

89) 김동연, 일터교회 영성 성숙도 연구, 서울: 도서출판 러빙터치, 2015, p.43.

다. 인간의 지식으로는 하나님을 알 수 없다(고전 1:21).

e 기독교 신조의 조항 가운데 어느 것도 이성을 만족시켜 줄 수 없다. 최종 권위는 성경의 권위에 입각하여 받아들여야 한다.[90]

vi. 철학적 원리와 하나님 사명의 가치

1. 하나님으로부터 받은 인간의 사명

철학과 하나님 사상과의 관계는 사명으로부터 시작된다. 인간은 하나님으로부터 사명을 받았다. 그 사명은 하나님 자신의 일을 인간에게 위임했다.

2. 철학사상의 원리

1) 형상을 최고 가치로 인정

a. 철학 사상의 원리에서 말한다면, 플라톤의 질료(matter)는 낮은 것으로 보는 관(觀)을 말한다.

b. 반면, 형상을 높은 차원의 이데아로 보는 것이다. 형상은 본질을 말하지 않고 나타나는 현상의 무엇을 말하는 것이다.

c. 플라톤은 인간은 일손을 놓은 상태를 최고의 가치로 인정하고 있다. 일과 질료를 낮은 것으로 보는 철학의 가치에서 본다면 휴식의 상태(형상)를 최고 가치로 본다는 것을 의미하고 있다.

---

90) 윌리엄 옥캄은 "우리는 자명성이나 계시 또는 경험에 근거한 것이거나 아니면 계시된 진리나 관찰에 의해 검증된 명제로부터의 논리적 연역에 근거한 것이 아니라면, 어떤 진술이 참이라고 확증하거나 어떤 것이 존재한다고 주장할 수 없다."

2) 한가함(여유로움)이 최고의 가치를 지님

a. 아리스토텔레스는 최대의 가치로서 일을 목적으로 하지 않는다. 인간이 바쁘게 일하는 것은 여유로움(한가함)을 얻기 위한 것이다.

b. 행복을 얻기 위해 오히려 일하는 것이지 일하며 애를 쓰면서 땀 흘리는 그것이 목적이 아니라고 말한다.

c. 아리스토텔레스가 말하는 땀 자체가 행복의 조건이 못 된다고 말한다. 한가함이 진정한 가치로서 행복을 제공하는 그 자체라고 말한다.

d. 일과 행복의 관계에 대하여 직접적인 관계를 말하지 않고, 쉼과 행복의 관계에 대하여 강조하고 있음을 볼 수 있다.

3) 최고 본질-관조하는 철학

a. 일반적으로 철학의 정의는 일을 통해 땀을 흘리는 행위가 야만스럽다는 것이다.

b. 인간이 추구할 수 있는 최고의 본질은 관조하는 것이며, 이는 철학 사상의 원리를 참고한 것이다.

c. 여기서 이분법적 사고로서 의미를 찾을 수 있다. 그것은 철학과 일 자체를 분리하고 있다.

3. 하나님 사명의 가치와 중세 철학의 논조

1) 하나님의 사명의 가치

a. 인간은 하나님께서 사명을 부여하시면 그것을 수행하는 의무가 주어지게 된다. 그에 따르는 수행의 의무에서 인간이 이유를 말할 수 없다.

b. 관계적인 성격은 일방적이다. 하나님께서 직접적인 계시로 인간과

〈Table-14〉 **철학적 원리와 하나님 사명의 가치**

주체	정의	설명	관념	비고
하나님	사명 (mission)	Calling-인간, 하나님의 사명(일)을 위임받음, 하나님 자신의 일을 인간에게 위임함	직접적 계시 하달	하나님-인간관계의 파트너
플라톤	질료 (metter)	형상-높은 차원의 이데아로 본다. 일-낮은 차원의 질료로 본다	낮은 질료로 평가	일손 놓은 상태 -최고 인정
아리스토텔레스	일-목적 아님	행복(한가) 얻기 위해 바쁘게 일함. 행복은 여유 제공함, 일과 반대됨	땀이 행복 조건 못됨	한가함 가치-행복 그 자체
일반 철학	야만적	인간이 할 짓이 못됨 인간-최고 본질은 관조하는 철학	낮은 수준으로 평가	이분법 사고-철학, 일 분리

*91)

의 관계를 맺으시기 때문에 계시의 성격은 인간 편에서 그 여부를 고려하거나 인간이 하나님께 먼저 다가가 무엇을 요구할 수 없다.

c. 하나님이 원하여 인간을 선택하셨고, 하나님이 계획하셔서 사명을 하달하셨다. 이런 상황에서 인간이 왈가왈부하여 의견을 개진하고 사명에 대한 질이나 형편 등을 따질 수 없다는 말이다.

d. 하나님 사명의 가치는 인간이 분석하거나 논할 수 없다. 그 자체가 귀하고 위대한 것이다. 이 세상에 단 하나밖에 없는 유일한 것이다.

---

91) 비록 경험과 계시가 불편하게 동거하고 있지만, 생략되어 있는 부분을 채우니 이제 중세 철학자의 주장이라는 것이 이상해 보이지 않는다. 이런 주장을 한 중세 철학자는 바로 윌리엄 옥컴이다. 옥컴 자신이 원했던 결과는 아니었지만, 이 경험과 계시 사이의 불편한 동거는 결국 종교와 철학을 조화시키려는 기존 중세 철학자들의 노력에 결정적인 타격을 가하게 된다.

e. 인간은 이 사명을 받고 그것을 행하는 것 순종하는 것 밖에는 다른 해결 방법이 없다.

2) 인간 철학의 논조

a. 일반적인 철학의 가치나 핵심적 원리를 인간이 따지고 분석하여 그 가치의 중요성을 사고(思考)로 정하는 것이다.

b. 중세 철학의 논조 등도 마찬가지다. 철학은 인간 편에서 가치나 핵심적인 원리를 논하는 것이다.

c. 인간이 하나님에 대하여 이해하고 믿음을 소유할 수 있는 것은 아니다. 그것은 전적으로 하나님 편에 달린 것이다. 인간이 하나님을 이해하고 싶거나 하나님에 대한 믿음을 갖고 싶다고 해서 그에 대한 충분한 결과가 얻어지는 것이 아니다.

3) 중세 철학 사상의 논조

a. 중세 철학의 사상은 학자에 따라 다소 차이가 있거나 다르게 보이고 있다.

b. 이 것은 다소 하나님의 신앙과 믿음 편에서 혼동스럽게 보일 수 있지만 분명한 것은 인간이 먼저 하나님을 찾거나 그에 대한 믿음을 가지고 이해하고 받아들이는 것이 아니다.

c. 하나님의 사명과 중세 철학의 사상의 논조와 그 본질이 다르다는 것을 깨달아야 할 것이다.

Chapter 11

The Church and The Nation & The Mystical Movement of Medieval

교회와 국가, 중세 신비운동

Course : 중세교회사
A History of The Medieval Church

교회와 국가, 중세 신비운동

The Church and The Nation &
The Mystical Movement of Medieval

Chapter 11

ⅰ. 교회와 국가-교황과 황제 간 협약

1. 칼릭티우스(Calictius)와 헨리(Henry) 5세

1) 보름스(Worms) 협약

a. 로마 가톨릭교회 교황 칼릭티우스 2세(1119~1124)는 헨리 5세를 파문하게 된다.

b. 파문당한 헨리 5세와 칼릭티우스 둘 다 투쟁에 올-인하다가 나중에는 서로 지쳐서 그들은 협약을 맺었다.

c. 로마 가톨릭 교회의 교황의 권력과 국가의 황제의 권력이 여전히 충돌하면서 갈등을 겪게 된다. 이러한 단면은 중세시대의 사회적인 안정된 정서를 조성하는 데 가장 큰 걸림돌로 부각하게 되었다.

2) 보름스(Worms) 협약의 내용

a. 교회의 감독으로서 영지를 받게 될 때는 로마 가톨릭교회의 교황에게서 지환과 목자의 홀을 받고, 다음에 국가의 황제의 승인을 얻어 취임한다(전에는 황제에게 임명권이 있었다).

b. 임직식이 서로 겹칠 때는 황제가 먼저하고 교황이 나중에 한다.

c. 황제가 교황의 임직을 거부하면 교황의 임직이 무효가 된다.

2. 알렉산더 3세와 프레드릭 2세

1) 로마(교회)법을 주장한 프레드릭 황제

a. 프레드릭 2세 황제는 불로냐대학 교수 4명에게 황제권의 근거를 연구 조사하게 하였다.

b. 과거의 황제를 중심한 로마 제국이 방대했던 사실을 확인하고 옛 로마(교회)법을 주장했다.

2) 황제와 교황 간 20년 투쟁

황제 프레드릭은 교회(로마)법을 주장하면서 연 20년 동안 교황 알렉산더 3세와 투쟁했다.

3) 로마 제국의 황제가 로마의 교황청을 정복하려고 5회나 로마에 출병했으나 교황은 롬바드 군대의 도움으로 황제를 물리칠 수 있었다.

4) 황제가 교황의 발에 입맞춤의 항복

1177년 베네치아(Venezia)의 성 마가(St. Mark) 성당에서 프레드릭 2세 황제는 알렉산더 3세 교황 앞에 무릎을 꿇고 발에 입 맞추어 항복을 표하기도 했다.

3. 캔터베리 대주교와 헨리 2세(영국)

1) 영국의 왕은 1164년에 영국 내의 감독과 귀족 회의를 소집하고 클레런던 법(Constitutions of Clarendon)을 제정했다.

[클레런던 법 내용]

a. 종교적 사건 외에는 성직자라도 국가 재판소 관할에 속한다.

b. 로마 가톨릭교회 성직자는 국왕의 허가 없이는 국외(國外) 출입을 못한다.

c. 대감독, 감독, 사원장 선거는 국왕 명에 준하고 국왕 회당에서 행한다.

d. 상고는 국왕에게 하며 국왕에게 충성을 다해야 한다.

2) 캔터베리 대주교 토머스 비켓(Thomas Becket)은 이를 거부하고 프랑스로 도망하였다가 5년 후 화해가 성립되어 돌아왔다.

3) 비켓(Becket)은 1170년 12월 29일 캔터베리 대성당에서 4명의 자객에게 피살당했다.

4) 1172년 클래런던 법은 폐지되고 왕은 비켓 무덤 앞에 참회하고 성자 칭호를 수여했다.

4. 교황 인노센트 3세(Innocent, 1198~1216)의 정책

1) 그의 사상

a. 로마 교회의 교황은 하나님과 그리스도의 대리자이며 왕의 왕인 까닭에 왕을 심판할 수 있다.

b. 교황은 하나님보다 낮으나 사람보다 우월하다.

c. 신약 성경의 사도 베드로에게 주신 교회 통치권을 교황이 받았다.

2) 그의 정책

a. 교황 인노세트는 프랑스의 필립 2세(1189~1223)가 처와 이혼을 하고 다른 부인과 결혼한 것을 인정하지 않았다. 그리고 본처와 재결합하게 하였다.

b. 영국 왕의 굴복

_영국의 왕 요한은 로마 교회의 교황이 명령한 영국의 캔터베리 대주교를 승인하지 않았다.

_로마 교회 교황 인노센트는 영국의 왕을 출교하고 그 집행권을 프랑스 왕에게 넘겨주었다.

_영국의 왕이 굴복하자 1213년 복권하도록 하고 매년 2차씩 공납을 받기로 약속했다.

3) 교황 인노센트 3세의 특기 사항

a. 십자군을 일으켰다(4회, 1202~1204).
b. 종교재판을 교회 안에 세우고 세속권 재판까지 시행했다.
c. 고해성사(confession) 제도를 세우고 실시했다.

5. 교황 그레고리우스 9세와 황제 프레드릭 2세

1) 황제 프레드릭 2세는 교황 그레고리우스 9세로부터 십자군 문제로 3차례나 파문당했다.

2) 프레드릭 2세는 남이탈리아와 시실리 섬을 소유했다(200년간 교황령).

3) 교황 그레고리 9세는 정신계를, 국왕은 세속권을 하나님께로 받은 것이니 교황과 황제는 대등하다고 주장했다.

6. 교황 보니페이스 8세와 황제 필립 4세

1) 프랑스 왕 필립 4세는 1296년에 제정한 교직자에 대한 과세 금지 제도를 반대했다.

2) 프랑스 왕은 금과 은을 외국에 보내는 것을 반대했다.

3) 로마 교황 보니파키우스는 프랑스 왕을 출교하려고 아나니(Anagni)에 있을 때, 프랑스 왕이 파견한 마병에게 모욕당하고 포로가 되었다.

4) 그후 석방되었으나 연로했던 보니파키우스 교황은 수치로 여기고 슬퍼하다가 죽었다.

ii. 중세 신비주의 운동

1. 프랑스 신비가

유럽 중세의 사상계는 양대 조류로 크게 분류할 수 있다.

1) 스콜라 철학 - 아벨라르의 추리를 중히 여김(객관적).
2) 신비가-버나드의 직관을 중히 여김(주관적).
3) 독 일 신비가 - 철학적 특성 소유
4) 프랑스 신비가 - 감정적 특성 소유

2. 버나드(Bernard, of Clairvaux,1091~1153)

1) 생 애

a. 버나드는 프랑스 디종 근처의 퐁탱에서 귀족의 가문에서 7남매 중 3남으로 출생했다. 그의 아버지는 제1회 십자군 전쟁에서 전사했으며, 어머니는 독실한 신자였다.

b. 그는 일찍부터 교사가 되기 위한 교육을 받았다. 23세 때 30명의 귀족과 함께 당시 유럽에서 가장 엄격하다는 시토(Citeaux) 교단의 수도원에 들어갔다.

c. 거기서 3년간의 극도의 고행과 허약한 신체를 단련하거나 극단적인 금욕생활로 바로 서서 보행하기 어려웠지만 경건생활에 몰두했다.

d. 버나드는 2년 후 12명의 수도사인 동지들과 함께 시토 교단의 클래르보(Clairvaux) 수도원 원장으로 평생을 보냈다.[92]

---

92) 그는 그리스도께 대한 신비적 명상이 최고의 영적 기쁨이라고 생각하고 오직 극단적

2) 사 상

a. 버나드는 12세기에 신비주의 신앙을 고취시키고 신비주의를 발전시킨 인물이다. 그는 신앙적 입장에서 보수적 사상을 고수했으며, 아벨라르의 자유사상을 배격하였다.

b. 버나드는 고난을 당하신 그리스도를 사모했다. 십자가 고난을 자신의 삶에 실제적으로 적용하는 그리스도의 사랑의 삶의 열매를 맺었다.

c. 버나드는 하나님에 대한 사랑을 다음같이 자신의 삶에 옮겼다.

_사람은 자아를 위해 자아를 사랑하고
_자아를 위해 하나님을 사랑하고,
_자아를 위해 하나님의 도움을 구하고
_자아를 위해 하나님의 사랑을 체험하면
_자아를 위해 하나님을 사랑하고
_하나님을 위해 자아를 사랑하는 자리에 이르게 된다.

3. 시토(Citeaux) 교단(시스터시안, Cistercian)

1) 시토 교단은 버나드의 정신을 계승

a. 시토 교단은 황무지를 개간하여 농업에 종사하고, 이교도 전도에 역점을 두고 복음 사역에 임했다.

b. 기독교 문화와 복음 전파에 많은 공헌을 하였다.

금욕 생활을 근간으로 하는 경건 생활에 힘썼다. 그는 수도원에서 평생 지냈지만 대중 설교가로 나섰고 전도여행을 하기도 했다. 당시 그의 생활과 신앙의 영향력은 교황을 능가하기도 했고 1130년 추기경들은 그를 교황으로 선출하여 분열된 교황청을 수습하기도 했다. 그는 또한 제2차 십자군을 일으키는 제창자가 되기도 했다.

iii. 독일의 신비 사상가와 신비주의 단체

1. 독일의 신비주의 특징

1) 신통주의(神通主義)

a. 독일의 신비주의 단체의 특색으로서 '신통주의'라고 말할 수 있다.

b. 하나님과 완전한 교통을 설명하는 신통주의는 하나님과 연결되어 그 하나님과 교통하려고 노력하는 믿음의 사상을 독일의 신비주의적인 단체에서 발견할 수 있다.

2) 하나님의 절대성 강조

a. 하나님의 절대성을 강조하면서 그 앞에 서면, 인간은 상대적으로 자신의 공허성을 깨닫고 나약함을 고백하게 된다.

b. 하나님의 완전하신 속성에 무릎을 꿇고 그의 절대성에 모든 것을 의뢰하게 된다.

3) 독일 신비주의 약점

a. 독일 신비주의의 약점은 신앙적인 행위의 영감으로 오는 체험을 성경보다 중히 여기게 된다.

b. 말씀의 진리보다 인간의 체험을 더 우위(優位)에 두고 강조하면서 발생하는 신비적인 신앙을 경계하지 못하는 약점에 노출되기 쉽다.

4) 범신론적 경향

a. 이 신비주의는 자신의 체험에 의존하면서 체험에 의한 신적 경험을 주장하기 쉽다.

b. 거기서 발생하는 위험성은 범신론적 경향을 일으키게 된다.

c. 자신의 체험에 의한 경험을 최상의 신앙 차원으로 인정하므로 그에 대하여 의존하게 된다.

d. 더 값진 진리의 말씀을 벗어나는 우(愚)를 범하여 무엇이나 섬기는 범신론에 빠지게 된다.

2. 대표자들

1) 에카르트(Eckhart, 1260~1327)

a. 도미니크 수도원 단원이며, 파리에서 수학했다.

b. 쾰른(Koln)에서 교수와 설교, 이단으로 몰리게 되었다.

c. 신관 : 표현된 신과 은폐된 신으로 분류했다. 삼위일체를 설명하기를 신지식은 자아의 지식이며 우주에 편만한 하나님으로 의식했다. 주관은 (성부)이며, 객관은 (성자)이며, 사랑은 (성령)으로 받아들였다.

d. 내세관 : 인간의 영혼은 하나님의 불꽃이며, 사람 속에 온 우주가 있다고 믿었다.

2) 요한 타울러(John Thauler, 1300~1360)

a. 도미니크 수도원 단원이며, 에크하르트의 제자이다.

b. 그는 파리에 유학했으며, 스트라스부르에서 설교하기도 했다.

c. 그는 복음주의 신비주의자로 믿음의 삶에 실천력이 강했다.
d. 그는 장례식에는 헌신적으로 참여하여 의미있게 지냈다.
e. 신의 내재성을 깨닫고, 죄를 회개, 믿음으로 구원받음을 강조했다.

3) 요한 루이스부뢰크(John Ruysbroeck, 1294~1381)

a. 그륀탈(Grunthal) 수도원에 은둔하여 신비적 논문을 저술했다.
b. 순수한 정서적인 사람이며, 명상과 하나님과 일치를 원했다.

4) 하인리히 수소(Heinrich Suso, 1295~1365)

a. 도미니크 수도원 단원이며, 에크하르트의 제자이다.
b. 콘스탄쯔(Constanz) 수도원장이었으며, 기도 생활과 잠언에 대한 지혜를 묵상하기를 좋아했다.

3. 독일의 신비주의 단체

1) 베기니(Beguini)

a. 11세기부터 발생한 여성의 독신자 신비주의 단체이다.
b. 이 단체는 공동생활과 자급자족하며 봉사를 목적으로 한다.

2) 베가르드(Beghards)

a. 1220년에 조직된 남자, 평신도와 일하는 자들의 단체이다.
b. 이 단체는 공동생활과 기도, 그리고 자선사업에 힘을 쏟았다.

c. 베가르드가 활동할 때 교황청은 교회를 탄압했다. 이 단체에 대한 탄압으로 화형(火刑)까지 시켰다.

d. 1311년 교황 클레멘스 5세가 베가르드의 단체에 해산명령을 했다.

3) 신우단(信友團, Friends of God-·신비자의 연맹)

a. 신우단은 공동생활을 하지 않으나 각각 기도와 봉사로 협조했다.

b. 신우단은 병자를 위문하는 등, 1348년 흑사병이 유행할 때 넘쳐나는 시체를 처리하면서 봉사활동에 참여했다.

4) 공동생활 형제단(the Brothers of the Common Life)[93]

---

93) 김의환, 기독교회사, 서울: 총신대학출판부, 1998, pp.223-225.
공동생활형제단(Bretheren of the Common Life).
스콜라신학의 발전과 함께 신비주의 운동이 중세교회의 특색으로 발전되어 갔다. 네덜란드의 데벤터 출신, 헤라르트 흐루트(Geert Groote Gerhard, 1340-1384)는 파리대학교에서 법학, 의학, 신학을 전공하여 그 대학의 교수를 지냈다. 성직자가 아니면서 많은 성직록을 보유하고 부유한 생활을 하다가 1370년 회개를 체험하고 모니쿠이첸 수도원으로 들어가 본격적인 수도 생활과 신비주의자 생활을 하며 선교사와 설교자로 일생을 보냈다. 흐루트는 네델란드 전역을 순회하며 교회와 수도원의 부패와 성직자의 부도덕에 대해 강하게 비판했기 때문에 1383년 설교 자격을 박탈당했다. 흐루트가 원래 지녔던 이상은 세속 사회를 떠나지 않은 채 신앙을 실천하는 평신도 [공동생활 형제단]이었다. 이들은 주로 필사본을 베끼는 가난한 학자들로 구성되었다.
공동생활형제단의 주요 활동은 네델란드와 독일의 도시 학교에 다니는 학생들을 신앙적으로 인도했다. 수도 생활 또는 성직에 적합한 일부 학생들에게 숙식을 제공해 주고 형제단원들이 그들에게 신앙교육을 했다. 형제단원들은 거의 대학 교육이나 신학교육을 받지 못한 사람들이었지만 학교를 설립하거나 교사가 되어 학생들을 가르치거나 필사를 통해 유익한 서적을 보급하여 청년들의 신앙 교육에 힘썼다.
이 단체의 대표적 인물은 켐펜에서 태어난 토마스 아 켐피스(Thomas A Kempis, 1380-1471)와 요한 벳셀(Johann Wessel, 1420-1489)이다. 토마스 아켐피스는 공동생활 형제단에서 12세부터 교육을 받고 1399년 형이 원장으로 있는 어거스틴 수도원에 들어가 1413년 신부가 되어 이후 70년간 아그네스 산에 있는 빈데샤임파 수도원에서 수도하며 전도와 저술, 사본 정서(淨書), 수도사 지도에 힘썼다. 생애를 거의 서재에서 혼자 조용히 책을 쓰며 39권의 책을 썼으며 그 중에서 [그리스도를 본받아]는 흔히 성경 다음으로 많이 읽힌 경건 서적이다. 이들의 경건이 남긴 가장 큰 열매는 토마스 아 켐피스가 쓴 [그리스도를 본받아]라고 할 수 있다.
요한 벳셀은 공동생활 형제단의 토마스 아켐피스의 책을 읽고 또한 그를 만나 가르침

a. 게르하르트 그루트(Gerhard Groot)가 조직했다.

b. 신학과 기독교 교육, 서적 보급, 학교 설립 사업을 했다.

c. 대표자

① 토마스 아 켐피스(Thomas A Kimpis, 1381~1471)

〈원명 : Thomas Hamerken von Kempen〉

_그는 화란(네델란드) 켐펜(Kempen)에서 출생했다.

_성 아그네스(St. Agnes) 수도원 수도사였다.

_저서 「그리스도를 본받아」 「장미의 동산」 등을 저술했다.

②) 요한 벳셀(Johann Wessel, 1420~1489)

_요한 벳셀은 흐로닝엔 출신으로 공동생활 형제단에서 설립한 학교에서 수학했다.

_토마스 아 켐피스의 저서를 읽고 크게 감동받아 그를 스승으로 삼아 가르침을 받고 큰 영향을 받았다.

_그는 하이델베르크, 파리, 로마, 쾰른 등지의 대학 교수로 활동하면서 많은 제자에게 감화를 끼치며 명망(名望)을 얻었다.

_그는 믿음으로 구원 얻는 교리를 이해했다. 이를 가르치는데 열심이었다. 성경적 '이신칭의'의 구원론에 입각한 교리적 사상을 믿고 따랐다.

을 받고 큰 영향을 받았다. 그는 하이델베르크, 파리, 로마에서 교수 생활을 하며 '믿음으로 구원을 얻는 교리'를 이해하고 열심히 잘 가르쳤다.

에라스무스는 데벤터에서, 루터는 마그데부르크에서 각각 공동생활 형제단원들이 교사로 있던 학교들을 다녔다. 그러나 형제단원들이 기독교 인문주의 또는 종교개혁의 직접적 선구자라고 볼 수는 없다. 공동생활 형제회와 자매회, 그리고 빈데샤임 수도회원들이 실천한 '새로운 경건'은 하나님과의 깊은 인격 관계에 대한 각성에 그 기초를 두었고 그리스도의 생애와 수난에 대한 끊임없는 묵상을 강조했다. 교회의 전통적인 신앙의식들로부터 자양을 얻었다. 공동생활형제단은 내면에서 우러나오는 경건을 가르침으로써 신앙의 형식주의와 교회의 부패를 극복하는 데에만 목표를 두었다.

Chapter 12

The Councils for Reformation

개혁을 위한 큰 회의들

i. 교황권의 분열 상황(1378-1417)
ii. 개혁의 새로운 바람
iii. 로마 교황권의 대분열 형태
iv. 그 외의 회의
v. 동로마 제국의 멸망과 동방 교회 종말
vi. 결 론

Course : 중세교회사
A History of The Medieval Church

개혁을 위한 큰 회의들

The Councils for Reformation

Chapter 12

ⅰ. 교황권의 분열 상황(1378-1417)

1. 영적 암흑시대-40년 대분열[94)]

1) '개혁'-Reformation

이 주제는 중세시대의 끊이지 않고 발생되는 자연적이고 시대적인 요구였다고 볼 수 있다. 개혁의 요구는 타락과 침체를 뜻한다. 물은 고이면 썩기 시작하는 것을 의미하기 때문이다.

---

94) 김의환, 기독 교회사, 같은 책, pp.226-227.

2) 대 분열의 영적 암흑

a. 중세시대가 깊어 가면 갈수록 서방 교회 교황의 절대적 권위는 더 이상 영적(靈的)으로 뻗어갈 수 없었다.

b. 이같이 중세시대의 지금은 일찍이 서방 교회 역사에 영적 암흑시대(暗黑時代)라는 괴롭고 참담한 상황 속에 처한 때도 없었다.

c. 1378년부터 1417년간 약 40년 동안 발생했던 교황권의 대분열을 볼 수 있다.

2. 분열을 해결하려는 몸부림

1) 개혁의 대상 교황청

교회개혁을 위한 노력은 15세기 초부터 교황청의 만연된 타락에 대해 전체 종교회의에서 교회 지도자들이 모이면서 그 쇄신을 두드리기 시작한 것이다. 그리하여 새로운 개혁이 바람이 신선하게 불어오기 시작했다.

2) 두 명의 교황 난립

어느 국가는 아비뇽(프랑스)의 교황을, 어느 국가는 로마의 교황을 지지하는 대분열의 해결책을 찾기 위해 새로운 대안을 강구한 것이다.

3. 아비뇽 포로 70년-'바벨론 포로'라 불림

1) 분열의 원인

a. 로마 교황 보니파카우스(Boniface) 8세와 프랑스왕 필립과의 분쟁에서 프랑스가 힘에서 우위로 나타나고 그 힘을 교회와 사제(성직자)에게 과시하게 되었다.

b. 로마 가톨릭교회의 교황청 분열의 원인은, '아비뇽 포로'(Avignon Captivity)에 연유하고 있다.

c. 교황 클레멘트 5세(Clement 5)가 교황으로 등극하면서 교황청 분열은 시작되었다.

d. <u>로마 교황청을 프랑스 아비뇽으로 옮김</u>

프랑스 클레멘트 5세는 교황청을 로마에서 프랑스의 아비뇽으로 옮기고 그곳을 새로운 세계교회 중심지로 삼았던 것에서 분열이 본격적으로 가열되었다.

2) 프랑스 아비뇽에 주재한 교황청

a. 이때부터 70년간 교황청이 프랑스령 아비뇽(Avignon)에 머물러 있으므로 항간에 '바벨론 포로'(Babylonian Captivity)라고도 불렀다.

b. 아비뇽에 주재한 교황

요한 22세(1316 즉위), 베네딕트 12세(134 즉위), 클레멘트 6세(1352 즉위), 우르바누스 6세(1362 즉위), 그레고리 11세(1370 즉위).

c. 이런 현상은 누가 교회 밖의 세력에 의해서도 아니며 교회 자체에서 스스로 자행한 결과이다.

3) 프랑스 아비뇽의 교황과 이탈리아 로마의 교황

a. 이 70년 기간에 공교롭게도 교황으로 선출되었던 출신은 모두 프랑스인들이었다.

b. 591년 중세교회 시대가 시작되면서 지난 약 900년 동안 로마 교황은 모두 로마인이었다.

c. 이에 맞서서 반기를 든 세력이 로마(이탈리아)인들이었다. 그러므로 로마에서 우르반 6세(Urban 6)를 교황으로 세워 아비뇽의 클레멘트 7세 교황과 맞서게 한 것이다.[95]

4) 두 교황에 대한 지지 판세

a. 아비뇽 교황 지지 : 이에 따라 교황을 인정하는 서방 유럽의 판세를 분류해보면 프랑스, 스코틀랜드, 스페인은 아비뇽 클레멘트 7세 교황을 지지했다.

b. 로마 교황 지지 : 이탈리아, 영국, 독일 그 밖의 대부분 지역은 로마의 우르반 6세를 지지하고 따랐다.

5) 교황의 분열 결과

a. 교황과 국왕 간의 대립이 극심하게 발생했다.

b. 로마 교황과 프랑스 교황의 대립 또한 극심하게 나타나면서 그 시대의 영적인 갈등은 심각하게 나타나면서 또 다른 양상이 나타났다.

c. 양 교황은 교황청의 재정난에 시달리면서 성직매매 하기 시작했다.

6) 교황의 분열 종식

a. 파리대학의 지도자 중심으로 교황 분열 종식을 요구하고 나섰다.

b. 3명의 교황을 모두 퇴위시키고, 마틴 5세를 교황으로 선출하여 교황 분열은 종식되었다.

---

95) 김의환 기독교회사 같은 책. p.226.

ii. 개혁의 새로운 바람

1. 개혁을 위한 세 번의 종교 회의

1409년에서 1449년 사이에 개혁을 위하여 세 번의 큰 회의가 있었다. 그것은 다름 아닌 지난 중세기 천년 동안 움직일 수 없는 교황의 절대적 권위에 대한 새로운 움직임이 나타난 것이다. 그리고 더 이상 분열을 반대하고 교회가 통일되어야 한다는 열망을 모두가 갖기 시작했다.

2. 피사 회의(The Council of Pisa, 1409년 3월 25일)

파리대학의 지도자들과 대학장의 제자인 제르손(Jean de Gerson 1362 -1492)은 교의의 부패와 타락을 비판하고 교회의 분열을 수습하기 위해 이탈리아 피사에서 전체 교회가 모이는 회의를 소집하기로 했다.[96]

1) 두 교황 폐위 결의-로마 교황, 아비뇽 교황

a. 1409년 서방 교회 분열의 책임에 대하여 서로 대적하는 두 교황에게 통렬하게 물었다.

b. 피사 종교회의 결의

피사에서 모인 종교회의는 베네딕트 13세(Benedict 13, 아비뇽 교황)와 그레고리 12세(Gregory 12, 로마 교황)를 악명 높은 분파주의자, 이단 및 위증자(僞證者)로 선언하여 폐위시키기로 결의했다.[97]

---

96) CF. F.A. Ogg. A Source Book of Medieval History, New York:American Book Co., 1907, pp.391-392.

2) 새 교황 선출–합법적 교황 선출

a. 두 교황을 폐위시키고 밀란 교구의 대감독 알렉산더 5세(Alexander 5)를 합법적인 교황으로 선출하게 된다.

b. 이러한 결정은 당시의 서방 교회가 하나(단일)의 교황으로 교회가 새로운 개혁의 바람을 일으키기 위해 교황을 세우게 되었다.

3) 3명의 교황 난립

a. 알렉산더 5세(Alexander 5)의 지지 판세
피사 종교회의 결과 새 교황으로 선출된 알렉산더 5세는 영국과 프랑스, 독일 일부에서만 인정받을 뿐이었다.

b. 3명의 삼각 구도
거기에 이전 2명의 교황이 퇴임을 거절하므로 새 교황은 교황의 역할을 제대로 수행하지 못하게 된다. 어정쩡한 상황에서 3명의 교황이 서로 자신이 정통성이 있다고 주장하면서 삼각구도로 싸우게 된 것이다.

3. 콘스탄스 회의(The Council of Constance, 1414-1418)

제1차 회의였던 피사회의가 개최된 지, 만 5년 만에 제2차 콘스탄스 회의에 신학자, 사제, 귀족 등 5천명이 소집되었다. 사상 유례없이 많은 참석자로 소집된 콘스탄스 회의는 중세기 사상 가장 화려하고 막강한 종교회의가 되었다.

---

97) CF. F.A. Ogg, 같은 책, pp.327-328. 피사종교회의에서 폐위된 교황은 베네딕트 13세(Benedict 13, 아비뇽 교황)와 그레고리 12세(Gregory 12, 로마 교황)이었다.

1) 교황 권위 위에 세운 교회 권위

a. 현직 교황 요한 23세와 전임 교황 폐위

현직 교황 요한 23세는 이탈리아 감독들을 대동하고 회의에 참석했다. 한편 현직 교황의 비행과 혐오스럽고 비인간적인 교황의 생활 태도를 폭로하는 전단이 유포되었다.

b. 결국 교황 선거에서는 감독 단위의 투표권으로 하지 않고 국가 단위로 투표한 것이다. 이 결과 요한 23세의 교황직 폐위를 결정했다.

c. 3명의 교황이 자신의 교황권위를 주장하며 분쟁을 일삼는 상황에서 셋 모두를 면직하고 가결했다.

d. 새 교황 선출-말틴 5세(Martin 5)

콘스탄스 회의에서 콜로나(Colonna) 추기경을 마틴 5세(Martin 5)의 이름을 사용하게 하여 새로운 교황으로 선출했다.

e. 교황 밑에 교획 통치권에서, 교회 밑에 교황 통치권으로

신임 교황은 종교 회의의 우위성을 인정하고 교회의 결정에 복종할 것을 서약하고 취임함으로 교회의 권위와 일치를 회복하게 되었다. 이전은 교황 밑에 교회와 세속권이 있었지만, 이제는 교회 밑에 교황이 있게 됐다.

2) 콘스탄스의 결의된 다른 2건-교회의 권위로 인간 말살

a. 위클리프(1320-1384)의 뼈 불사름

영국 옥스퍼드의 가장 유능한 학자, 위클리프는 로마 교회의 사제였다. 하지만 "교회의 유일한 머리는 그리스도이며 복음정신이 없는 교황은 적그리스도의 대리자"라고 선언하여 로마 가톨릭에 대한 부정과 부패를 지적하며 개혁운동을 편 것이다.

b. 바로 이런 주장이 로마 교황의 권위를 도전했다는 이유로 본 회의

에서 위클리프를 화형을 시켜야 한다고 결정했다.

c. 로마 교회는 이미 그가 죽은 지 96년이 지났지만, 그의 뼈를 무덤에서 파내어 불사르는 인간 말살의 죄악을 서슴치 않게 저지르는 파렴치한 결정을 내린 회의였다.

d. 잔 후스(John Huss), 제롬(Jerome of Prag) 이단 정죄 사형

잔 후스는 진정한 회심과 불타는 열정으로 복음을 전하며 죄악을 꾸짖는 능력 있는 설교자였으며 프라하 대학의 총장이었다.

e. 그러나 본 회의에서 그에게 교회의 권위를 도전했다는 이유로 1415년 화형에 처하기로 가결한 것이다.

3. 바젤 회의(The Council of Basel, 1431~1449)

콘스탄스 회의에서 결의한 'Frequens'에 따라 1431년부터 스위스의 바젤에서 마틴 5세와 그의 후계자 유진 4세(Eugene 4)에 의하여 제3차 종교회의를 소집했다.[98]

1) 목 적

a. 본 회의 목적은 교회 전체의 개혁과 교회가 따라야 할 교리를 확정하기 위한 목적을 두고 소집되었다.

b. 교회를 도전하는 이단 세력이 횡행하면서 그 이단을 박멸하는 것과 교회의 평화를 도모하는 목적을 두고 개최되었다.

---

98) Robert C. Walton, Chronological and Background Charts of Church History, Agape Culture Publishing, 1996, p.49.
이 회의는 말틴 5세와 그의 후계자 유진 4세(현 교황), 그리고 쥴리안 케사 리니, 큐사의 니콜라스가 주도하여 회의를 소집시킨 것이다.

2) 회의 중단 요구

a. 교황은 회의 개최 13개월 만에 의장에게 회의를 해산할 것을 서신으로 하달했다.

b. 이에 동조하며 교황을 지지하는 세력은 교황의 우위권을 주장하면서 본 회의가 중단되어야 한다고 했다.[99]

3) 회의 강행 세력 결집

a. 한편, 교황을 반대하는 세력들이 결집하게 되었다. 그리고 교황과 동조하는 무리의 결정을 반대하며 회의가 계속되어야 한다고 주장했다.

b. 그들은 교황 없이 종교회의가 교황의 권위 보다 우위(優位)임을 주장하면서 교황의 명령을 무시하고 회의를 계속 진행시켰다.

c. 이때부터 종교회의의 권위가 더욱 강화되기 시작했다.

4) 결의 사항

a. 종교회의를 교황의 권위 위에 둠

다음부터는 종교회의의 권위를 교황의 권위 위에 둔다. 이 결정의 결과는 교황의 절대적인 체제에서 회의가 최고의 권위로 부상하는 체제로 바꾸어 민주화로 시도할 것을 결의했다.

b. 교황의 전제권(專制權)을 제한하고, 교황청을 위하여 국민들에게 강제 징세를 부과하는 사항에 대하여 제한할 것을 결의했다.

---

99) 유진 4세 교황은 자신의 권위를 강화할 목적이 있었지만 오히려 그 반대의 결과로 회의가 진행되기 시작하자 소집되었던 종교회의를 갑자기 해산시키므로 회의의 힘을 분열하는 책략을 사용한 것이다.

c. 잔 후스의 순교 이후 보헤미아(Bohemia) 지방이 반란이 발생될 것이 우려되자 후스파(Hussites)와 협정을 체결하여 그들을 로마 교회 안에 두기로 결정했다.[100]

① 성찬 때, 보헤미아와 모라비아 신자들에게도 떡과 포도주를 준다.

② 성직자에 대한 죄의 규정은 성직자 모임에서만 판단하기로 하다.

③ 교회 안에서 설교하는 권한을 감독으로 제한하기로 하다.

④ 성직자(사제)는 재산을 소유하지 않는다. 단 소유할 시는 청지기로서 그 재산을 교회에 위임한 상태에서 사용하기로 한다.

---

100) 김의환 기독교회사, 같은 책, pp.299-230.

iii. 로마 교황권의 대분열 형태

〈Table-15〉 **로마 교황의 분열 형태**

	로마 교황		아비뇽 교황		종교회의에서 선출된 교황
1378 - 1389	**우르반 6세** 바벨론 포로시대의 막을 내렸으나, 추기경단에서 프랑스 추기경들을 제외시킴으로 대분열을 야기함	1370 - 1378	**그레고리 11세** 1378년에 사망한 후 대분열의 장(場)이 열리게 된다		
- 1404	**보니페이스 9세**	1378 - 1394	**클레멘트 7세** 우르반 6세의 지지자들과 3년간의 전쟁을 치른 후 1381년 아비뇽으로 천도함	1409 - 1410	**알렉산더 5세** 피사 회의에서 임명됨
1404 - 1406	**이노센트 7세**	1394 - 1417	**베네딕트 13세** 1409년 피사회의에서 폐위당했으나 그 결정에 불복하여 1417년 콘스탄스 회의에서 폐위됨 그후 스페인으로 돌아가서 죽는 날까지 자신이 진짜 교황이라 주장함	1410 - 1415	**요한 23세** 1415년 콘스탄스 회의에서 폐위됨
1406 - 1415	**그레고리 12세** 1409년 피사회의에서 폐위당했으나 그 결정에 불복, 1415년 콘스탄스 회의에서 다시 폐위됨			1417 - 1431	**마틴 5세** 콘스탄스 회의에서 교황으로 지명됨으로 교회 대분열의 막이 내림

"미움은 다툼을 일으켜도 사랑은 모든 허물을 가리느니라"(잠10:12)

iv. 그 외의 회의

1. 플로렌스 회의(The Council of Florence, 1438~1439)

1) 회 원

바젤 회의를 반대한 교황과 그 측근들, 로마 대교구의 성직자, 동방제국의 황제 요한 6세(John 6), 콘스탄틴노폴 대주교 요셉 외에 700명을 대동하고 참석했다.

2) 안 건

서방의 로마 교회와 동방의 헬라 교회가 합동(연합)할 것을 안건으로 내놓았다. 이 안건 안에는 교리문제, 예배문제 그리고 교회의 행정사항에 대한 것이 포함되어 있었다.

3) 결 의[101)]

a. 성령의 출처 문제 합의

① 성령은 [아들로부터 나온 바이나 본질적으로는 한 근원과 원인으로부터 나온다]라는 문구를 서방 교회 측이 삽입할 수 있다.

② 동방 교회는 성령이 아버지와 아들로 부터 나오신 바를 인정하되 그것을 교리적으로 명문화시키지 않는다는 조건을 붙였다.

---

101) 김의환, 기독교회사, 같은 책, pp.232-233.

b. 연옥의 문제

연옥은 인정하되 동방 교회의 주장에 따라 연옥의 불의 성질이 정신적(상징적)인 것으로만 받아들인다. 실제적이고 물리적인 불로 받아들이지 않는다고 했다.

c. 성찬식의 떡은 누룩이 있든지 없든지 모두 인정하는 것으로 했다.

d. 교황은 그리스도의 대리자로서 후계자요, 머리요, 목자요, 교사요, 통치자로 인정하는 합의문에 양측이 동의한 것이다.

2. 합동 축하예배

1439년 6월 5일 플로렌스 대성당에서 서방 교회 대표 115명, 동방 교회 대표 33명이 합의문에 조인했다. 합동을 기념하여 예배를 드렸다.[102)]

v. 동로마 제국의 멸망과 동방 교회 종말

1. 동방 교회와 서방 교회의 합동 결렬

동로마 황제가 플로렌스 회의를 마치고 귀국하게 되었다. 그 때 예루살렘, 안디옥, 알렉산드리아 대교구의 대주교들이 반대하여 1443년 플로렌스 회의를 '강도의 회의'라고 단죄하고 말았다. 어떤 이유에서든 모처럼 합동할 수 있는 절호의 기회가 실패로 돌아가고 말았다.

---

102) 이 회의에서 동방 교회가 서방 교회의 조건을 거의 수락하고 양보했던 원인은 당시 동방제국이 위기에 직면했기 때문이다. 그것은 터키의 이슬람 교도들의 침입으로 서방측에 원조를 구하여 위기를 모면하려 했다.

2. 동로마 제국의 멸망

1) 1453년 터어키 왕 모하메드 2세가 동로마제국인 콘스탄틴 2세를 공격해 온 것이다.

2) 1453년 이슬람 세력인 모하메드의 공격으로 콘스탄티노플이 함락되어 버리고 그 최후를 맞아 동로마 제국은 멸망하고 말았다.

a. 동로마 제국은 침략해오는 이슬람 세력인 터어키 왕을 맞아 당당하게 싸웠으나 50여일 만에 콘스탄티노폴이 함락당하여 망한 것이다.
b. 황제는 전사하고 연합을 위해 싸울 용사도 반대할 거장도 모두 적의 수중에 들어가 버리고 말았다.

3. 동방 교회 종말

1) 이슬람교도들이 동 로마제국의 성 소피아 성당을 점령한 것이다.

2) 이슬람 세력은 동로마 제국의 기독교인에게 전도활동을 하지 못하도록 했다. 그러나 신앙생활을 유지하도록 허락해 주었다.

3) 동방의 교회 성도는 자신들의 교리, 조직, 예배는 변함이 없었으며 신앙을 유지해 갔다. 그러나 동방 교회의 신앙은 점점 쇠퇴해 갔다.

4) 동로마 제국과 동방 교회의 재산은 모조리 몰수당하고 학교는 붕괴되었다. 경제적인 제재와 사상적인 제재를 아울러 가하여 기독교의 정신을 말살하려는 것이었다.

5) 동방 교회 사제들의 권위가 추락되었으며, 황제의 종속에 불가하게 되었다.

6) 이슬람교는(모하메드교)는 점차적으로 확대되었으나 기독교에 대한 학대가 점차 가중되고 어려움에 직면하게 되었다.

7) 이슬람 교도들은 동방 교회에서 기독교인 소년 중 건장한 자를 강제로 징집했다. 그리고 그들을 이슬람의 정신과 모하메드식 훈련과 교육으로 무장시킨 후 이슬람 군대를 편성했다. 이러한 조치는 기독교의 사상을 이슬람 사상으로 전환하려는 술책이었던 것이다.

vi. 결 론

세 번에 걸친 종교 회의는 교황권에 도전하여 공식적으로 새로운 개혁의 바람을 일으키려고 노력한 일은 부인할 수 없다. 그러나 결국 새 교회시대를 여는 일은 실패했으나 서방 교회의 분열을 막았다.

서방 교회와 동방 교회와의 화해의 접촉을 시도하여 어느 정도 진전을 본 일도 암흑시대와 대화 단절, 분열로 치닫는 형국에서 다른 돌파구를 찾는 가능성을 보여준 것이다.

이에 따라 한 세기 후에나 다가올 프로테스탄트 종교개혁을 예고하는 전조적 싸인이 아닌가 기대해 보는 안목을 가지고 그 당시의 역사를 조명해 보는 것이다. 그리고 지난 중세의 장구한 역사가 던져주는 그 교훈을 새겨본다. 지금의 지상의 천국공동체를 책임진 우리가 앞으로 전개될 복음의 역사를 후손에게 아낌없이 이양하려는 사명감으로 꽉 차서 나아가야 하는 사명감으로 충만해져야 하겠다.

Chapter 13

The Worship and Life of Medieval

중세의 예배와 생활

ⅰ. 서방 교회
ⅱ. 동방 교회
ⅲ. 현대 가톨릭 교회의 입곱 성사
ⅳ. 일곱 성사 과정과 동방 교회 종말
ⅵ. 결 론

Course : 중세교회사
A History of The Medieval Church

중세의 예배와 생활

The Worship and Life of Medieval

Chapter 13

i. 서방 교회

1. 예 배

당시 '서방 교회'(Western Church)[103]에서 예배할 때 인도자가 사용하는 언어는 라틴어였다. 일반 회중들은 예배에 참여하여 하나님 말씀인 설교를 '듣고'(listen to), 감동과 결단을 하는 것이 아니라 예배를 '보는'(look at) 것으로만 만족해야 했다.

---

103) 서방 교회에 대하여 다른 이름으로 부르기도 했다. 'Latin Church'.

2. 서방 교회의 예전(禮典· Sacraments)

서방 교회에서 예배에 대한 용어로서 '예전'이라하며, 한국 가톨릭 용어로는 '성사'(聖事)라고 한다. 이 용어는 1439년 플로렌스(Florence) 회의에서 7대 성 예전을 공인한 것이다. 다음은 한국 가톨릭에서 그에 대한 분류를 설명하기 위해 나열해 놓았다.

1) 성세(聖洗, Baptism)

몸에 물을 뿌리거나 침례로 입교를 증거하는 의식이다. 이 예전은 개신교의 세례와 같은 것이다.

2) 견진(堅陳, Confirmation)

세례자에게 신앙 견고를 위한 성령을 얻게 하는 기름 붓는 의식이다.

3) 성체(聖體, the Sacrament)

12세기 경 롬바르두스(1110~1161년)에 의한 예전이다. 이 예전은 의식은 성체성사(개신교-성찬, 성만찬)을 말하는 것이다.[104] 이 예전은 '화체설'을 토대로 한 의식이다.[105]

---

104) 로마 가톨릭의 '성세'는 개신교-성찬, 성만찬/ 정교회-성체성혈성사/ 성공회-성찬, 성찬례, 거룩한 사귐, 주님의 만찬이라고 한다.

105) 화체설 [transubstantiation, 化體說] 성변화(聖變化)라고도 하는 교리이다. 그리스도교에서 성찬식 때 빵과 포도주의 외형은 변하지 않지만 그 실체가 그리스도의 살과 피로 변한다는 교리이다. 12세기에 처음으로 화체설이라고 불렸던 이 교리는 로마 가톨릭 교회를 비롯한 몇몇 그리스도교 교회에서 신봉하고 있으며, 비록 빵과 포도주의 외형은 변하지 않지만 그리스도의 살과 피가 현존한다는 그리스도의 현존에 대한 문자적 진리를 수호하는 데 그 목적이 있다. 13~15세기에 스콜라 신학자들이 잘 정의한 이 화체설은 트렌트 공의회(1545~63) 문헌에 수록되었다. 신비스러운 변화에 의해 일어나는 실재임재에 대한 신앙은 교부신학자들에게서도 발견된다. 20세기 중반 몇몇 가톨릭 신학자는 이 이론에 대해 수정된 견해를 내놓았다. 실체의 변

4) 고해(告解, Confession)

죄를 신부에게 참회를 고백하는 것이다. 신부로부터 면죄 받는 예식을 말한다.

5) 혼배(婚配, Marriage)

교회법이 합법으로 인정하는 결혼을 예전으로 하는 것이다. 이를 '혼배'라고 칭한다. 서방 교회에서는 이 결혼예식을 매우 신성시 한다.

6) 종부(終傅, Extreme Unction)

임종 시 병사자에게 기름을 바르는 의식, 개신교(기독교)에는 이 예식을 인정하지 않는다.

7) 신품(神品, Ordination)

영혼에 인호(印號)를 쳐서 세제의 임직을 임명하는 예전이다. 개신교에서는 이 예식을 성직 임직식을 말한다.

3. 생 활

1) 숭배(Worship)

가톨릭에서는 하나님께는 예배, 그리스도께는 숭배, 성모 마리아께는 최고 숭배를 하는 의식과 믿음이다.

화에서 의미 변화를 강조했다. 화체설이라는 용어 대신 의미변화(transsignification)와 목적변화(transfinalization)라는 용어를 만들어냈다. 그러나 1965년에 교황 바울 6세는 그의〈신앙의 신비 Mysterium Fidei〉라는 회칙에서 화체설 교리와 그것을 표현하는 용어를 그대로 유지하도록 공포했다(그리스도교 |브리태니커 사전).

2) 공덕(Piety)

가톨릭에서는 신자의 생활면에서 선행으로 죄 사함을 받는다고 믿었다.

3) 미사(Mass)

세상 사람과 연옥의 사람을 위해 하나님께 제사를 드리는 의식이다.

a. 대 미사-향을 피우고 음악 연주하며, 주일과 축제일에 거행하는 예식이다.

b. 소 미사-음악 없이 사죄의 미사로 신부가 거행하는 예식이다.

c. 장례 미사-죽은 자를 위해 제사를 올리는 의식을 말한다.

4) 찬양(Praise)

중세교회 시대의 교회에서나 그에 관한 음악이나 찬송은 예배 참석 시 매우 장엄하게 연주되거나 울려 퍼졌다. 곧 장엄하고 묵직한 음악성에 중세 사람들에게 일반적으로 그들의 생활화가 이뤄지게 되었다.

4. 교 회

1) 로마 가톨릭의 서방 교회는 교회의 제반 비용 확보를 위하여 속죄표(죄를 씻어주는 카드) 판매를 가중(加重)시키고 누구에게나 판매를 요구하며 성행했다.

2) 로마 가톨릭은 교회를 종교 재판소로 회중을 탄압했다.

a. 중세시대의 교회를 장악하고 지배권을 행사하던 교권주의자들은 로마 가톨릭이었으며, 그들은 교회를 하나님을 만나는 예배와 말씀을 나

누는 거룩한 교제와 예배를 행하는 공동체나 장소로 사용하지 않았다.

b. 상위권으로 형성된 지도층은 자신들의 권위나 이익을 유지하기 위해서 과감한 조치를 시행했다.

c. 특히 정통교회에 도전해오는 사특한 무리(개인)에 대하여는 강력한 조치를 취하여 근절해 나갔으며 이에 대한 대응조치는 종교재판이었다.

d. 프랑스, 스페인에서는 이단에 대한 처벌에 대하여 아주 잔인하게 교회에서 종교재판으로 분류하여 정통적인 교회에 근접하지 못하도록 차단시켰다. 정상적인 교회 생활은 곧 가정과 사회의 안녕과 발전을 가져오기 때문이다.

e. 마법(魔法)으로 불가사의한 일을 조성하기 위하여 술법(術法)을 사용하여 안정적, 사회적인 틀을 혼란을 야기시키는 개인이나 그룹은 사전에 차단하는 시스템을 작동하고 박차를 가하여 그와 관계된 30만 명의 무속인(주로 여성)이 화형을 당했다.

5. 교직자(성직자)

1) 서방 교회의 고급 사제들은 공공연하게 축첩질을 한 것이다.

a. 로마 가톨릭교회에서 신부(사제)는 결혼을 금지하고 있었다.

b. 그런데 사생활에서 대부분 사제는 내연의 처를 적어도 하나 이상씩 두고 윤리적으로 매우 혼란한 생활을 이어 가고 있었다.

2) 서방 교회는 하위급 사제들의 축첩도 묵인하고 넘어갔다.

a. 로마 가톨릭교회에서 신부(사제)는 상위급 그룹이나 하위급 그룹의 결혼을 아예 금지하여 신부로 하여금 거룩하고 경건한 삶을 유지할 것을 교회법으로 정해 놓았다.

b. 하지만 하위급 사제들에 대하여 적나라하게 축첩질 하는 것을 교회 내에서 방치고 묵인해 주었다.

3) 경제적 풍요가 경건생활을 타락시켰다.

a. 수도원에서 수도사들은 처음엔 청렴하고 거룩을 추구하면서 수도원 생활을 유지해 갔다.

b. 그러나 점차 수도원이 경제적으로 풍부해지므로 성스러운 경건생활을 등한히 하면서 탁발을 중지하고 논쟁만을 일삼았다.

4) 엄격한 경건을 이단으로 몰았다.

a. 서방 교회에서는 엄격하게 경건을 추구하는 그룹(무리)에 대하여 그들의 독특한 경건생활의 패턴을 살피고 인정할 것은 정당하게 인정해야 했다.

b. 로마 가톨릭은 교회법을 천편일률적으로 적용하여 신비한 종교집단에 대하여 이단으로 몰아갔으며 결국은 화형으로 통치하듯 교회를 주도해 갔다.

5) 공동생활 형제단 발족

당시의 로마 가톨릭 교회는 속성상 교회법은 세속권까지 통치하도록 허락되어 있었다. 너무 일방적인 교회의 강요는 한쪽으론 엄청난 반발을 불러왔다. 그에 반응한 경건파 사제들과 평신도에 의해 '공동생활의 형제단'(Bretheren of the Common Life)이라는 단체가 일어나게 되었다.[106]

6) 서방의 수도원은 노동으로 자급 생활을 강조했다.

a. 서방 수도원의 출발은 대부분 수도원에 들어가면서 경건과 노동이라는 공통적인 일과표에 의하여 수도생활을 했다.

b. 거기엔 수도원생의 노동은 수도원의 열악한 운영에 대한 해결책이라는 목적도 있었던 것도 묵과할 수 없다.

7) 서방 수도원 규율은 구약성경 교리로 작성됐다.

a. 서방 수도원 규율은 대체적으로 구약 성경의 교훈과 교리를 지키는 것을 원리로 적용시켰다.

b. 그에 관하여 수도사의 영성 생활을 유지하고 성장하기 위해 성경 연구, 묵상, 설교, 교육, 봉사 활동을 요구하고 그에 따르도록 했다.

ii. 동방 교회

a. '동방 교회'(Eastern Churches)[107])는 동로마 제국의 국교(國敎)로서 4세기 무렵부터 콘스탄티노플을 중심으로 발전한 기독교의 한 종파이다.

b. '동방 교회'는 1054년에 로마를 중심으로 하는 '서방 교회'와 분리되면서 '동방 교회'라고 부르게 되었다.

c. 동방 교회는 서방 교회의 수장인 로마 교황을 인정하지 아니하며 동 로마 제국을 인정했다.

---

106) 김의환, 기독교회사, 서울: 총신대학출판부, 1998, pp.223-225. 공동생활 형제단(Bretheren of the Common Life)과 각주 70, p.104를 참고하면 공동생활형제단에 관하여 자세하게 볼 수 있다.

107) 동방 교회에 대하여 다른 이름으로 부르기도 했다. 'Greek Church', 'Ecclesiae orientales'

d. 동방 교회는 교리 및 의식을 중시하고 상징적, 신비적 경향이 강하다. 동유럽과 러시아에서 크게 번성하면서 확장되었다.

1. 예배-미사

1) 성경에 대한 새로운 관심

a. 성경을 자신들 만의 언어로 번역하여 사용했던 것이다.

b. 성경에 대한 역사를 탐구하며 아울러 교리문답 등 종교 문제를 연구하며 동방 교회는 발전을 거듭해 나갔다.

2) 예배-미사의 언어 사용

동방 교회 예배는 헬라(희랍)어를 사용하여 드렸다. 그러므로 그리스 정교회(희랍 정교회)라고도 부른다.

3) 찬송가 사용

동방 교회는 예배하면서 사용하는 찬송가를 예배에 참여하는 회중(일반인)이 함께 찬송을 부른다.[108)]

2. 동방 교회의 7 예전

동방 교회는 서방의 로마 교회와 마찬가지로 '일곱 성사'를 보존하고 있다. 그들의 교령은 동방 가톨릭 교회들이 지녀온 동방의 오랜 성사 규율과 관습들을 인정하고 존중하고 있다는 것이다.

---

108) 서방 교회인 예배(미사)는 찬송가를 회중이 함께 부르지 않고 성가대가 부르고 있다.

1) 세례(Baptism)-개신교의 세례의식과 같은 예전이지만 세례 받는 자를 세 번 물에 잠그며 성례전 의식을 치루고 있다.[109)]

2) 견진(Confirmation)-세례자에게 신앙의 견고함을 위하여 성령을 얻게 하는 기름을 붓는 의식이 견진성사이다.[110)] 서방 교회와 동방 교회는 성사 예법에서 여러 가지 차이를 보이고 있다. 로마 예전에서는 주교 만이 견진성사의 집전자로 의식을 인도하고 있다. 그러나 동방 교회는 신부도 견진성사를 집전할 수 있다.[111)]

3) 고해(Confession)-죄를 신부에게 참회를 고백하는 것이다. 신부로부터 면죄 받는 예식을 말한다.[112)]

4) 신품(Ordination)-영혼에 인호(印號)를 쳐서 사제의 임직을 임명하는 예전이다. 개신교에서는 이 예식을 성직 임직식을 말한다.[113)]

5) 혼배(婚配, Marriage)-교회법이 합법으로 인정하는 결혼을 예전으로 하는 것이다. 이를 '혼배'라고 칭한다.[114)]

---

109) 동방 교회 신부들은 라틴 예법을 사용하는 신자들에게도 세례의식(성사)과 견진의식(성사)을 한꺼번에 집전하든지 아니면 따로 집전하든지 유효하게 집전한다. 마찬가지로 서방 로마교회에 속하는 신부들도 동방 가톨릭 신자들에게 똑같은 방식으로 이 예전(성사)들을 유효하게 집전하고 있다. 다만 두 경우 모두 관련 보편법(보편 교회법)이나 개별법(지역 교회법)의 규정을 준수하라고 명하고 있다(가톨릭 교령 13항).

110) 동방교회에서는 십자가형으로 그으며 서방교회와 같은 형식으로 치룬다.

111) 교령은 이 관습을 허용하면서 견진성사 때에 사용하는 축하(축성)의 기름(성유)은 총 대주교나 주교가 축복한 기름을 사용해야 한다고 한다(가톨릭 교령 14항).

112) 동방교회의 고해는 죄를 통회하고 고백하면 사제가 그 사죄문을 외운다.

113) 기독교(개신교)에서는 가톨릭의 '신품 예전'을 '성직 임직식'이라 한다.

114) 혼배 예전(성사) 거행 : 서방 가톨릭 교칙(교령)은 동방 교회의 신자와 동방 비가톨릭 교회 신자, 동방 교회(정교회) 신자 간의 혼인과 관련하여, 가톨릭 사제이든 비가톨릭교역자(곧 동방 교회 사제)이든 '거룩한 교역자'의 입회하에 혼인 예식이 치러

6) 성전-병자를 위해 포도주와 기름을 일곱 차례 온몸에 바르고 성경을 병자의 머리에 두고 사죄문을 외운다. 이 예전은 현대 가톨릭에서 시행하고 있는 병자성사와 같은 것이다.

7) 성체(聖體, the Sacrament)-예배의 중심 부분으로 중요하게 생각한다. 먼저 성찬의 제물을 하나님께 드리고 그 제물이 그리스도의 몸과 피가 되기를 기도하는 것이다.

3. 그 외의 동방 교회의 축일과 예전에 관한 원칙

동방 교회는 기타 예전과 축일과 절기 등에 관하여 동방 교회의 교령에 명시하면서 견신례와 관련된 것들을 제시하고 있다.

1) 축일

a. 축일과 관련하여 동방 가톨릭 교회들은 서방 교회인 로마 가톨릭 교회와 다른 고유한 축일들을 보존해 왔다.

b. 동방 교회의 교령은 '앞으로 동방 가톨릭 교회들의 공동 축일을 제정하거나 이동, 폐지하는 것은 세계 공의회와 사도좌의 권한'이라고 못 박는다.

c. 개별 교회(지역 동방 가톨릭교회)의 고유의 축일 제정, 이동 또는 폐지하는 경우는 사도좌뿐 아니라 총대교구나 상급 대교구 교회회의(시노드)의 권한이라고 적시한다(동방교회 교령 19항).

지면 그 혼인(혼배)은 (적법하지는 않지만) 유효하다고 밝히고 있다(가톨릭 교령 18항).

2) 부활 대축일

a. 서방 로마교회는 '그레고리오력'에 따라 춘분이 지나고 보름달이 뜬 후 첫 주일을 부활 대축일로 지내는 것을 원칙으로 정했다.

b. 동방 교회들은 이전 율리우스력을 따르기에 서방 교회와 많게는 한 달 정도 부활 대축일이 차이가 나기도 한다. 동방 교회 교령은 이와 관련하여 모든 그리스도인들이 같은 날 부활 대축일을 지내는 것이 바람직하다고 밝히면서 그러나 합의에 이를 때까지 같은 지역이나 같은 국가에 사는 그리스도인들만이라도 부활 대축일을 같은 주일에 지내도록 권고하고 있다(동방 교회 교령 20항).

3) 전례력

a. 동방 교회와 로마 교회가 사용하는 전례력도 차이가 난다. 그래서 교령은 동방 가톨릭교회에 속하는 신자들이 다른 지역에 가서 살 경우 자기 교회의 고유한 전례력 아니라 자기가 살고있는 지역 전례력을 따를 수 있다고 밝힌다.

b. 또 가족 구성원들이 서로 다른 전례력을 사용할 경우에도 하나의 전례력에 맞출 수 있다고 제시하고 있다(동방 교회 교령 21항).

4) 성무일도와 전례 언어

a. 동방 가톨릭교회의 성직자들과 수도자들은 고유법 규정과 전통에 따라 성무일도를 바쳐야 한다고 동방 교회 교령에 규정하고 있다.

b. 신자들에게 성무일도에 힘껏 열심히 참여하라고 권고하고 있다.

c. 전례 예식에 사용할 언어를 결정하는 권리는 총대주교와 그 교회

회의, 또는 교회의 최고권위와 그 주교회의에 있다고 교령은 밝히고 있다. 그러나 모국어로 옮긴 전례문은 사도좌에 보고해 승인을 받아야 한다고 규정한다(동방 교회 교령 23항).

5) 갈라진 형제들(서방 교회)과 이루는 관계

a. 동방 교회 교령에서 로마 사도좌 곧 교황과 친교를 이루는 동방 가톨릭교회들이 다른 그리스도인들, 특히 동방 비가톨릭 그리스도인들과 일치를 증진해야 한다고 강조한다.

b. 또 가톨릭교회와 일치하려 하는 동방 비가톨릭 교회 신자들에게는 '가톨릭 신앙의 단순한 선서 이상의 것을 요구하지 말아야 한다'(동방 교회 교령 25항)고 지적한다(동방 교회 교령 24~25항).

6) 성사 교류와 관련한 원칙과 지침

동방 가톨릭 신자들이 성사 교류와 관련하여 행사를 지킬 때는 그에 적합한 원칙과 지침을 동방 교회 교령에서 제시하고 있다.

a. 신자는 교회 일치를 해치는 행동을 해서는 안 된다.

b. 신자는 오류(誤謬)에 공식적으로 동의하지 말아야 한다

c. 신자에게 있어 신앙의 일탈, 악표양, 무차별 주의의 위험을 내포하는 성사 교류는 금지한다.115)

d. 신자들이 긴급할 때나 참으로 영적으로 유익할 때, 그리고 가톨릭

115) 그러나 교회 일치를 저해하지 않고 영적 선익을 위해 필요하다면, 동방 교회 신자들 이 스스로 요청하고 제대로 준비가 돼 있을 때 가톨릭 성직자들은 그들에게 고해성 사, 성체성사, 병자성사를 수여할 수 있다.

사제를 만나기가 불가능할 때는 이 성사를 유효하게 거행하는 동방 교회 비가톨릭 교역자(사제)에게 성사들을 요청할 수 있다.

e. 신자는 동일한 원칙 하에서 정당한 이유가 있으면 가톨릭 신자들과 갈라진 동방 교회 신자들 사이에는 예식과 사물(예를 들면, 십자가와 성물, 성당기물 등)과 장소(성당)의 교류가 허용될 수 있다.[116]

f. 로마 교황청과 연합(union)하거나(동방전례교회는 과거에 Uniates라고 불렸음) 교회법을 공동으로 하여 결국 로마 가톨릭 교회와 연합했다. 이 과정 속에서 로마 가톨릭 신앙을 받아들이고 칠성사(七聖事)를 지키며 로마 교황을 교회의 수위(首位)로 인정했다. 그러나 동방전례교회는 전례·영성·종교예술, 특히 조직 등에 있어 그 고유의 모든 특성을 계속 간직하고 있다.

iii. 현대 가톨릭 교회의 입곱 성사

현대 가톨릭교회는 성사(聖事)가 모두 7가지, 곧 '일곱 성사'가 있다고 가르치고 있다. 세례, 견진, 성체, 고해, 혼인, 성품, 병자 성사가 바로 그것이다. 이 예전은 중세시대의 것과는 다른 것이 없다. 즉 중세시대의 가톨릭 교회가 지키던 성사를 전통적으로 간직한 것을 볼 수 있다.

1. 입문 성사-온전한 신앙생활에 대한

1) 세례 성사 : 우선 각 성사에 대해 간단히 알아보면 다음과 같다. '세례성사'는 물과 성령으로 죄를 깨끗이 씻고 하나님 자녀로 다시 태어나게 하는 성사이다.

---

116) 이러한 성사 교류에 대하여 성사의 원칙을 지역 주교들의 감독과 지도에 맡기고 있다(동방 교회 교령26~29항).

2) 견진 성사 : '견진성사'는 하나님 자녀로서 성령을 더욱 충만히 받아 더욱 어른답고 성숙한 신앙생활을 하게 하는 성사이다.

3) 성체 성사

a. '성체 성사'는 인류 구원을 위한 예수 그리스도의 십자가 희생을 재현하면서 빵과 포도주의 형상으로 당신 자신을 내어주시는 그리스도를 영접하므로 그리스도와 일치하고 영적 생명을 얻게 하는 성사이다.

b. 위의 세 가지 성사를 '입문(入門) 성사'라고 한다. 이 성사들을 통해서 가톨릭 신자로서 온전한 신앙생활을 할 수 있게 된다고 한다.

2. 치유 성사-상처 입은 영혼에 대한

1) 고해 성사 : 참회의 성사 또는 화해의 성사라고도 하는 '고해성사'는 신앙생활을 하면서 지은 죄를 용서받고 하나님과 이웃과 다시 화해하게 해주는 성사이다.

2) 병자 성사 : '병자성사'는 죽을 위험에 처한 병자들에게 위로와 치유의 은총을 주는 성사이다.

이 두 가지를 '치유의 성사'라고 하며 상처 입은 영혼을 싸매주는 것이다. 친교와 봉사 성사-교제를 위한 관계를 성사시켜주며 서로를 위한 봉사하는 성사단계라 할 수 있다.

3) 혼인 성사 : '혼인성사'는 한 남자와 한 여자가 부부의 연을 맺고 가정을 이뤄 평생 서로 믿고 의지하면서 살아가도록 해주는 성사이다.

4) 성품 성사

a. '성품(聖品) 성사'는 그리스도의 대리자로서 그리스도의 사제직(직무 사제직)을 수행하면서 하나님 백성인 교회를 위해 봉사하도록 해주는 성사로서 거룩한 성품을 위한 예식이다.

b. 이 두 성사는 그 성격상 '친교와 봉사하는 성사'라고 할 수 있다.

일곱 성사가 우리가 태어나서 죽을 때까지 인생에서 중요한 고비가 되는 단계나 과정과 관련된다는 사실을 통해서 우리는 신앙생활에서 성사 생활이 얼마나 중요한지 또 얼마나 풍요로움을 제공하는지 알 수 있다.

iv. 일곱 성사 과정

1. 다른 예식들이 첨가되었음

1) 가톨릭의 성사가 처음부터 일곱 성사로 고정되어 있었던 것은 아니다.

2) 일곱 성사가 확정되기 전에는 마귀를 쫓아내는 구마 예식이라든가, 장례 예식, 심지어는 신앙고백 예식, 십자성호를 긋는 행위 등도 지방에 따라서 성사라는 이름으로 거행되기도 했다.

3) 때로는 성사에 속하는 행위나 예식이 약 30개나 됐다rh 한다.

2. 성사에 관한 관찰

1) 12~14세기에 신학자들 사이에서 성사에 관한 활발한 연구가 이뤄지면서 성사에 대한 정확한 개념을 정의하게 된 것이다.

2) 결정적 성사의 기준은 그 기원이 예수 그리스도께서 제정하셨느냐 하는 것이다.

3) 이와 함께 성사는 성사 집전자 개인의 성덕과 상관없이 성사를 집전하는 행위 그 자체로서 성사 은총의 효과, 곧 성사의 사효성(事效性)을 지닌다는 교리도 마련된 것이다.

4) 이런 과정을 거쳐서 일곱 성사가 확정된 것을 가톨릭은 주장하고 있다. 이것은 올바른 예식으로 가톨릭 신자들이 건강한 신앙의 삶을 위한 것이라고 한다. 그리고 세속적 삶에 휩쓸려 살지 않도록 거룩하고 구별된 삶을 위한 예식의 절차라고 말한다.

Chapter **14/15**

The Renaissance and Reformed

문예부흥과 종교개혁-1/2

14- ⅰ. 르네상스 시대-사회변혁의 시기
ⅱ. 문예부흥(르네상스)
ⅲ. 종교개혁 이전의 개혁자들

15- ⅳ. 종교개혁의 파장
ⅴ. 말틴 루터와 종교개혁
ⅵ. 독일의 종교개혁 운동
ⅶ. 존 칼빈의 종교개혁
ⅷ. 종교개혁의 장점과 단점
ⅸ. 종교개혁 이후

Course : 중세교회사
A History of The Medieval Church

문예부흥과 종교개혁-1

The Renaissance and Reformed

Chapter 14

i. 르네상스 시대-사회변혁의 시기

1) 로마 제국이 해체된 후

a. 중세시대는 초대교회 시대를 거친 후 다음 시대를 이어가는데 중요한 사회적, 정치적, 경제적, 문화적 발전의 시기였다.

b. 특히 인문주의자들이 활약한 르네상스 시대는 사회변혁으로 이어지는 토대를 마련한 시기였다.

2) 중세 유럽을 그리스도교 왕국으로 :

중세의 유럽 사회의 각 분야에서는 로마 제국의 해체 이후 유럽을 하나의 거대한 그리스도교 왕국으로 보는 견해가 대두되기 시작했다.

3) 각 분야 발전

12세기에 문화적, 경제적 부흥이 일어났다. 예술과 건축에서는 고딕 양식이 발전했다. 도시가 번창하고 상인계급이 발전하기 시작했다.

4) 13세기는 중세문명의 절정기

a. 한 세기가 지날 때마다 중세기의 문명은 뚜렷하게 발전하면서 13세기에서는 중세문명이 절정기에 이르는 시기였다.

b. 고딕식 건축과 조각의 고전적 정형이 확립되었고 많은 종류의 사회적 단위 등이 생겨났다.

c. 지적 생활 분야는 스콜라 철학이 발전했다.

d. 중세의 봉건적 사회구조의 붕괴와 이탈리아 도시국가의 발전 및 스페인, 프랑스, 잉글랜드 등의 국민적인 국가가 등장했다.

e. 아울러 문화적 발전들은 새로운 정신을 지닌 르네상스 시대의 탄생을 가져왔다.

5) 세계 역사의 큰 변혁 운동-문예부흥(르네상스)

a. 14세기 말엽부터 16세기 초까지 걸쳐 일어난 르네상스는 종교개혁과 아울러 세계 역사의 큰 변혁 운동이었다.

b. 동방과의 접촉으로 헬라(그리스)문화와 라틴의 고전 문학이 부흥됨

으로써 시작되었다. 그 결과는 다음과 같이 나타나게 된 것이다.

① 권위에 반항하고 도리를 비평하며

② 개인주의 세력이 선행하였고

③ 자연미를 동경하고 현세 향락을 추구하는 등의 여러 가지 특징을 가진 사건이다.117)

ii. 문예부흥(르네상스)

1. 원 인

1) 간접적인 원인으로서 9세기 초 샤를마뉴 대제가 문예를 장려하면서 문예부흥(르네쌍스)은 그 기운이 서서히 싹트기 시작했다.

2) 중세시대 초기에 발생한 수도원의 영성활동과 학교의 교육과 훈련 등의 발전의 결과로 문예부흥(르네상스)은 빨리 찾아왔다.

3) 십자군 전쟁으로 각지의 문화가 수입되고 안목이 넓어졌다.

4) 1453년 동로마 콘스탄틴노플이 멸망함으로 동방의 학자들이 모여와서 고전 문학 연구열이 생겼다.

2. 위대한 발명118)

---

117) 문예부흥(文藝復興, The Renaissance)은 14세기 말기부터 16세기 초까지 예술과 학문의 혁신운동이다-그 내용으로, 인간성 존중, 개성에 대한 해방 및 고전문화의 부흥이 주된 내용이라 한다.

118) 요하네스 구텐베르크(Johanes Gutenberg,, 1397-1468) : 서양 최초로 금속활자를

발명한 인쇄술의 혁신자라고 사가(史家)들은 그를 소개한다. 구텐베르크 이전에도 인쇄는 있었다. 목판인쇄는 유럽에서도 14세기에 이미 부분적으로나마 사용되고 있었다. 우리나라 역시 인쇄 기술은 세계 최초의 금속활자 인쇄본으로 구텐베르크의 [42행 성경]보다 무려 80년 앞선 쾌거였다(1972년 세계 최초 금속활자 인쇄본 지정). 그러나 인쇄술의 혁신이 우리나라의 사회 변화를 이끌어낼 토양까지는 마련되지 않았다. 구텐베르크의 업적이 그토록 거대한 변화를 이끌어낸 바탕은 그에 어울리는 유럽사회 분위기가 뒷받침되었기 때문이다. 구텐베르크에 관해 저술한 영국의 존 맨의 지적처럼, 그가 살았던 15세기 당시 유럽에는 인쇄술의 혁신을 위한 조건이 모두 갖춰져 있었다. 구텐베르크는 다만 그 방아쇠를 당긴 장본인이므로 "구텐베르크가 금속활자를 발명해서 인쇄술을 혁신했다"고 본다.

요하네스 구텐베르크는 독일 마인츠에서 태어났다. 정확한 생년월일은 알 수 없지만 1397년이나 1398년이 유력하다. 19세기 말에 이르러 마인츠에서는 1400년 6월 24일을 구텐베르크의 '생일'로 정해 대대적으로 축하했다고 한다. 요하네스의 아버지는 귀족 출신으로 조폐국에서 일했으며, 어머니도 유복한 집안 출신이며 경제적으로 어려움이 없었다. 1434년, 구텐베르크는 고향 마인츠를 떠나 스트라스부르로 가서 본격적으로 인쇄술을 연구했다. 그는 부친이 일하던 조폐국의 금화 제조법을 인쇄술에 응용했던 것으로 추정된다. 구텐베르크는 마찬가지 방법으로 만든 주형에서 제작한 인쇄용 금속활자를 나무틀에 하나하나 심어서 조판하는 방법을 고안했다. 구텐베르크는 그렇게 만든 활판을 인쇄기에 놓고 세게 압착해서 종이에 찍어냈다. 오늘날 '인쇄기'(press)를 가리키는 단어는 원래 포도주나 올리브유를 만드는 '압착기'(press)를 말한다. 수백 년 넘게 수많은 개선을 통해 이루어진 인쇄기술은 오늘 현대사회에 유산으로 전해진 것이다. 인쇄 과정에서 활자의 배열, 행간의 조절, 용지의 두께, 잉크의 농도 같은 사소한 문제조차도 일일이 따져보고 실험한 끝에 새로운 인쇄술에 대하여 존 맨은 1440년경으로 보고 있다.

1448년, 구텐베르크는 마인츠로 돌아와 고향집에 인쇄소를 차렸다. 구텐베르크는 마인츠의 유력자인 요한 푸스트와 동업자 관계를 맺고, 푸스트의 양자인 페터 쇠퍼를 조수로 고용했으나 이들에 의하여 소송을 당하며 어려움에 직면하기도 한다. 1450년경, 구텐베르크는 자신의 업적 가운데서도 단연 최고로 손꼽히는 [구텐베르크 성경], 또는 [42행 성경]의 제작에 착수한다. 인쇄를 통해 필사본보다 정확한 성경를 보급하려는 의도였다.

이 성경은 최초의 인쇄본 가운데 하나이며, 탁월한 디자인과 레이아웃이 돋보이는 걸작 예술품으로 만들어 졌으며, 전2권, 총 1272쪽에 달하는 방대한 분량이다. '피지본'과 '종이본' 두 가지로, 모두 180질이 제작된 것으로 추정되며, 오늘날 그 중 48질이 남아 있지만 상태가 완벽한 것은 겨우 21질에 불과하다. 이 책의 가격은 가장 최근인 1987년에 경매에 나온 제1권 낱권(종이본)이 무려 540만 달러였다.

구텐베르크의 인쇄술이 가져온 '혁명'은 오늘날의 인터넷보다 결코 못하지 않았다. 구텐베르크 이전에는 2개월 만에 책 1권이 필사되었지만, 그 이후에는 일주일 만에 책 500권이 인쇄되었다. 1450년부터 1500년까지 반세기 동안 유럽 각국에서는 2000만권에 달하는 인쇄본이 간행되었다. 그야말로 정보의 대폭발이 일어난 셈이었다. 곧이어 정보의 양뿐만 아니라 질에서도 큰 변화가 생겨났다. 책이 널리 보급되면서 인류의 문자문화가 그 어느 때보다 더 막대한 영향력을 행사했다. 그는 타계했으나 구텐베르크 이후로도 인쇄술은 계속 발전했다.

1) 활자 인쇄기가 독일의 구텐베르크에 의해 1445년 경에 발명되므로 세계 문명과 문화적인 진보가 활발하게 발전하게 되었다.[119]

2) 구텐베르그를 이미 앞지른 한국의 인쇄 문화

a. 역사상 가장 위대한 발명가 가운데 한 명으로 손꼽히는 사람은 독일의 구텐베르그이다.

b. 우리나라에서는 그의 업적이 언급될 때마다 꼭 덧붙여지는 이야기가 있다. 즉 "한국의 인쇄 문화는 구텐베르크를 이미 앞질렀다"고 한다.

3) 미개척지역 발견 : 나침반 발명과 함께 세계의 미개척지역의 발견과 탐험이 활발해지면서 지리적인 확장과 왕래가 잦아지게 되었다.

4) 서방의 라틴문화가 동방 헬라문화와 아랍문화로 접속되므로 견문이 넓어지고 발명의 빈도가 잦아지고 퍼지게 되었다.

3. 발단과 중심 인물

1) 발단 : 르네상스는 이탈리아를 중심으로 일어났다. 그 이유는 교통

---

119) 구텐베르크를 이미 앞지른 한국의 인쇄 문화
역사상 가장 위대한 발명가 가운데 한 명으로 손꼽히는 구텐베르크지만, 우리나라에서는 그의 업적이 언급될 때마다 꼭 덧붙여지는 이야기가 있다. 즉 "한국의 인쇄문화는 구텐베르크를 이미 앞질렀다"는 것이다. 문헌에 따르면 고려 인종 때인 1230년경에 간행된 [상정예문]이 최초의 금속활자 인쇄본이지만 실물이 전해지지 않는다. 그다음으로는 1377년에 간행된 [불조직지심체요절] 인데, 1877년에 서울에 체류하던 프랑스 외교관이 구입했던 이 책의 '하권'이 프랑스 국립도서관에 소장되었다가, 1972년에 세계 최초의 금속활자 인쇄본으로 인정되었다. 구텐베르크의 [42행 성경]보다 무려 80년 앞선 쾌거였다. 이것만 놓고 보아도 우리는 구텐베르크보다 앞선 인쇄 문화를 보유했던 문화민족으로서의 자부심을 가질 만하다.

편리, 경제적, 정치적 자유 등을 들 수 있다.

2) 중심 인물

a. 단테(Dante Aligheri, 1265~1321)-「신곡」 「신곡」

b. 페트라르카(Petrarca, 1304~1374)-로마의 계관 시인, 라틴 문학, 키케로 문학 연구

c. 보카치오(Boccacio, 1313~1374)-「단테 전기 「데카메론」

d. 레오나르도 다 빈치(Leonardo da Vinci, 1452~1519)-화가, 과학자 〈성만찬〉

e. 라파엘(Raphael, 1483~1520)-교황청 초청으로 벽화 제작 〈성모자〉

f. 미켈란젤로(Michael Angelo, 1475~1564)-조각가, 화가 〈성모상〉

4. 종교와 도덕의 새로운 부흥

1) 대학 설립 : 독일에서는 150년 동안 17개 대학을 설립했다.

2) 교육개혁 단행 : 벳셀(Wessel), 루돌프 아그리콜라(Rudolf Agricola), 브란트(Brand)에 의해 교육 및 개혁이 단행되었다.

3) 신약을 헬라어로 번역

a. 에라스무스-강단에서 신약을 처음으로 헬라어(그리스어)로 번역하여 사용하게 했다.[120]

---

120) 김의환, 기독교회사, 서울: 총신대학출판부, 1998, pp.242-245. 에라스므스는 자유

b. 존 콜레트(John Colet, 1466~1519)-옥스퍼드 대학 교수, 우화적 신학을 타파하고 나섰다.

4) 유토피아 저술 : 토마스 모어(Thomas More, 1478~1525)-「유토피아」를 저술했다.

5. 영 향

1) 신약 성경의 헬라어 번역은 현대 문화 발전에 크게 공헌했다.

2) 성경 원어 출판으로 그에 따른 성경 주해가 활발하게 전개되었다.

a. 당시(종교개혁 이전까지)의 성경 해석은 교황과 주교 감독만 행하는 특권적이었다.

b. 만약 평민이나 하부 사제가 성경을 해석하면서 설교하고 강의하면 그 행위는 가장 극한 형벌에 처해 졌다.

3) 제도와 권위에 반항, 개인주의가 발전하고 하부 계급사회가 정당한 부흥의 시기를 맞았다.

사상가이자 학문에 조예가 깊은 사람이었다. 위클리프와 존 후스 후에 과연 종교개혁이 일어날지 모두가 의심할만한 정서가 팽배한 상황이었다. 로마가톨릭 교회는 약 1000년 동안 라틴어 번역본 불가타 성경을 사용하고 있었다. 이 때, 에라스무스는 헬라어 신약 성경을 처음으로 번역하여 내 놓았다. 당시 교회가 헬라어 원문을 대조한 결과 진리와 교리에서 크게 벗어난 점을 발견하게 된 것이다. 이러한 계기로 말틴 루터의 마음에 종교개혁이라는 불씨를 당긴 사람이다.

iii. 종교개혁 이전의 개혁자들

1. 이전 개혁자들에 대한 구분

1) 교리적 개혁자-존 위클리프/ 존 후스
2) 실제적 개혁자-사보나롤라/ 왈도
3) 신비적 개혁자-엑하르트/ 토마스 아켐피스/ 존 벳셀

2. 사보나롤라

1) 생애와 업적

a. 사보나롤라는 프랑스 리용에서 출생한 부자 상인이었다.
b. 그는 성경과 기독교 문서의 번역사업에 집중하고 거기에 올인했다.
c. 1177년 자신의 사유재산을 팔아 빈민을 구제하고 복음전도 운동을 시작했다.

2) 사보나롤라를 감동시킨 말씀

사보나롤라는 다음의 말씀에 크게 감화를 받았는데, 그가 본 말씀 안에 내포된 몇 가지 교훈의 원리에 강한 심적인 울림을 받았다.

> "어떤 사람이 주께 와서 가로되 선생님이여 내가 무슨 선한 일을 하여야 영생을 얻으리이까 예수께서 가라사대 어찌하여 선한 일을 내게 묻느냐 선한 이는 오직 한 분이시니라 네가 생명에 들어가려면 계명들을 지키라… 그 청년이 가로되 이 모든 것을 내가 지키었사오니 아직도 무엇이 부족하니이까 예수께서 가라사대 네가 온전하고자 할찐대 가서 네 소유를 팔아 가난한 자들을 주라 그

리하면 하늘에서 보화가 네게 있으리라 그리고 와서 나를 좇으라 하시니 그 청년이 재물이 많으므로 이 말씀을 듣고 근심하며(주 앞을 떠나) 가니라"(마태복음 19:16-22)

3) 사보나롤라의 실제 삶을 살게 하는 교훈

〈Table-16〉 **사보나롤라의 실제 삶을 사는 교훈의 원리**

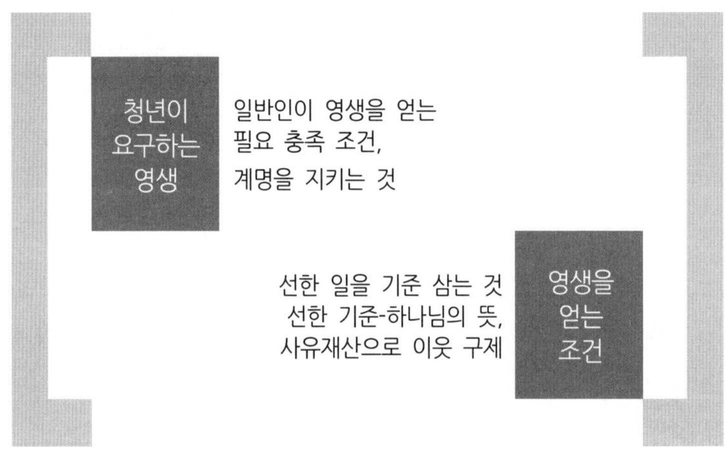

청년이 요구하는 영생
일반인이 영생을 얻는
필요 충족 조건,
계명을 지키는 것
선한 일을 기준 삶는 것
선한 기준-하나님의 뜻,
사유재산으로 이웃 구제
영생을 얻는 조건

a. 하나님은 눈에 보이지 않는다. 세속적인 조건들은 당장 눈앞에 보이고, 그 조건들은 훨씬 유익한 면을 앞세우면서 다가서고 있다.

b. 하지만 보이지 않는 조건들은 실존적인 자신의 존재에게 평안함을 제공해 준다는 사실을 사보나롤라는 이 말씀에서 깨달았다.

c. 조건적인 행위로 구원을 이루려는 것이 아니라, 참믿음의 조건으로만 구원을 이루는 교훈에 착념(着念)하는 실제적인 삶이 무언가를 간파하고 있었기에 개혁주의적인 실제적 삶을 잉태하듯 살았다.

d. 그런 삶을 자신의 사유재산을 넉넉한 마음으로 팔아치우고 예수 그리스도의 교훈대로 교회사적인 삶의 현장에서 실천에 옮겼다. 그리고

그 본을 보이면서 종교개혁 이전의 한 생을 살면서 그 영향력을 자연스럽게 종교개혁까지 끼치면서 살았다.

4) 사보나롤라의 박해

a. 사보나롤라는 1184년 이단으로 몰려 파문당했으나, 그의 개혁자적인 삶의 영향력은 스페인, 남부 독일, 이탈리아에 널리 퍼졌다.

b. 그는 1197년 보헤미아에서 사망하면서 개혁자의 삶을 마감했다. 그러나 종교개혁 이전의 고난의 삶과 중세교회사에서 커다란 빛이면서 빛의 가치를 인정받지 못한 채 하나님의 부르심을 받았다.

3. 왈도(Waldo)파

〈Tablel-17〉 독일, 보름스 루터 기념공원, 피터 왈도(발데스)의 상(像)

1) 왈도파 기원

a. 설립자 : 독일은 '페트루스 발데스(Petrus Waldus)'라 하며, 불어권에서는 '피에르드보(Pierre de Vaux)'라고도 한다. 영어권은 '피터 왈도'(Peter Waldo)로 부르고 있다.

b. 형성 : 왈도파는 프랑스의 리용에 거주하던 피터 왈도에 의해서 12세기에 형성되었다.

c. 기원 : 왈도파는 프랑스 리용 지역에 거주하던 가난한 자들에서 그 기원을 찾을 수 있으며, 왈도파들은 사회의 저급층에서 급속도로 번져 나갔다.

2) 피터 왈도의 삶

a. 피터 왈도는 프랑스 리용 출신이며, 리용에서 고리대금업으로 부유한 상인이 되었다.

b. 그는 1160년경 갑자기 그리스도교에 귀의했다고 전해지고 있으며, 그가 소유한 부동산은 아내에게 주고, 나머지 재산을 모두 빈민들에게 나누어준 뒤 청빈한 생활을 했다.[121]

3) 왈도파의 주장

a. 오직 살아있는 성경만이 그리스도인의 신앙과 행위의 유일한 표준이라고 믿고 따랐다.

b. 그들은 주로 신약성경 말씀에서 산상보훈(Sermon on the Mount)을 지키기에 힘썼다.

c. 연옥설을 믿었으나, 죽은 자를 위한 기도나 예전을 취하지 않았다.

d. 1215년 교황 인노센트 3세의 박해를 받았으나, 이탈리아가 통일된 후에 이탈리아에서 가장 큰 단체로 성장하게 되었다.[122]

4. 존 위클리프(John Wycliffe, 1324~1384)

존 위클리프는[123] 교회사 선상에서 종교개혁의 '새벽 별'로 불렸다. 그만

---

121) https://terms.naver.com/entry.naver?docId=

122) Philip Schaff, Creeds of Christendom, New York, Charles Scribner's Sons, Vol. 3, 1890. p. 243.
왈도파-왈도파는 프랑스의 리용에 거주하던 피터 발데스에 의해서 12세기에 형성된 리용의 가난한 자들'에 그 기원을 두고 있다. 왈도파들은 사회의 저급층에서 급속도로 번졌다.

123) 김의환, 기독교회사, 같은 책, pp.243. 존 위클리프는 종교개혁의 새벽별로 불릴 만

큼 위클리프의 위상은 중세교회사에서, 그것도 종교개혁의 밝은 서광이 찬란하게 빛으로 떠오르기 이전에 짙은 어둠이 팽팽하게 깔려 있을 때, 그 어둠을 실 날처럼 비춰주던 새벽 별 같은 개혁자로서 존경을 받던 인물이다.

1) 생애

a. 영국 북부지방 요크샤이어에서 1324년 경 태어났다.

b. 당대의 최고 명문대학 옥스퍼드 대학 졸업 후 모교에서 철학과 신학교수로 강단에 서면서 동시에 목회사역을 감당했다.[124)]

c. 그는 궁정(宮廷) 목사로 재직하면서 영국 국왕의 사절로 프랑스에 파견되어 로마 가톨릭 교황의 사절단과 협상을 하기도 했다.

d. 그의 설교와 강의는 궁중에서나 학자, 그리고 일반 대중들에게 환영을 받았고 감화를 주었다. 그러나 그의 설교를 로마 가톨릭 사제들에게 외면당하거나 견제와 미움의 대상이 되었다. 위클리프는 사제들의 타락과 죄를 신랄하게 비판했기 때문이었다.[125)]

e. 14세기 당시는 라틴어 성경밖에 없었지만 라틴어 귀재(鬼才)였던 그는 모국어인 영어로 성경을 최초로 번역한 인물로서 성경 번역사에서 결코 지울 수 없는 역할을 감당했다.[126)]

큼 종교개혁 이전 인물로 개혁사상이 투철한 사람이었다. "루터와 칼빈을 일컬어 종교개혁의 아버지라 한다면 위클리프는 종교개혁의 할아버지라고 일컬어 진다."(D' Aubingne)고 했다.

124) 리처드 코시니, 이혜림 역, 성경과 함께 읽는 기독교역사 100장면, 서울:도마의 길, 2010,pp.145-146.

125) 정성구, 교회의 개혁자, 요한 칼빈, 서울: 하늘기획, 2009, p.32-33.

126) 이선화, 신약성경개론, 서울: 러빙터치, 2022, pp.113-124(영어성경번역, 14-17세기). 종교 개혁자들의 공헌 가운데 하나는 성경이 특정한 학자나 사제들만의 전유물을 만드는 것에 철저하게 반대한 것이다. 성경이야말로 만인을 위한 살아 계신 하나님의 말씀임을 강조함으로 묻혔던 성경을 역사 위에 재출현하게 했다.

1. 존 위클리프 (John Wycliff, 1380)-라틴어를 기반으로 최초 영어로 번역했다.
* 종교개혁 불을 당긴 최초의 영어성경 번역-종교개혁의 횃불이 타오르기 전 신구약 성경 전체가 위클리프(John Wycliff에 의해 1382년에 영어로 처음 번역이 되었다. 1384년 그가 죽은 후 푸비(John Purvey)에 의해 개정판이 나왔다. 그 개정판은 지금 까지도 약 200권 정도가 남아 있으나 30권을 제외한 나머지는 모두 이 때 출판된 것이다.
* 존 위클리프의 화형-위클리프는 1415년 콘스탄스 회의(The Council of Constance) 결정으로 이미 죽어 땅 속에 묻힌 그의 시체를 다시 파내 화형을 시킨 후 템즈강에 뿌렸다.
2. 윌리암 틴델(William Tyndale, 1515)-위클리프의 번역을 많이 참고했다.
영어 성경이 활발하게 출판되기 시작한 것은 윌리암 틴델William Tyndale에 의해 이뤄졌다.
* 틴델이 성경을 번역한 과정-*1525년 퀼른(Kolen)과 보름스(Worms)에서 처음 인쇄되었다. * 1530년 틴델은 마르버그(Marburg)에서 모세 오경을 번역 출판하였다. * 1531년에는 안트베르프(Antwerp)에서 요나서를 번역 출판하였다. * 1534년에 신약 개정판이 나왔고 1535년에 신약의 신판이 나왔다.
* 틴델의 성경에 대한 금서조치-*로마 가톨릭은 틴델의 번역을 루터주의(Lutheranism)와 일치하는 것으로 판단하여 그를 체포하여 투옥한 후 1536년 10월 6일 처형되었다. 틴델의 성경은 금서로 명하고 모조리 불태워졌다.
* 영어성경에 끼친 틴델의 영향력-영어 성경 번역판은 틴델의 번역에 크게 영향을 받고 있으며 흠정역(King James Version)도 신약 성경의 92%가 틴델 성경에서 온 것이다. 그가 헬라어나 히브리어 학자는 아니었지만 인쇄된 영어 성경을 인정한 최초의 인물이 되었다. 이후 성경 번역의 문이 한 번 열린 이후 16세기에 처음 30년간은 성경 번역이 급속도로 퍼져갔다.
3. 커버데일(Miles Coverdale,1535)-위클리프를 많이 따랐다.
1535년에 카버데일 Coverdale 개인이 번역한 영어 성서도 외경을 구약과 신약 사이에 부록으로 편집하였다.
4. 마태의 성경(Matthew's Bible, 1537)-영어 성경으로 두 번째 완역이 되었다.
틴델역의 부족을 커버데일 역으로 보충하고 약간의 수정과 약주를 달았다. 이 성경에 면허가 허락되어 최초의 자격을 가진 영어 성경이 되었다.
5. 위대한 성경(The Great Bible, 1538-39)-헨리 8세 때 매튜 성경을 개정했다.
마태의 성경에 있는 다듬어지지 않은 말들을 제거하고 교회에서 사용할 수 있는 성경을 만들기 위해 크롬웰(Cromwell)은 만족할 만한 성경을 만들게 된 것이 위대한 성경을 만든 동기이다. 위클리프의 뼈가 화장된 지 14년이 지난 1539년 4월에 이 성경은 그 크기가 인정되어 '위대한 성경(The Great Bible)'으로 불려졌다. 이 성경' 은 영국인들에게 애독되었다.
6. 태버너 성경 (The Taverner Bible,1539)
리처드 테버너 (Richard Taverner)가 매튜 성경을 수정한 것이다.
7. 제네바 성경 (The Geneva Bible, 1557)-휘팅검(Whittngham)이 번역한 것이다.
당시 칼빈의 개혁 운동의 중심지인 제네바(Geneva)로 쫓겨 간 이들 중 성경 번역을 준비하여 출판한 것이다. 제네바 성경은 반 가톨릭적이며 칼빈주의적 색채가 농후한 성경으로 알려져 있으므로 청교도들에게 애독되었다.

f. 존 위클리프가 영어로 번역한 최초 영어 성경이 종교개혁의 불길을 당기는 불 소씨개 역할을 했다. 이에 당황한 로마 가톨릭은 그 성경을 모두 회수하여 불태우고 말았다.[127)]

g. 교황이 영국에 과중한 세금 부과와 영국 교회의 고위 성직자들의 타락을 지적하면서 비판했다. 이에 교황이 체포령을 내렸으나, 한편 왕실의 보호로 무사했다.

h. 존 위클리프는 런던 대회에서 이단으로 규정되어 대학을 사직하고 고향에 돌아와 목회사역에 전념하면서 당시 로마 가톨릭의 핍박으로 생을 마감했다.

i. 후에 콘스탄틴 회의(1414~1418)에서 그의 주장을 정죄하고 뼈를 불살랐다. 이때가 위클리프가 죽은 지 수십 년이 지났을 시기였다. 그가 생전에는 그의 추종자들 때문에 잠잠하다가 그의 사후(死後)에 그것도

---

8. 감독 성경 (The Bishop's Bible, 1568)-
대주교 파아카(Parker)가 8명의 감독과 함께 다른 학자들도 번역했다. 1571년 총회는 감독들의 집과 교회에 놓을 성경을 만들도록 결정했다. 이것이 영어 성경의 두 번째로 '권위 있는 성경'-Autherized Bible이 되었다. 그러나 감독의 성경은 번역과 인쇄의 오류가 많이 있었으나 엘리자베스 통치 동안 교회의 성경으로 받아들여졌다. 40년간 공적으로 사용한 영어 성경이다.
9. 로마교도 성경 (Donai Rheims, 1582-신약, 1610-구약)
로마 성도를 위한 번역 성경으로서 신약은 1582년, 구약은 1610년, 번역됐다.
10. 흠정 역-킹 제임스 버전(King James Version, 1611)-영어의 표준 성경 인정
1604년 햄톤 회의-Hampton Court Conference에서 존 레이놀드(John Reynold)가 새로운 번역을 제안하여 제임스 왕의 마음을 끌게 하여 마침내 왕의 명에 따라 번역에 착수하여 발행했다.
그 당시 많은 역본들이 나타남으로 신앙적 혼란도 야기되어 있으므로 통일을 가져와야겠다는 시대적 요청도 함께 나타나 있었다. 제임스 왕의 이름으로 발행된 이 성경은 오늘날까지도 알려져 왔다. KJV 흠정역 성경은 초기의 사본들보다는 후기의 텍스트에 기초해 있다.
* 리처드 코시니, 같은 책, p.146. 존 위클리프의 수준 높은 열정적인 강의는 많은 대학생들을 헌신케 했다.

127) 정성구, 교회의 개혁자, 같은 책, p.32.
본서에서는 존 위클리프에 대하여 "종교 개혁 전의 개혁자 존 위클리프는 성경 번역가"라고 소개하고 있다.

〈Table-18〉 **존 위클리프의 하나님 주권 사상**

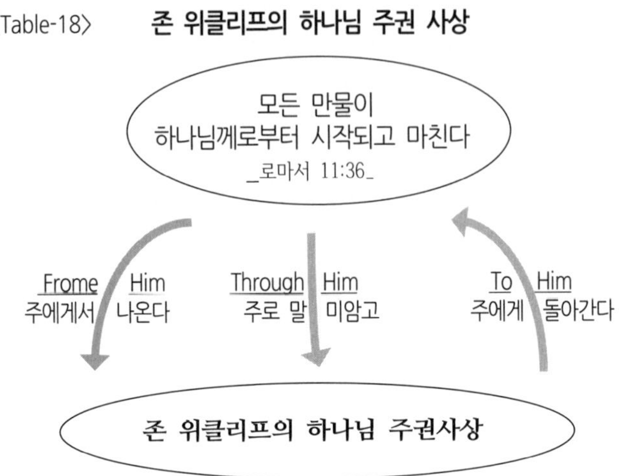
모든 만물이
하나님께로부터 시작되고 마친다
로마서 11:36
Frome Him
주에게서 나온다
Through Him
주로 말 미암고
To Him
주에게 돌아간다
존 위클리프의 하나님 주권사상

수십 년이 지날 무렵 그의 시신을 무덤에서 파내서 화장하고 뼈를 갈아서 템즈강에 뿌려서 저주하는 악행(惡行)을 저질렀다.

2) 신학

a. 존 위클리프는 성경만이 신앙의 유일한 표준이다. 다른 어떤 것도 인류의 표준이 될 수 없다고 했다. 그는 라틴어 성경을 영어성경으로 번역한 최초 번역가이다. 그의 신학이 성경중심적인 신학에서 비롯 되었을 것이다.

b. 로마 가톨리 교회가 판매하는 속죄권을 절대 부당함을 알렸다.

c. 세례와 성찬을 지키는 것을 더 중시했으며, 화체설을 부인했다.

d. 지상교회에서 교황이 아닌 그리스도가 교회의 머리라고 주장했다.

e. 성직자의 독신주의는 오히려 도덕적 죄를 낳게 된다고 비난했다.

3) 신앙에 입각한 말씀

존 위클리프의 믿음을 참조한 사항을 정리하면서 그의 신앙에 입각하여 그에 중심한 말씀을 소개한다.

"이는 만물이 주에게서 나오고 주로 말미암고 주에게로 돌아감이라 그에게 영광이 세세에 있을지어다" 아멘!
"For from Him and through Him and to Him are all things. To him be the glory forever! Amen"(NASB).

4) 하나님 주권사상

이해(understanding)-하나님 영광을 드러내는 극장(삶 무대)의 이해
근원(beginning)-우주 안의 모든 선한 것, 선의 유일함의 근거
순종(obedience)-하나님께 영광 돌리고 순응하는 삶[128]

a. 존 위클리프에게는 **하나님의 주권사상**(主權思想)이 강하다.[129] 이 사상은 성경적인 근원(beginning)에서부터 형성되는 '말씀 신앙'(Faith in words)이라고 말 할 수 있다.

b. 교황이 세속적인 정치에 관여하는 것을 잘못이라고 주장했다. 세속적인 정치는 권력(힘)을 동반하는 것이기에 그런 제도자체를 꼬집었다.

c. 사제의 주된 임무는 하나님을 중재하는 것이 아닌 성경을 선포하는 것을 요구하고 있다.

---

128) 리처드 코시니, 같은 책, p.144. 모국어로 성경을 읽고 깨달을 때 더욱 성경말씀이 이해되고 믿음이 발전된다는 것을 깨달았다.

129) 김의환, 기독 교회사, 같은 책, p.244. 하나님 주권사상은 오히려 칼빈 보다 더 강하다고 하여 칼빈의 사상적 선배로 본다.

d. 교회의 종교적 제도가 아니라 하나님과 개인적 관계가 더 중요하다고 말씀을 통해 변증했다.

e. 성도는 그리스도께서 하신 일로 인하여 하나님께 은혜를 입은 것이라고 예수 그리스도 중심사상을 외쳤다.

5. 잔(안) 후스(John Huss, 1367~1415)

1) 출생과 성장, 그리고 사역

a. 잔(안) 후스는 보헤미아의 후시네크에서 가난한 부모 밑에서 태어났다.[130] 후스는 가난에서 벗어나기 위해 기본 생존권을 위해 노력했다.

b. 한편, 그는 성직자가 되기 위해서도 열정적으로 훈련받았다.

c. 어린 나이에 그는 프라하로 가서 교회에서 노래하고 봉사하며 생계를 유지했다.

d. 평상시 그의 믿음 생활은 긍정적이었으며, 학업에 대한 열정적인 헌신은 주위를 놀라게 했다.

e. 잔 후스는 문학사 학위를 받고 사제 서품을 받은 후, 프라하에서 설교사역을 시작했다.

2) 신학 사상

a. 잔 후스는 체코의 신학자이자 철학자로, 개신교의 핵심 선구자였다.

b. 그는 보헤미안 종교 개혁을 주도하고 정통 개혁적 교리를 지켰다.

---

130) 종교개혁자 5명의 출생일은 다음과 같다: 위클리프, 1330년, 잔. 후스, 1372년, 루터, 1483년, 츠빙글리, 그리고 칼빈, 1509년.

c. 그는 개혁주의자로서 보헤미아 가톨릭교회의 교회론, 성직록, 성찬 예배, 기타 신학적 주제에 대한 가톨릭의 견해와 입장에 반대했다.[131)]

3) 개혁주의적 업적

a. 잔 후스는 1409년부터 1410년까지 프라하의 카를대학교에서 교수로 활동하며 자신의 인격을 단련하고 나중 총장의 자리까지 헌신한다.

b. 존 위클리프의 교회의 개혁정신에 감화를 받고 개혁운동에 나섰다.

c. 로마 가톨릭의 교황정치의 부패를 공격하고 속죄권 판매를 반대했다.

d. 개혁된 보헤미아 종교의 승인과 1세기 이상 후까지 말틴 루터에게 종교개혁에 대한 강력한 영향을 미치기까지 했다.[132)]

e. 교황의 핍박으로 신변의 위험을 당하게 되자 도피하여 그 와중에 오히려 「교회론」을 저술하게 되었는데, 로마 가톨릭의 이단성을 주장하기 위한 것이었다.[133)]

4) 종교 회의에서 이단 규정과 화형으로 순교함

---

131) 2. Lamport, Mark A.; Forrest, Benjamin K.; Whaley, Vernon M. (24 May 2019). Hymns and Hymnody: Historical and Theological Introductions, Volume 2: From Catholic Europe to Protestant Europe. Wipf and Stock Publishers. p. 227. Retrieved 21 January 2022.

132) The Reformers on War, Peace, and Justice. Wipf and Stock Publishers. p.5., 2022..
존 위클리프는 교회 개혁의 이론가로 생각될 수 있지만, 후스는 루터, 칼뱅, 츠빙글리의 선행자인 최초의 교회 개혁가로 여겨진다. 그의 가르침은 개혁주의 보헤미아 종교 교파를 형성하는 데 서유럽 국가들에 강력한 영향을 미쳤고, 한 세기 이상 후에 마르틴 루터 자신에게도 영향을 미쳤다.

133) 잔 후스는 교회론, 성찬예배, 기타 신학적 교리를 포함한 로마 가톨릭교회의 교리에 반(反)하는 이단으로 화형을 당했는데 그는 철저하게 성경에 입각한 개혁주의적인 사상을 지녔다.

a. 잔 후스는 콘스탄틴 회의에 소환되어 황제로부터 신변에 대한 안전을 보호한다는 약속을 받고 출두했다.

b. 로마 가톨릭 종교 회의는 잔 후스를 토굴에 감금하고 심문하다가 이단자로 규정하고, 1415년 7월 6일에 화형으로 사형을 집행했다. 그리하여 그는 종교개혁 이전의 순교자로 중세역사는 기록하고 있다.

5) 잔 후스당-개혁당 결성

a. 잔 후스가 처형된 후, '후스파'라고 알려진 보헤미안의 추종자들이 분개하여 장 찌시카(Jan Zizka(체코) Jean Ziska(프랑스)가 중심이 되어 개혁당이 결성되었다.

b. 잔 후스 개혁당은 프라하에서 가톨릭 군주를 선출하는 것을 거부했고, 종교개혁의 정신을 후대(後代)에 물려 주기도 했다.[134]

c. 1420년과 1431년 사이에 개혁당의 후스파는 5번의 연속적 전쟁을 통해 교황 십자군을 물리쳤다.

d. 보헤미아인과 모라비아인 모두 1620년대까지 후스파의 다수를 유지했다.

e. 그러나 백산 전투에서 개신교가 패배하여 보헤미아 왕가는 이후 300년 동안 합스부르크의 지배하에 놓이게 되었다.

f. 왕가는 가톨릭으로 복귀하려는 격렬한 운동으로 즉각적이고 강제적인 개종의 대상이 되었다.

---

134) Demy, Timothy J.; Larson, Mark J.; Charles, J. Daryl (23 September 2019). The Reformers on War, Peace, and Justice. Wipf and Stock Publishers. p.5. ISBN 978-1-4982-0698-3. Retrieved 21 January 2022.

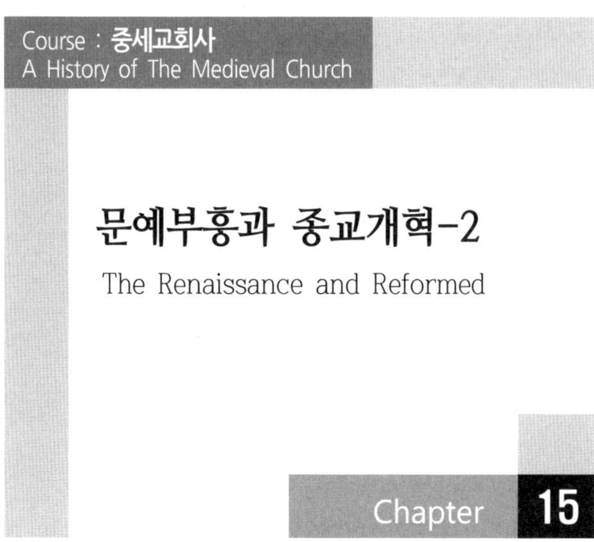

iv. 종교개혁의 파장

1. 종교개혁의 원인

로마 가톨릭 교회의 타락과 성직의 타락으로 인하여 휴머니즘이 발생한다. 개혁 전 개혁자 존 위클리프, 잔 후쓰 등의 개혁론이 종교개혁 이전에 큰 파장을 끼쳤다. 그후 교황 레오 10세의 속죄표 판매에 대한 말틴 루터의 개혁의 본격적인 봉기가 원인이 된 것이다.[135]

---

135) 교회의 부패-중세교회의 부패의 두 가지 요인을 일반적으로 니콜라주의와 시몬주의라고 부른다.
니콜라주의는 교회의 음란을 말하는데, 중세의 성직자들이 고백해야 할 부끄러운 면

2. 각 분파별 종교 개혁의 형태

1) 루터파 : 독일과 동부 유럽지역에 분포되어 있으며 교회와 그 형태에서 확정된 양식이 없었다.

2) 쯔윙글리파 : 스위스 취리히를 중심으로 독일어를 사용하는 스위스와 독일 남부 독일지역의 교회를 말한다.

3) 칼빈파 : 제네바를 중심한 불어를 사용하는 프랑스, 스코틀랜드, 네델란드 지역의 교회들이며, 장로교회 형태의 정치를 추구했다.

4) 영국 개혁파 : 영어를 사용하는 국가의 개혁파 교회를 말한다. 영국국교는 성공회이며, 가톨릭의 정치를 추구했다. 신앙의 내용은 개신교 교회를 지향(指向)했다.

5) 재세례파 : 서부 유럽의 대부분의 교회들이며, 침례교회 형태의 회중 정치를 추구했다.

모였으며, 시몬주의는 교회가 치장과 사치에 빠져서 재정적인 필요를 메꾸기 위해서 임시방편으로 도입한 추문이었다.

1) 니콜라주의-1139년 제2차 라테란회의에서 성직자의 결혼은 불법이며, 또한 무효라고 선언함으로써 트렌트회의를 거쳐서 현재에 이르기까지 유효한 교회법이 되었다.

2) 평신도 서임권 논쟁과 시몬주의-문제의 핵심은 중세는 샬레만뉴 이후로 토지를 근간으로 한 봉건 영주제도에 의한 국가로 성장하였다. 따라서 토지를 경작하는 시민들과 이들을 지키고 세금을 거두어들이는 봉건군주 사이에 맺어진 계약이 유럽을 지탱시켜 주는 기반이었다.

서임권 논쟁은 결과적으로 교황청의 승리라고 할 수 있으나, 교황청은 이 승리로 인해서 내부적인 부패에 빠져서 결국은 중세교회의 멸망원인이 되기도 하였다.

v. 말틴 루터와 종교 개혁

1. 말틴 루터(A.D. 1483-1546) 생애

〈Table-19〉 말틴 루터

1) 출생과 부모

a. 말틴 루터는 1483년 11월 10일 독일 작센 안할트 주(州) 아이스레벤(Eisleben)에서 태어났다.

b. 부친(광부) 한스 루터(Hans Luther)와 모친 마가레테 린데만(M. Lindemann)이며, 그의 모친 린데만은 독실한 신자였다.

2) 성장

a. 19세에 루터 부친은 아들의 사회적 성공을 위해 법률가가 되게 하려고, 에르푸르트(Erfurt) 대학교에 입학시켰다.

b. 루터는 교양학부를 마친 후 1502년 9월 문학 학사학위, 1505년 1월에 문학 석사학위를 받았다.

c. 예비학교를 마친 루터는 5월에 본격적으로 법률 공부를 시작했다.

3) '신부 되겠다'는 서약

a. 법학 전공 중 에르푸르트로 돌아가는 길이었다. 7월 2일, 슈토테르하임 근처에서 무시무시한 벼락이 옆에 떨어지는 순간, 말틴 루터는 땅에 엎어지며 '신부가 되겠다'고 소리 질렀다.

b. 부친은 분노하면서 아들 루터가 신부(사제)되는 것을 반대했다. 7월 17일, 에르푸르트에 있는 '어거스틴 은둔자 수도회' 소속 '검은 수도원'에 입회하여 수사 신부가 되었다.

c. 수도원에서 루터를 비텐베르그 대학에서 계속 공부하도록 후원하여 논리학, 물리학 교수를 거쳐 신학 교수가 되었다.

4) 로마 여행과 생애 마감

a. 1511년 수도사 회의 사명을 띠고 로마 여행했다. 그 기간에 로마 가톨릭 교회의 여러 가지 부조리를 목격하게 되었다.

b. 말틴 루터는 1512년 비텐베르그 대학교의 신학 박사가 되었다.

c. 1525년 카타리나 폰 보라(Ktharina Von Bora) 수녀와 결혼하였다.

d. 1546년 2월 18일 하나님의 부름을 받아 세상을 떠났다.

2. 종교개혁 사역

1) 속죄표와 95개 논조

a. 종교개혁의 발단-교황 레오 10세의 속죄표 판매에 반대하여, 1517년 10월 31일에 95개조 반박 논조로 로마 가톨릭 교회의 교황에 항거했다.

b. 종교 개혁에 대한 반대하는 95개 논제를 비텐베르크성(城) 교회의 문에 내걸었다.

2) 루터를 추방하는 '추방장'

a. 추방장-에크(John Eck)의 재빠른 고발에 따라 교황이 카톨릭 교회

의 권위로 가톨릭 교회에서 추방하는 '추방장'을 발부하여 보냈다.

b. 말틴 루터의 저서를 불태우라.

c. 말틴 루터가 60일 이내 로마 가톨릭 교회에 대항한 죄를 회개하지 않으면 그 일당까지 체포한다.

d. 루터는 1520. 12. 10 대학에서 교수와 학생들을 모아놓고 추방장을 불태워 버렸다.

〈Table-20〉 95개조 항의문

3. 95개조 항의문
Die 95 Thesen [136)]

1) 대의

a. 속죄표는 하나님의 징벌을 없이 할 수 없다. 오직 교회의 권위와 말씀을 근거로 정죄할 뿐이다.

b. 속죄표는 죄를 사할 수 없다.

c. 죄인이 하나님께 의당히 받는 심판(형벌)을 속죄표가 대신할 수 없다.

d. 연옥에 있는 영혼에게는 속죄표의 효력이 없다.

e. 죄를 참회하여 구원 얻은 자는 하나님께 사죄함을 이미 받았으므로 속죄표가 필요 없다.

---

136) * 라틴어:Disputatio pro declaratione virtutis indulgentiarum. 1517. (Weimarer Ausgabe, I, S. 233-238).
* 독일어:Die 95 Thesen.(Buchwald, Georg. Doktor Matin LUTHER Ein Lebensbild fuer das deutsche Haus. Leipzig und Berlin: Druck u. Verlag von B. G. Tuebner, 1914. s.103-110).
* 영어:An English Translation of the Ninety-five Theses(Luther`s Ninety-fiveTheses, St. Louis, Mo.:concordia Publishing Houres, n.d. pp.17-35).
* 한국어:루터의 "95개조 논제" 본문 (지원용 옮김, 말틴 루터, 컨콜디아사, 1987).

f. 선행, 공로 , 보화가 무엇인지 평신도가 깨달을 수 없으며, 그 보화 창고는 하나님의 은혜와 영광을 가르친 복음뿐이다.

g. 교황은 예수 그리스도의 공로나 성도들의 공로를 팔 권한이 없으며, 정죄도 죄를 사할 수 있는 권한도 없다.

2) 주제별 내용

a. 서론 1-7

b. 연옥에 있는 자 사면 문제 8-29

c. 살아 있는 자 사면 문제 30-80

d. 평신도로서 반대 81-91

e. 속죄표 판매 동기의 잘못 지적 92-95

3) 95개 논제-반박문 내용 요약

말틴 루터는, "우리의 주님이시며 선생이신 예수 그리스도께서 '회개하라'고 하실 때, 그는 신자들의 전 생애가 참회되어야 할 것을 요구하셨다"라고 논제(제1조)를 시작한다.

a. 그는 자신의 복음의 재발견을 면죄부 문제에 적용하여 "교회의 참 보고(寶庫)가 하나님의 영광과 은혜의 거룩한 복음"(제62조)이라고 역설한다.

b. 면죄부는 그리스도의 십자가에 나타난 용서의 자비에 비할 바가 아님을 천명하였다(제68조).

c. 마지막 논제(제95조)에서 루터는 그리스도인은 면죄부와 같은 행위의 의가 아니라 '오히려 믿음으로 많은 고난을 통해 하늘나라에 들어간다'고 결론을 내린다.

4. 사상과 저서

1) 사상

a. 경험적 , 실제적, 종교 탐구
b. 성찬은 공제설(共在說, 화체설) 주장
c. 3대 주장
① 이신득의(以信得義)-믿음으로 의롭게 된다.
② 만인 제사장(信者皆祭司長)-믿는 자는 모두 제사장이다.
③ 성경(聖經)의 권위-최종적인 권위에 복종한다.

2) 저서

a. 1520. 5. 선행론(善行論, 선행은 오직 신앙에서 나온다)
b. 1520. 8. 독일 크리스천 귀족에게 고함(교황청 부패를 지적하다).
① 교황의 세속권(世俗權) 지배 반대
② 교황만의 성경 해석권 반대
③ 교황만의 회집권(會集權) 주장 반대
c. 1520. 10. 교회 바벨론 포로(성도는 모두 제사장, 성찬 세례, 참회만 예전)
d. 1520. 11. 그리스도인의 자유(로마서를 토대로 한 이신득의 교리)

5. 루터와 보름스(Warms) 국회

1) 1521년 1월 25일 카알(Karl) 5세가 보름스(Warms)에서 국회를 소집했다.

2) 의제-말틴 루터 처리 문제를 중요한 의제로 다뤘다.

3) 교황 특사-알렉산더(Alexander)에게 권한을 위임했다.

4) 말틴 루터를 국회로 소환(출두)

a. 카알 5세가 신변안전 보증서를 발부하여 소환했다(로마 가톨릭주의자 살해 위협).

b. 루터는 죽음을 각오하고 3월 26일 출발했다.

c. 도중에 군중들의 환송을 받았다.

d. 찬송가 〈내 주는 강한 성이요〉를 작곡하여 불렀다.

5) 국회의 심문(4월 17일)

a. 25권의 저서가 루터(자신)의 것인가? (그렇다!)

b. 종교개운동과 저서를 통한 주장을 취소할 수 없는가?
(진리가 아니라는 것을 성경으로 증명하기 전에는 종교개혁 운동을 취소할 수 없다)

6) 황제의 명령

a. 루터는 저술(著述)을 금한다.

b. 루터는 죄인이다. 그와 만나는 자도 처벌한다.

7) 루터는 4월 26일 귀가 도중 친구의 성으로 납치된다.
이것은 그 친구가 그의 신변을 보호하는 조치였다.
신변을 보호하는 그 성에서 말틴 루터는 성경 번역에 착수한다.

6. 성경 번역

1) 1521년 1월 착수하여 1522년 3월 완역한다,
2) 1543년 발행하여 14회 정정하면서 계속 보급했다.

vi. 독일의 종교개혁 운동

1. 멜랑톤(Philipp Melancthon 1497-1560)

1) 21세부터 대학의 어학 교수로 활동했다(히브리어, 그리스어-헬라어).
2) 성격이 온유 겸손하고 강직하므로 혁명적인 루터의 유일한 동지였다.

3) 저서-[신학 통론]

a. 권위는 성경에 있다.
b. 신앙-예수가 우리 죄를 위해 죽으심을 확신하는 것이다.
c. 예전-세례와 성찬식 인정했다.

2. 과격파와 온건파

1) 온건파 : 에라스무스(루터의 개혁운동이 과격하다고 비판)
2) 과격파

a. 카알시타트(Karlstadt)-독신주의, 성상 숭배, 성찬식, 제사 등 반대
b. 토마스 뮌쩌(Thomas Munzer) 등 3인.
① 유아세례 부인

② 성경과 교리를 가볍게 여김
③ 사회 조직의 개혁을 강조
④ 세상 종말이 가까웠다고 세대 혼란 주장

3) 루터의 방문 : 1522년 3월 바르트부르그(Wartburg)에 체류했다.

a. 8일 간의 설교로 혼란과 질서를 완전히 회복(과격주의 배격)
b. 많은 수도사와 일반 귀족들의 지지를 얻었다.

vii. 존 칼빈의 종교 개혁

1. 존 칼빈

〈Table-21〉 John 칼빈

"루터는 단단한 바위산을 다이나마이트로 폭파시킨 사람이라면, 칼빈은 루터가 깬 바위에 글자를 새긴 사람이다"라고 했다 (Philip Schff).137)

1) 칼빈의 출생

a. 존 칼빈(프랑스어:Jean Calvin, 1509년 7월 10일-1564년 5월 27일)은 장로교를 창시한 프랑스의 개신교 신학자이자 종교개혁자이다.

b. 1509년 7월 10일 파리 동북부에 소재한 노용(Noyon)에서 부친 제라드(Jean Gerad)와 모친 쟌느 르프랑(Jeanne Lefranc) 사이에서 5형

137) 정성구, 교회의 개혁자, 요한 칼빈, 서울: 하늘기획, 2009, p.14.

제 중 둘째로 출생했다.

c. 부친은 노용 시의 법률가, 감독 서기 겸 보좌관으로 근무했으며, 모친은 신앙이 경건한 정숙한 여인이었다. 칼빈은 모친에게서 신앙의 경건성을 물려받았다.

2) 칼빈이 배운 학업

a. 1523년 8월 파리대학에 입학하여 라틴어, 철학 , 인문, 과학 등을 공부했다.

b. 오르레앙대학과 부르쥐학을 오가며 법과로 전학하여 졸업했다.

c. 부친이 사망하자 히브리어, 헬라어를 전공했다.

2. 칼빈의 회심

존 칼빈은 1529-30년 초 사이에 회심을 경험했다.

> "나는 아버지를 기쁘게 하기 위해 법률을 공부했다.
> 그러나 종교(교황)의 미신에 빠져있을 때, 아무도 나를 어둠의
> 진창에서 끌어 올릴 수 없었지만 하나님의 은밀하신 섭리로
> 갑자기 회심을 하게 되었다. 나의 회심은 어리고 미숙한
> 시절에 나를 인도하신 하나님의 은총이었다."

3. '기독교 강요' 집필

1) 파리대학(세계 최초 대학) 학장 취임 연설문 작성

a. 1533년 11월 11일 칼빈의 친구 니콜라스 코프(Nicholas Cop)가 파리대학 학장으로 취임했다.

b. 친구의 취임 연설문을 존 칼빈이 대리로 작성해 준다.

c. 그 기초 내용은 복음주의를 강조한 것이다(루터, 에라스무스 개혁사상, 복음주의 사상 피력).

d. 그 결과 로마 가톨릭의 반발과 체포의 압박으로 친구 코프는 바젤로 피난하고, 칼빈은 알궐렘(Anguleme)의 뒤 털레(Du Tillet)의 집에 피신하였다.

e. 이곳(집)은 은퇴 교역자의 집으로 많은 장서가 있어서 , 한 겨울을 머물며 존 칼빈이 기독교강요 등을 저술하는데 윤곽을 잡았다.

4. 기독교강요 집필 완료

a. 존 칼빈은 1535년 바젤에서 기독교 역사에 있어서 불후의 최대 명저(名著)인 [기독교 강요](Institutes of The Christian Religion) 저술 작업을 마쳤다.

b. [기독교 강요](Institutes of The Christian Religion) 초판을 라틴어로 발행하기 시작했다.

5. 제네바 개혁과 임종

1) 칼빈의 개혁 활동

a. 칼빈은 스트라스부르로 가는 도중 제네바에서 파렐(W. Farel)을 만나 제네바에 영원히 머물며 개혁사역에 열정을 바쳤다.

b. 1540년 8월 네덜란드에서 피신해 온 과부와 결혼하였다.

c. 칼빈은 신체가 몹시 허약했지만 분주한 개역사역을 추진해 갔다.

① 수년 간 1일 1식(一日 一食)올 했다.

② 매일 설교사역을 쉼 없이 행했다.
③ 주중에는 3회 신학강의를 하고 저술 작업을 계속 했다.
④ 외국의 신앙 동지들과 교제하는 등 과로 중에 개혁을 지속했다.

2) 칼빈의 임종

a. 1564년 5월 24일, 존 칼빈은 55세라는 결코 길지 않은 생애를 마치고 임종했다.

b. 칼빈이 임종하는 순간, 그의 주변에는 개혁의 동지들이 임종을 지켜주었다.

6. 제네바의 개혁 운동

1) 개혁 전의 정치 조직

a. 스위스 제네바시는 자치권(right of autonomy)이 있었다.

b. 제네바 시정(市政)은 세 종류의 의회(평의회 , 200인 의회 , 시민총회)에 의해 운영되어 갔다.

2) 제네바의 개혁 운동

a. 1521년 경에 루터의 저서가 제네바에 전달되어 개혁 운동의 기운이 가득하였고, 1532년에는 시민들의 동요가 있었다.

b. 파렐(Farel)의 베른 개혁 운동이 성공하여 제네바 개혁당에게 힘과 자극을 주었다(파렐, 칼빈의 20세 연장자, 칼빈과 함께 1535. 8월 시의회 개혁 주도).

① 200인 의회는 가톨릭의 미사를 금했다.
② 풍속 개량과 규율을 엄격히 지켰다.

c. 파렐과 칼빈의 개혁 운동

① 칼빈은 3 인의 목사 중 1인
② 시민의 반항으로 의회는 파렐과 칼빈의 추방을 결의함.
③ 스트라스부르에서 3년간 성경 주석 집필
④ 1541년 신파의 집권으로 다시 제네바에 초청되어 23년간 머무르며 개혁운동에 전력을 쏟았다.
⑤ 처음 13년 동안은 고전했으나, 후기 10년은 성공적인 개혁 사역을 전개해 갔다.

7. 칼빈의 개혁 사역 원리

칼빈이 제네바를 통치하는 이상(理想)은 '정교일치'(政教一致)-정치와 종교를 하나로 조화시키는 신정(神政) 건설에 있었다.

1) 교회법 제정

a. 교회 정치 : 교회를 국가의 간섭에서 분리하여 완전히 배제시켰다.

b. 교회 직원 : 이 제도는 오늘 현대교회에서 거의 사용하고 있다.

① '목사'는 목사회가 선정하고 시의회에서 심의한 후 교회의 동의로 결정된다.
② '교사'는 신학교에서 가르치는 교수직을 포함한다.
③ '장로'는 교회의 정치적인 문제를 담당한다.
④ '집사'는 회계와 구제사업을 담당한다.

c. '교인'으로서 제네바의 전 시민은 개신교 신자로서 신앙고백을 해야 한다.

2) 평의회 조직

a. 목사 5인 , 장로 12인으로 조직된 풍속, 도덕, 취체 기관으로 매주 1회 회집하였다.

b. 칼빈은 목사 회원이었으나 성경 해석자로 특별한 지위를 가졌다.

c. 교회 추방권이 있었고 1542-46년 사이에 58명 사형, 76명 추방을 집행했다.

d. 제네바의 산업적인 부흥을 위하여 견직 공업을 장려했다.

e. 제네바 시민의 교육을 위해 [제네바대학]을 설립했다.

8. 칼빈의 저술 활동[138]

1) 기독교 강요 : 성경을 체계적으로 조합한 기독교 역사상 불후의 명작을 저술했다.

2) 신구약 성경주석 : 당대 목회자의 목회지침서, 현대 주경신학의 표준서를 저술했다.

3) 교리문답서 : 유럽의 개혁교회에서 객관적으로 사용된 신앙고백서를 저술했다.

4) 설교집 : 칼빈의 신학사상을 이해는 책, 기독교 강요와 같이 중요한 저서를 발간했다.

5) 세네가의 주석서 : 칼빈이 23세에 출간한 주해서이다.

6) 서간집 : 유럽 왕, 제후, 신학 교수, 목회자, 개혁 동지에게 보낸 개혁사상 문학집을 저술했다.

---

138) 정성구 지음. 교회의 개혁자. 요한 칼빈. 서울 하늘기획. 2010. pp.88-92.

9. 칼빈의 신학사상

1) 그의 신학 사상

a. 신학의 기초는 '하나님의 절대 주권'과 '하나님의 섭리'를 주장했다. 그리고 인간과의 밀접한 관계에 두었다.

b. 칼빈의 성찬론에 대한 신학적 판단은 '영적 임재설'을 주장했다.

2) 칼빈 신학의 5개 신조-T|U|L|I|P

a. 인간의 전적 타락 Total Depravity

b. 무조건적 선택 Unconditional Election

c. 제한적 속죄 Limited Atonement

d. 불가항력적 은혜 Irresistable Grace

e. 성도의 견인 Perseverance of Saints

10. 칼빈이 유럽에 끼친 사상적 영향

유럽의 개혁자, 정치가, 신학자, 목회자에게, 그의 설교는 스위스, 프랑스, 영국, 스코트랜드 등에서 영적 감화를 끼쳤다. 이것은 영적 감화를 넘어선 영적 감탄의 수준이라고 말하고 싶다.

1) 영국

a. 청교도들에 의하여 카톨릭 식의 의식과 미신적 행위 반대하고 성경적 개혁적 예배를 따랐다. 이 청교도 운동은 칼빈주의 영향에서 온 것이다.

b. 청교도 핍박 : 신앙이 반(反) 국교적 신앙운동이라 해서 정부 국교회(성공회)의 핍박을 받았다.

c. 신앙의 자유를 찾아 아메리카 신대륙을 찾아 청교도는 미국을 건설하게 된다.

d. 청교도 운동의 인물 배출

후퍼(Hooper), 험프리(Humphrey), 밀톤(Milton), 존 번연(J. Bunyan) 등을 배출했다.

2) 스코틀랜드

a. 패트랙 해밀번(Patrick Hamiton)과 조지 위서트(G. Wishart)에 의해 개혁의 봉화가 일어났다.

b. 존 낙스(John Knox)는 칼빈에게 교육받았던 강의 노트로 귀국하여 스코틀랜드 개혁운동을 전개하였다.

c. 그 결과 1560년 스코트랜드 개혁교회가 법적으로 인정하여 장로교 신조로 장로교 국가가 되었다.

3) 프랑스

a. 휴그노(Huguenots) 파가 활동, 그 중심 인물은 페르페였다.

b. 세계 최초로 설립된 파리대학에서 칼빈주의 신조를 채택했다.

c. 1572년 성 바돌로매(St. Bartholomew) 전야제에 휴그노의 대량 학살이 있었다.

d. 1598 년 앙리 4세의 난트(Nantes) 칙령에 의하여 개신교의 자유를 획득하였다.

4) 독일

독일 남부지방에서 칼빈주의 신학사상을 기초하여 [하이델베르그 문답]을 작성했다.

11. 칼빈 사상이 발전한 원인

1) 개혁신학에서 칼빈 사상의 원리가 통일적이다

2) 교회의 기치가 선영하다. 칼빈의 교회 정치는 세계 각국에서 사용해도 효율적인 면이 많다.

3) 기독교 생활 훈련에 치중하여 실효를 거두었다.

4) 재세례파 , 루터파 , 쯔빙글리파를 넓게 포용하였다.

5) 훌륭한 데오도르 베자(Theodore Beza)와 같은 후계자가 있었다.

12. 개혁자의 신학

개혁자들의 신학을 여러 가지 각도에서 분석할 수 있으나 가장 기본적인 것을 도표화 하면 다음과 같다.

viii. 종교 개혁의 장점과 단점

1) 장점

a. 중세기의 서방교회를 비롯한 모든 교회가 초대교회의 성경의 근본사상으로 환원(還元)한 것이다.

b. 로마 가톨릭의 교황제도의 우상화와 의식화한 예전만이 추구하면서 교황을 절대화하여 교권주의로 흐르던 형태를 성경 중심으로 개혁하

게 되었다. 전체주의에서 신앙의 자유를 얻게 되었다.

c. 그것은 성경의 교훈이나 해석의 권한을 교회 자체가 독점하던 양상에서 성경을 개인이 하나님 앞과 교회 앞에서 믿음을 추구하고 지향하면서 성경 해석의 길로 스스로 나아가게 된 것이다.

d. 그에 따른 하나님과의 직접 교제와 로마 교회 내의 자체적인 혁신운동을 전개하도록 자극하면서 각종 산업이 발전하게 되었다.

e. 로마 가톨릭 교회 만이 존재하던 그리스도교 시대에서 종교개혁을 통해 기독교(개신교, protestant) 시대가 함께 도래한 것이다.

〈Table-22〉 **개혁 신학자의 주제별 다양성**

구 분	M. 루 터	쯔빙글리	J. 칼 빈
신학 중심	그리스도 중심	하나님 뜻 중심	하나님 절대 중심
근본 원칙	이신득의	이신득의	하나님 절대 중심
성 찬 론	공제설 (화체설)	기념설	영적 임재설
국가 관계	교회는 국가에 복종	민주 헌법, 교권 배격	국가와 교회 분리

〈Table-23〉 **종교개혁의 장점과 담점**

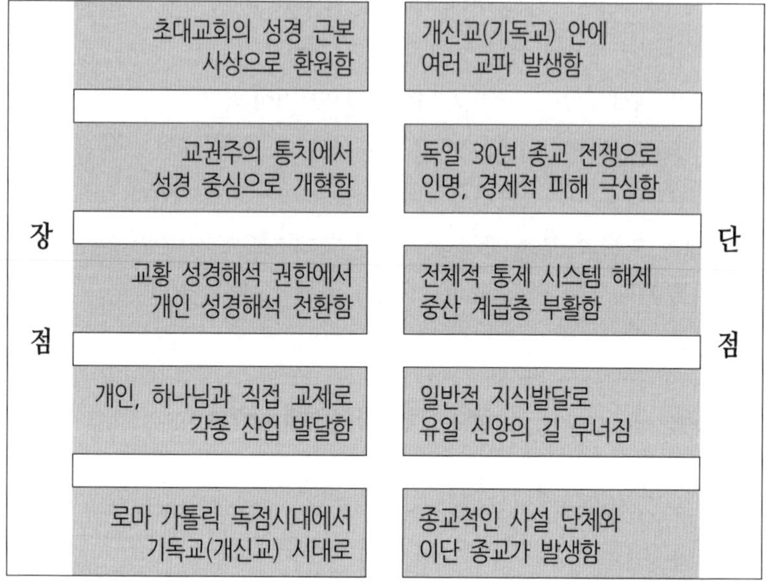

장점	단점
초대교회의 성경 근본 사상으로 환원함	개신교(기독교) 안에 여러 교파 발생함
교권주의 통치에서 성경 중심으로 개혁함	독일 30년 종교 전쟁으로 인명, 경제적 피해 극심함
교황 성경해석 권한에서 개인 성경해석 전환함	전체적 통제 시스템 해제 중산 계급층 부활함
개인, 하나님과 직접 교제로 각종 산업 발달함	일반적 지식발달로 유일 신앙의 길 무너짐
로마 가톨릭 독점시대에서 기독교(개신교) 시대로	종교적인 사설 단체와 이단 종교가 발생함

2) 단점

a. 개신교(기독교) 안에 여러 교파가 발생했다. 원인은 중앙집권적으로 통제하던 종교적인 통제를 신앙의 자유를 허락하므로 여러 교파가 발생하게 되었다.

b. 독일(유럽 포함)의 30년 전쟁 유발로 많은 인명 피해와 경제적 파탄이 있었다.

c. 전체적인 통제 사회의 시스템이 풀어져 자유화되므로 중산 계급층의 부활이 발생하게 되었다.

d. 일반적인 지식발달로 각종 문화적 활동이 형성되고 발전되었으나 유일 신앙이 무너져 버린 결과를 맞게 되었다.

e. 종교적인 사설 단체와 이단 종교가 발생하기 시작했다.

ix. 종교 개혁 이후

종교개혁 이후에 로마 교회와 유럽의 전 지역은 엄청난 지각변동을 겪을 수밖에 없었다. 그러나 여기서는 종교개혁사의 극히 작은 서론격인 이후의 사실들을 망라하면서 중세교회사를 마감하려고 한다.
그 마감은 종교개혁 이전의 개혁자들에 의한 영향력을 입은 파장을 언급하는 것이다.

1. 모라비아 교회 설립

1) 사회적 상황 : 당시의 사회적인 상황은 유럽에서 독일을 중심하여 30년 종교 전쟁이 계속 발생하면서 혼란을 거듭하던 시기였다.

2) 진젠돌프의 보호

a. 그 당시의 상황은 당연히 따라오는 로마 가톨릭의 박해로 인해 모라비아로부터 보헤미아에 피난 온 잔 후스(John Huss)를 따르던 사람들, 개혁당(잔 후스당)을 보호해야 할 절대적 요구가 생기기 시작했다.
b. 독일의 진젠돌프((Nicholas Ludwig Von Zinzendorf, 1700-1760) 백작이 보헤미아 형제들(Bohemian Brethren) 즉 모라비아 교도들이 곤경에 처해 있다는 소식을 들었다.
c. 그리고 자신에게 피난해 온 그들을 자신의 영토 내에 거주하게 하고 '헤른후트'(Herrnhut, 주님의 망대)라는 이름의 피난촌을 세웠다. 이들은 다른 이름은 '잔 후스파'라고 하며, 그들을 종교적인 핍박으로부터 보호하기에 이르렀다.

3) 모라비안주의 교회 발생

a. 거기서 진젠돌프의 지도로 1727년 8월 13일 모라비안 교회를 설립한다. 바로 이들의 경건주의의 형태가 영어로 '모라비안주의'(Moravianism)이며,[139] 이들의 공동체가 모라비아 교회이다.

b. 모라비아 공동체는 신앙부흥 운동을 일으켜 중세기에 신선하고 깊은 영성과 경건에 몰입(沒入)하게 되었다.

c. 이런 결과는 나중에 천년 로마 가톨릭의 부패를 일소하고 로마 교회가 윤리적 타락의 나락에 빠져있던 상황에서 종교개혁운동을 일으킨다.

d. 그로부터 새로운 대안, 개혁주의 교회가 탄생되고 하나님 나라를 미리 내다볼 수 있는 참다운 공동체의 샘플로서 거룩한 공동체로 천상의 하나님 나라를 이어가는 지상의 하나님 나라를 새로 만드는 동기를 마련하게 되었다.

2. 존 웨슬리(John Wesley, 1703-1791) 감화

1) 모라비안들은 사업과 업적에 있어서는 반 수도원적 신앙 사상을 추구하면서 궁극적인 비전은 세계 복음화에 목적을 두었다.

2) 그들의 열정적인 신앙의 삶의 결과는 온 세계 각지에 전도하였으며

139) '모라비안 파'는 영국에서 모라비아 파, 대륙에서는 헤른후트(Hernhut), 자기들 스스로는 형제파(Br dergemeinde)라고 불렀다. 1722년 초, 독일의 진젠돌프는 보헤미아 형제들(Bohemian Brethren) 즉 모라비아 교도들이 곤경에 처해 있다는 소식을 들었다. 그리고 자신에게 피난해 온 그들을 자기 영토 내에 거주하게 하고 헤른후트(Herrnhut:주님의 망대)라는 피난촌을 세우고 진젠돌프의 지도로 1727년 8월 13일 모라비안 교회를 세우게 되었다. 이들의 경건주의가 모라비안주의(Moravianism)이다. 모라비아 파는 북부 이탈리아와 남부 프랑스에 있는 왈도파(Waldensians) 다음으로 오래된 개신교 공동체였다. 15세기 이후 후스파의 영적 쇠퇴 속에서 그들은 치열한 박해의 와중에서도 계속 존재해 왔다.

열정적 독신자 그리스도인들로 존 웨슬리(John Wesley)에게 큰 감화를 끼쳐주게 된 것이다.

3) 한 사람, 존 웨슬리의 감화는 타락하고 부패한 영국을 건지고 세계 교회사에 감리교를 창시하여 위대한 영적 유산을 후대에 전수하였다.[140)]

3. 존 웨슬리의 감리교 운동

1) 감리교회(교단) 창시자 : 존 웨슬리는 종교개혁 이후의 영국 개신교계에서 감리교 운동을 시작했으며, 영국과 미국에서도 감리교를 창시한 종교개혁에 헌신한 인물이다.

2) 존 웨슬리 안수 : 그는 영국국교회(성공회, Church of England)에서 안수를 받았으며 한편 신학을 겸비한 신학자이며, 교회 밖에서 역동적으로 활동하는 사회운동가이기도 하다.

3) 복음사역 수행

a. 웨슬리는 쉼 없이 복음 사역을 수행했다.
b. 한편, 저술 사역에서 감리교 활동으로만 제한받지 않았다.
c. 19세기 성결 운동과 20세기 오순절 운동, 그리고 기독교 정신에 입각하여 사회변혁 운동에 앞장섰다.

---

140) 배수영, 칼빈신학과 그의 후예들, 서울: 도서출판 예루살렘, 2010, p.66. 요한 웨슬리(John Wesley, 1703년-1791년) 또는 요한 웨슬레라고 한다. 웨슬리는 영국에서 감리교운동을 시작하여 현재의 감리교회 토대를 이룬 창시자이다. 감리교를 세우게 된 동기는 웨슬리는 모라비아 공동체를 만났다. 이때, 웨슬리는 미국에서 복음활동 중 많은 어려움을 겪은 후 영국으로 돌아간 시기였다. 웨슬리는 영국 모라비아 교도들로부터 영적 감화와 충동적인 영감을 받았다. 그 결과 웨슬리를 통해 타락하고 부패한 영국을 변화시켜 어둠 속에서 건지는 역사적 일들이 이루어졌다.

〈Table-24〉 **존 웨슬리의 간추린 생애**

출생과 약력	1. 1703년 6월 28일, 영국 링컨셔 주 엡워스에서 출생하였다 2. 차터하우스, 옥스퍼드대학교에서 공부하고 졸업했다 3. 영국교회(Church of England)에서 안수를 받았다
감리교 창시자	1. 영국 개신교에서 감리교 운동을 시작하였다 2. 영국, 미국에서 감리교를 시작, 확장시킨 감리교 창시자이다
신학과 경건활동	1. 신학자로서 링컨칼리지 교수(fellow)가 되어 활동했다 2. 사제, 장로 목사가 되었다(부친의 성공회사제, 교구서 사역) 3. 사역과 저술은 감리교를 넘어 19세기 성결 운동, 20세기 오순절 운동을 일으키며 교단과 모임을 확장시켜 갔다 4. 신성회(Holy Club)를 주도, 경건과 신학을 연구해 나갔다 5. 미국에서 영국으로 귀국 후 모라비아 교도들과 교류했다
신학적 사상	1. 웨슬리의 회심(1738.5.24.)-"마음이 이상하게 뜨거워지는 것을 느꼈다"고 복음적인 회심의 경험을 고백함 2. 이후 모라비아 교도와 결별 스스로 사역을 시작함 2. 자유의지론의 알미니안주의에 가까운 입장, 교리적 신학 지향 3. '그리스도인의 완전성' 주장함, 칼빈주의의 이중예정론에 맞섬 4. 사회적 성화를 이루고, 은총의 수단 통해 신자들이 변화 요구
전도와 사회개혁	1. 브리튼섬과 아일랜드를 순회하며 속회를 조직, 훈련 양육함 2. 평신도 설교자를 세워 자신처럼 곳곳을 다니며 선교하게 함 3. 감리교도들에게 교도소 개혁과 노예해방 등 사회적으로 중요한 이슈를 이끌어 가면서 사회적인 개혁을 단행함

d. 소외당한 계층과 복지가 필요한 영역에 사회적 복음운동으로 다가서면서 큰 영향을 끼친 종교개혁자라고 할 수 있다.

4. 신학 연구와 목회 활동

1) 신학연구 활동 : 존 웨슬리는 차터하우스 학교와 옥스퍼드대학교에서 공부한 후 옥스퍼드 링컨칼리지의 교수가 되어 신학연구에 매진했다.

2) 그의 목회 활동

a. 1725년에는 부제, 1728년에는 사제(장로 목사)가 되었다.

b. 잉글랜드 국교회인 성공회 사제였던 아버지 새뮤얼 웨슬리의 교구에서 사제로 사역한 후 1729년 옥스퍼드로 돌아왔다.

c. 신성회(Holy Club)를 조직하고 그 단체를 성령으로 주도하면서 영성의 힘과 경건을 키워나갔다.

d. 신성회는 신학 공부와 그리스도인으로서의 경건을 연마하기 위한 모임이었으며, 동생 찰스 웨슬리가 처음 시작하여 조지 휫필드도 가입하였고, 존 웨슬리도 가입한 후 모임을 지도하게 되었다.

e. 존 웨슬리는 동생 찰스 웨슬리와 함께 아메리카 식민지 조지아로 건너가 2년 동안 선교했지만 무의(無意)로 마감 짓게 되었다.

f. 다시 영국으로 귀국한 후 웨슬리는 아메리카를 배로 건너는 동안 만났던 모라비아 교도들과 만나서 교류했다. 이후 독일을 방문해 모라비안 교회와 독일 경건주의 교회들을 돌아보기도 했다.

3) 존 웨슬리의 회심

a. 존 웨슬리에게는 1738년 5월 24일, 그날을 잊을 수 없는 위대한

날이었는데, 웨슬리는 그날 회심을 경험한 것이다.

b. 웨슬리는 이날의 일기에 "마음이 이상하게 뜨거워지는 것을 느꼈다"라고 기록하였다.

c. 이즈음 웨슬리는 모라비아 교도들과 결별하고 스스로의 사역을 시작하였다.

5. 전도 여행과 사회 개혁

1) 교회 울타리를 넘어선 사역

a. 웨슬리의 사역은 조지 휫필드처럼 교회라는 울타리 밖으로 나가는 사역이었다.

b. 브리튼섬 전역과 아일랜드를 다니면서 웨슬리는 자신이 가는 곳마다 소모임인 속회를 조직하여 소모임 안에서 신자들이 훈련받고 양육 받을 수 있게끔 했다.

c. 더욱 주목할 만한 것은, 웨슬리가 평신도 설교자를 세워 자신처럼 나라 곳곳을 다니며 선교하게 했다는 사실이다.

d. 웨슬리의 지도로, 감리교도들은 교도소 개혁과 노예해방 등 당시 사회적으로 중요한 이슈를 이끌고 개혁하였다.

2) 알미니안주의와 가까운 교리

a. 휫필드가 예정론의 칼빈주의적 감리교를 지향했다.

b. 웨슬리는 자유의지론을 바탕으로 하여 알미니안주의와 가까운 교리적 입장을 지니고 있었다.

6. 신학 사상

1) '그리스도인의 완전성

a. 웨슬리는 조직신학자는 아니지만 신학적으로 '그리스도인의 완전성'에 대해 주장하였고, 칼빈주의의 이중 예정론에 맞선 교리를 주장했다.

b. 웨슬리는 그리스도인 내면에 하나님의 사랑이 깊게 자리한다면, 이를 바깥으로 표출하여 사회적 성화를 이루어야 한다고 역설하였다.

c. 웨슬리의 신학은 공교회주의를 바탕으로 하나님의 은혜가 가시적으로 표현되는 수단인 성례전과 예전을 존중하는 성공회 고교회주의(High church, Anglo-catholic)와 개인의 종교경험을 존중하는 복음주의가 균형있게 조화를 이루고 있었다.

d. 웨슬리는 은총의 수단(means of grace)을 통해 신자들이 변화할 수 있고, 예수 그리스도를 인격적으로 경험할 수 있음을 역설하였다.

7. 감리교와 잉글랜드 성공회

a. 존 웨슬리는 자신의 생애를 통틀어 잉글랜드의 성공회 성직(聖職)을 유지하면서 복음 활동을 지속시켜 갔다.

b. 그가 영국에서 일으킨 감리교 운동은 단지 침체된 영국성공회를 개혁하는 내부의 신앙 운동이라 할 수 있다.

c. 미국으로 건너간 감리교회에서 목사를 안수할 감독을 웨슬리가 파송하며 미국에서 감리교 운동을 전개해 가면서 분리적인 정책을 취했다.

d. 존 웨슬리의 사후(死後) 영국 감리교는 미국 감리교회처럼 영국성공회로 부터 독립하여 자체적인 교단을 형성하였다.

e. 감리교로부터 교회를 넘어선 사회운동을 강조하는 구세군, 성결교,

오순절 운동 등이 생겨났다. 즉 당시 영국 사회와 교회사에 끼친 웨슬리의 영향은 지대하였다.

f. 존 웨슬리는 교회사적인 칭송과 세계사적인 복음 활동에서도 "영국에서 제일 사랑받는 사람"이라고 아주 자주 묘사되곤 한다.

〈Table-25〉 칼빈주의와 알미니안주의 차이

문 제	칼빈주의 파	알미니안주의 파
인 간	완전 타락 강조	자유 의지 강조
예 정	무조건 예정	예지 예정
속 죄	제한된 선택 구원	무한 선택 구원
은 총	불가항력적 은총	가항력적 은총
성 도	성도의 견인(보호)	성도 보호 불확실

| 부 | 록 |

중세, 그 혼란의 여정 끝에 **큰 빛**

1. 강의 계획안
(Course Instruction Plan)

Course : 중세교회사-중세, 그 혼란의 여정 끝에 큰 빛
A History of The Medieval Church

Instructor : 김동연 교수
Kim, Dong-Yeon Th.D., D.C.C.

1. 본 과목의 소개(Course Description)

"옛날을 기억하라. 역대의 연대(年代)를 생각하라…"(신명기 32:7a)

본 코스는 기독교의 역사를 연구하는 과목이다. '역사'를 말할 때 일반사가(史家)들은 'History'라고 명한다. His Story'-하나님의 구원사로 보는 관점이 점점 더 극명해지고 있다. 하나님의 '절대적인 주권' 아래서 진행되는 역사의 흐름을 신학적으로 정확하게 조명하는 데 있다. 고찰할 일은 교회역사 가운데서 그 역사를 배우는 신학도들과 한국교회와 목회자들이 이 일을 연구하는 일과 기독교 역사를 캐내고 발전시켜가면서 지상교회 공동체에게 도움을 주기 위함에 있다.

2. 본 과목의 목적(Course Objectives)

"이는 내가 꺼리지 않고 하나님의 뜻을 다 너희에게 전하였음이라" (사도행전20:27).

본 과목의 목적으로서 다섯 가지 'P'의 목적을 제시해 본다.

1) People 백성-우리는 물리적 시간 안에 머물러 있는 하나님 나라의 백성이다. 우리가 추구해야 할 목적은 믿음의 삶을 향하여 과거의 교회역사와 현재의 역사적 교리, 그리고 미래의 실현될 약속을 지상교회의 공동체에게 전달하는데 있다.

2) Progress 점진-기독교 역사의 발전에 대한 원인을 역사적 교리와 더불어 본 코스를 연구하는 학도들과 공동체에게 평가하며 사용하면서 발전시키는 데 그 목적을 갖는다.

3) Prospect 전망-교회는 세속의 상황 속에 있는 거룩한 성도들의 공동체이다. 이런 관점에서 신학적인 이슈들을 다루면서 그들을 믿음의 전망 가운데 도전하게 한다. 그리고 기독교의 거시적인 사명을 확장하게 하는데 있다.

4) Possible 긍정-인류의 역사의 속성은 이 땅에 거주하는 그리스도인들의 정체성과 더불어 교훈을 부여하고 있다. 따라서 그리스도인들은 그 목표를 향하는 여정 중에 있으므로 자신에 대한 무한한 긍정적 가능성을 부여받음을 알아야 한다.

5) Personality 영성-지나간 세대의 교회 역사 현장의 주역, 하나님의 인물들은 끊임없이 하나님 앞에서 자신에게 맡겨진 삶을 거룩성으로 유지해 가면서 기독교 역사를 이어갔다. 주요 동인(動因)은 영성의 발자취를 남긴 것이다. 본 과목은 이를 신학적이며 지적(知的)으로 옳게 재정립하여 나가는 목적이 있다.

3. 강의 방법과 교습(Methods of Teaching and Learning)

"… 주의 연대는 대대에 무궁하니이다"(시102:24).

과거 속에 발생했던 역사를 신학적인 방법으로 접근하며, 기독교 전통의 신앙 입장에서 토론하여 성경적인 교훈의 관점에서 결론 맺는다. 또 구속사와 기독 교회사를 연결하여 전체적인 구원 문제를 다룬다.

성경과 원문(Text)을 근원적 자료(Original Source)로 사용하며, 역사신학의 논문과 아티클, 그와 관련된 도서, 그리고 연구 세미나 등의 자료를 이차적 자료(Secondary Source)로 강의 재료로 사용한다. 그리고 강사와 학생이 대화식(Two Way Communication)과 자유로운 분위기(Free Rein Leadership)방법으로 본 과목을 연구(Study)하고자 한다.

4. 본 과목의 교재(Required Texts)

"여러 책을 짓는 것은 끝이 없고, 많이 공부하는 것은 몸을 피곤케 하는도다" (전도서12:12).

1) Required Reading(필독서).

* 김동연 지음 Prof. Kim, Dong-Yeon,
  중세교회사-A History of The Medieval Church
  (도서출판 러빙터치, 2023).
* John E. Whan Kim,
  History of Christianity(Seoul: Sung Kwang Publishing Company, 1982), 기독 교회사(김의환 지음).
* Justo L. Gonzalez, The Story of Christianity, vol.1

(New York: Harper Collins, 1884), 중세 기독교회사
(후스토 L. 곤잘레즈 지음).

2) Recommendation Reading(추천도서).

* A. M. Renwick and A. M. Harman,
The Story of The Church (London: Inter-Varsity Fellowship, 1958) 간추린 교회사(A. M. 렌위크, A. M. 하만 지음).
* Henry Chadwich,
The Middle Church(New York: Penguin, 1967).
* Any theological dictionary, for example:Evangelical Dictionary of Theology(Baker Book House, 1967).

5. 본 과목의 논문(About Class Term Paper)

"인류의 모든 족속을 한 혈통으로 만드사 온 땅에 거하게 하시고 저희의 연대를 정하시며…"(행17:26)

1) 논문 제목 :

a. 종교개혁의 동기와 원인을 찾아 논하라.
b. 스콜라 철학의 사상과 영향은 어떤 것들인가?
c. 중세시대의 교회(교황)와 국가(황제)의 관계를 논하라.
d. 십자군 운동의 결과는 종교적으로 어떤 영향이 미치는가?
e. 무슬림교(이슬람)가 미치는 역사적 영향을 논하라.
f. 수도원 운동의 역사적 배경과 중세에 미친 영향을 논하라.
g. 동서교회의 상황과 교리적인 영향을 논하라.
h. 르네상스가 중세와 종교개혁에 어떤 역할을 했는가?

2) 논문 종류 :

a. 중간 논문(Mid Term Paper) : 위의 논문제목 중 1가지를 택하여 4매 이상 정해진 기일 안에 제출할 것.

b. 학기말 논문(Term Paper) : 위의 논문 제목 중 2가지를 택하여 8매 이상 정해진 기일 안에 제출할 것.
(본 논문은 강의를 충실히 듣고 기록했을 때와 본 코스 Text의 연구를 통해 무난히 작성할 수 있음).

3) 용지와 매수 : * A4 용지, * 중간 논문 : 4매 이상,
* 학기 말 논문 : 8매 이상.

4) 형식 : 보통 형식에 준하며, 줄 간격은 더블 스페이스 요함.

5) 제출일 : 추후 결정(날자 엄수하면 보너스 점수 보장).

6. 성적 평가(Grading)

1) 출 석/Attendance··················40%
2) 레 포 트/Assingment··················30%
3) 퀴즈, 기말고사/Final Test···············30%
* 94-100 = A/ * 89-93,9 = A-/ * 86-88,9 = B+/
* 82-85,9 = B/ * 79-81,9 = B-/ * 76-78,9 = C+/
* 72-75,9 = C/ * 69-71,9 = C-

7. 강의 일정표(Class Meeting, Times, and Schedule)

"볼찌어다, 우리의 연구(硏究)한 바가 이같으니 너는 듣고 네게 유익(有益)된 줄 알찌니라"(욥5:27).

본 과목은 교재에 따라 매주 70분 분량으로 강의가 진행된다.

제 1 강-중세교회의 배경
제 2 강-수도원 운동
제 3 강-무슬림(이슬람)교의 발흥
제 4 강-서유럽 전도와 복음 확장
제 5 강-성상파괴 논쟁과 동서교회 분리
제 6 강-샤를마뉴 대제와 신성 로마제국
제 7 강-동북 유럽의 전도와 교회
제 8 강-그레고리 7세-힐데브란드
제 9 강-십자군의 전쟁과 논란
제 10강-스콜라 철학과 사상 문제
제 11강-교회 국가, 중세 신비운동
제 12강-개혁을 위한 큰 회의들
제 13강-중세교회의 예배와 생활
제 14강-르네상스와 교회사적 영향-1
제 15강-르네상스와 교회사적 영향-2

8. 응급을 요하는 사항(Emergency)

부득이한 응급 사항(사고, 질병, 우환 등)으로 결석을 요할 시 사전에 연락하여 크레딧(성적)에 손해 보는 일 없기를 요망한다.

* 작성자 : **김동연 교수**-Prof. Kim, Dong-Yeon Th.D., D.C.C.
010-8893-4432(핸드폰)/ 02)3486-2004(교회)

2. Book Critique Guidelines
(독서 비평에 따른 독후감)

[독서 비평에 따른 독후감]의 양식을 샘플로 소개한다. 본 양식대로 따라서 독서 비평의 독후감을 작성해 가면 양질의 한 권의 책을 완전히 소화하여 자신의 지식으로 만들게 된다. 참고하여 좋은 독서 비평 독후감을 작성하기 위한 지식의 씨름판이 되기 바란다.

1. **Author**(저자) : A. B. Bruce(브루스)
   Title(제목) : The Training of The Twelve(열두 제자의 훈련)
   Publisher(출판사) : Kregel Publishing House Company (크레겔출판사)

2. **What is the author's thesis statement or purpose for writing this book?**
   (이 책이 말하는 저자의 주제 혹은 목적이 무엇인가?)

<u>A. Author's thesis(주제)</u> : 저자는 약 2천 년의 시간적인 간격을 좁혀서 신약시대 속으로 들어가서, 예수 그리스도가 자신의 정신과 영혼에서 우러나오는 살아있는 교훈과 왜곡되지 않은 진리를 그의 생애와 삶을 통해서 보여주고 있음을 확신있게 기술하고 있다. 그리고 12제자의 인격적인 만남과 부르심, 훈련과 양육, 그리고 위대한 그 사명과 땅끝까지 증인됨을 말하고 있다.

B. Author's purpose(목적) : 하나님께서 신약시대를 통해 온 세상을 구원하시려는 계획을 숨김없이 기술하고자 한다(pp.359-369). 예수님께서 영혼에 대한 연민과 희생을 구원사역의 성취를 통해 말하고자 한다(pp.287-296). 그 시대의 구원대상이었던 제자들과 유대인과 군중들의 마음상태와 정치적, 사회적, 문화적, 지정학적인 상황과 현실을 소개하는 신약시대의 복음사적인 기록을 목적하고 있다(pp.578-585).

C. Clearly and thoughtfully define the thesis statement.
(본서의 주제 상태에 대한 분명하고 사려 깊은 정의를 말하라)

저자는 생명이신 예수 그리스도를 전 인류에게 복음으로 안겨주기 위하여 하나님의 일을 책임 맡은 사역자들에게 신학적이며, 실천신학적이며, 실제적인 지침들을 부르짖고 있다(pp377-387).

3. Select a quote from the most meaningful part of the book which clearly supports the thesis.
(의미심장한 인용구들로부터 오는 것이 책 중의 어느 부분이 명확하게 이 책의 주제를 지지한다고 보는가?)

A. Give a quotes that support the author's theses?
(저자의 주제를 지지하는 인용구의 의미는 무엇인가?)

기도의 교훈(p.68), 갈릴리 사역(p.155). 참 제자의 길pp.201-208), 겸손의 생활(p.219), 부활의 주님(pp.536-540), 하늘의 능력(p.586).

B. Way did you choose that particular quotes?
(왜 특별한 인용구를 선택했다고 보는가?)

특별한 주제의 인용구를 거론한 이유는 다음과 같다. 기도는 하나님과의 영적인 교통이며, 거기서 오는 힘은 온갖 죄의 세력을 극복하는 비결이다. 갈릴리에서의 주님의 사역은 소외된 영혼에 대한 연민과 긍휼하심이며, 갈릴리에서 참 생명이신 예수를 믿고 따르는 참 제자들이 갈릴리에서 나왔다. 그리고 제자의 길은 자기를 포기하고 예수를 따라가는 겸손과 헌신의 첫걸음부터 요구된다. 종국에는 기독교의 생명인 부활을 목격하고, 그 부활의 증인의 삶이 요구되기 때문이다. 나아가서 하늘에서 임하는 위대한 능력을 힘입은 제자들만이 복음의 위대한 증인으로 설 수 있다.

4. Interact with this quote by giving me in the space provided the strengths and weaknesses of the text.
(본서가 공급하는 강점과 약점이 인용구와 함께 상호 작용하는 것을 논하라)

A. Strengths of the text(본서의 강점).

약 1세기 전에 저술된 본서는 신약시대의 진지한 복음적이며 그 역사성을 충분히 기록되어 있으며, 그 시대의 문화적이며, 사회적인 특이한 사항들을 상세히 기술한 책이다. 본서에 등장하는 상황과 인물, 그리고 사람들의 뛰어난 심리묘사와 사건 전개, 또한 영적인 차원의 깊은 통찰력에서 기록된 필체는 기독교 고전에 버금가는 책임에 틀림이 없다. 예수님의 3년의 공생애를 중심으로 엮어지는 모든 사건들은 하나님의 구속사를 적나라하게 그려주고 있는 점이 강한 인상으로 남아 있다.

B. Weaknesses ot the text(본서의 약점).

본서의 약점이라고 할 수는 없으며, 있다면, 아쉬운 점을 말한다.

첫째, '각주'food note나 '성구 색인', 그리고 '주제별 색인' 등이 없어 학문적인 배경이 약할 수밖에 없는 것이 아쉽다. 둘째, bibliography가 없어 다른 자료의 연관성을 알 수 없어 답답함이 있다. 셋째, 각과의 끝부분에 '질문사항'이나 '토의할 점'을 삽입하면 더 좋은 내용으로 부각 될 줄 안다. 넷째, 신학적인 면과 성경 강해집의 혼합된 책 같아 그 성격을 구분하기가 약간 애매한 점이 있다.

5. What impact did this book have on you personally and on your ministry?

(이 책이 당신의 목회와 인격에 직접적으로 영향을 주었던 점이 무엇인가?)

저자는 이 책을 통하여 신령한 영의 양식을 제공해 주고 있다. 저자의 수준 높은 영적 통찰력은 1세기 전에 기록된 책으로서, 그 역할을 톡톡히 하고 있다. 기독교 고전은 종교개혁 이전에 저술된 것이다. 그러나 본서는 고전같이 교회사적인 무게를 더해주고 있으며, 오늘의 현대 이민 목회사역지에서 무미건조해지기 쉬운 영적 자료의 갈증을 해결해주는 생수와 같이 목회적 자료를 제공해주고 있는 책으로서 나에게 매우 값진 책이다.

진정으로 예수님을 따르는 제자들은 사도로 성장하기까지는 엄청난 대가가 지불되어야 한다. 적어도 본서는 체계적인 제자훈련의 지침서로서 그 역할을 다하는 교과서 같아 매우 흡족한 면이 있다. 사복음서를 개관하면서 서술형식으로 저술된 책이기 때문에 현대교회 사역자는 물론, 모든 평신도 지도자들까지 일독(一讀)을 필요로 하는 책으로서 실천신학적인 가치가 있는 탁월한 내용이다.

3. 종교개혁의 요약 도표

〈Table-26〉 **종교(교회) 개혁 요약 도표**

년도	사 건
1483	마틴 루터(Martin Luther)가 독일 아이스베른에서 출생함
1484	츠빙글리(Vlrich Zwingli,1484-1531) 스위스의 종교개혁자 출생함
1509	존 칼빈(John Calvin,1509-64) 프랑스 북부지방 노용(Noyon)에서 출생함(프랑스 태생의 스위스의 종교 개혁가)
1517	마틴 루터, [95개조 의견서] 내놓음
1519	마틴 루터, 라이프치히에서 에크와 논쟁
1520	마틴 루터에 대한 파문 협박장 공포
1521	루터에 대한 정식 파문장 공포/ 4월 루터, 보름스 제국의회에 출두하고, 귀로에 바르트부르크 성에 보호되다/ 소르본 대학 신학부, 루터를 이단(異端)으로 단정/ 이어 르페브르의 저서에서도 똑같은 선고를 함.
1522	루터, 신약성경의 독일 번역판 출판(42행 편집인쇄 신약성경) 독일 쿠텐베르그 활자 인쇄기 발명, 성경인쇄(세계 최초)
1523	츠빙글리, 취리히에서 개혁운동을 개시/ 취리히 토론 열림
1524	독일, 농민전쟁 시작됨
1525	루터 결혼/ 에라스무스와의 [자유 의지] 논쟁/ 로마 가톨릭에서 프랑스의 개혁운동 단체에 탄압함
1526	제1차 슈파이어 제국의회 개최

1529	제2차 슈파이어 제국의회 개최. 이때부터 '프로테스탄트'란 명칭, 쓰기 시작함/ 성찬문제에 관해서 루터와 츠빙글리 마르부르크에서 논쟁함
1530	아우크스부르크 제국의회 개최/ [아우크스부르크 신앙고백]이 작성되어 루터파의 기본 신조 제정/ 그러나 로마 교회와의 타협 실패함
1531	슈말칼덴 동맹 결성. 츠빙글리 전사함
1534	헨리 8세. '성직자 임명법' 및 '수장령(首長令)'을 공포함/ 영국 교회를 로마 가톨릭 교회로부터 결정적으로 분리시킴
1535	퀸스터에서 재침례파(再浸禮派) 괴멸
1536	존 칼빈, [기독교 강요](基督敎 綱要)》를 출판함/ 파렐의 요청으로 제네바의 개혁운동에 박차를 가함
1538	존 칼빈이 반대파의 책동으로 제네바의 개혁운동은 일시 좌절되고 파렐은 뉴샤테르로, 칼빈은 스트라스부르에 잠시 피신함
1540	존 칼빈, 다시 제네바에 귀환함
1545	트리엔트 공의회 개시됨(1563년까지)
1546	말틴 루터 죽음
1572	성(聖) 바르톨로뮤의 학살
1620	메이 플라워호(號)에 의한 필그림(청교도의 일파)의 신대륙 이주
1640	청교도 혁명 시작됨

* 141)

"루터는 단단한 바위산을 다이나마이트로 폭파시킨 사람이라면, 칼빈은 루터가 깬 바위에 글자를 새긴 사람이다"(Philip Schff).[142]

141) 저자가 대량으로 편집 개정한 것이며, 종교개혁(Reformation)을 참조했다. https://terms.naver.com.

142) 정성구, 교회의 개혁자, 요한 칼빈, 서울: 하늘기획, 2009, p.14.

4. 7세기-15세기까지 중세기 과정

〈Table-27〉 **7세기-15세기 중세기 과정**

구분	시작 발전	성장	절정	쇠퇴 몰락
정치	신성 로마제국 (800), 이슬람-무슬림 (632)	창부 정치(963) 노르만의 대 이동	1차-7차 십자군 운동 (1096~1270)	르네상스 발흥 (문예부흥)
년대	7-9 세기	10-11 세기	12-13 세기	14-15 세기
교회	기독교 복음 전파	수도원주의(1) 동서방 교회 분열(1054)	수도원주의(2) 3차 성직 수임권 논쟁	아비뇽 유수 (1305~1378) 대 분열 (1378~1415)
년대	7-9 세기	10-11 세기	12-13 세기	14-15 세기
신학 논쟁	세미 펠라기안주의 (Semi-Pelagianism) 성상 파괴(787)	성찬론 예정론	스콜라주의	종교회의 운동 (1394~1415)
년대	7-9 세기	10-11 세기	12-13 세기	14-15 세기

5. 중세기의 성, 스위스 시옹성

스위스를 대표하는 중세 건축물인 시옹성은 산과 호수 사이, 유럽의 남과 북을 잇는 교역로 중간에 자리를 잡았다. 이곳은 1150년 처음 역사에 등장했으며, 13~15세기 사보이 백작 치하에서 가장 화려한 시절을 보냈다. 그리고 1536년 스위스에 정복된 이후에는 요새와 무기고, 감옥으로 사용되었다.

19세기 루소, 빅토르 위고 등 낭만주의자들은 신비로운 시옹성에 매료되었다. 특히 1816년, 영국 시인 '바이런'(George Gordon Byron : 1788-1924)은 16세기 이곳에 수감되었던 '프랑수와 보니바드(François Bonivard)'의 이야기에서 영감을 얻어 [시옹성의 죄수](The Prisoner of Chillon)를 썼고, 더 많은 사람이 시옹성을 찾아 중세기 문화와 역사를 더듬게 하고 있다.[143]

〈Table-28〉 중세기의 시대의 스위스 시옹성

143) https://cafe.naver.com/travelmagnet/55596?art

참 ı 고 ı 문 ı 헌

중세, 그 혼란의 여정 끝에 **큰 빛**

▪ 참고문헌-Bibliography

▪ 외국 서적

KATA The Greek New Testament Third Edition (corrected), United Bible Societies, 1983.

Alexander Archibald, Evidences of the Authenticity of the Holy Scriptures, Presbyterian Board of Publishing, 1836.

Philip Schaff, Creeds of Christendom, New York, Charles Scribner's Sons, Vol. 3, 1890.

J. D. Douglas, The New Bible Dictionary, Eerdman Pub. Co., 1972.

A. M. Renwick, A. M. Harman, The Story of The Church, I.V.P., London, English, 1958.

Herman Ridderbos, Paul An Outline His Theology, Korean Edition, 1985.

Wilhelm Niesel, The Thelogy of Calvin, Grand Rapids: EErdmans Publishing Company, 1976.

Justo L. Gonzalez, The Story of Christianity Vol. 3. Harper Collins, New York, 1984.

St. Augustine, Library of Christian Classics of The Confessions of St. Augustine, Westminster, 1964.

Louis Berkhof, Summary of Christian Doctrine, Grand Rapids: Erdmans Publishing Company, 1989.

Henry Bettenson, The Later Christian Fathers, Oxford

New York, 1956.
Evangelical Dictionary of Theology, Grand Rapids: Baker Book House, 1984.
McNeill T. John, Modern Chrition Movement, New York: Harper & Row Pub., 1968.
K. Rowe Henry, History of the Christian People, New York: The Macmillan Co., 1931.
Meyer Carls, The Chuech: from Pentecost to the Present, Chicago: Moody Press, 1975.

■ 번역 서적

John E. Whan Kim, History of Christianity, Seoul:Sung Kwang Publishing Company, (기독교회사, 김의환 지음), 1982.
Justo L. Gonzalez, The Story of Christianity, vol. 1, New York: Harper Collins, (초대 기독교회사, 후스토 L. 곤잘레즈), 1884.
Beale, David O. 근본주의의 역사. 서울: 기독교문서선교회, 1994.
Geisler, Norman L. 성경무오:도전과 응전. 서울:도서출판 엠마오, 1985.
J. N. D. Kelly, and A. M. Harman, Early Christian Doctrines, New York: Harper&Row, 1978.

Henry Chadwich, The Early Church, New York:Penguin, 1967.

Any Theological Dictionary, for example:Evangelical Dictionary of Theology, Grand Rapids:Baker Book House, 1967.

Harry R. Boer, A Short History of The Early Church(단편 초대교회사), W. B. Eedmans Publishing Company, 1965.

A. M. Renwick and A. M. Harman, The Story of The Church(간추린 교회사), London:Inter-Varsity Fellow ship, 1958.

John Poster, The First Advance-Church History AD29-500, (새롭게 조명한 초대교회의 역사, 심창섭, 최은수 역, 웨스트민스터출판부), 1998.

George M. Marsden. 미국 근본주의와 복음주의 이해, 서울: 성광문화사, 1992.

A. E. McGrath, Reformation Thought, 박종수역, 종교개혁 사상 입문, 서울 성광문화사, 1995.

■ 국내 서적

강준민, 뿌리 깊은 영성, 서울: 도서출판 두란노, 1998.

권택조, 영성 발달, 서울: 예찬사, 1999.

박윤선, 성경신학, 서울: 영음사, 1978.

박아론, 보수신학은 어디로 가고 있는가?, 서울:총신대학출판부, 1985.

배수영, 어거스틴의 내면세계로의 여행-Travel into St. Augustine's inner World, 서울: 예루살렘출판사, 2002.

_____, 21세기 칼빈주의 신학 사상적 변증서, 칼빈 신학과 그의 후예들-Calvin Theology & His Followers, 서울: 도출판 러빙터치, 2010.

_____, 성경신학적 관점-하나님의 구속사, 서울: 도서출판 러빙터치, 2006.

신학지남, 전호진, 박용규, 복음주의 개혁주의 및 근본주의는 본질적으로 다른가?, 가을호 제268호, 서울:신학지남사, 2001.

신학지남, 채은수, 어거스티누스의 긍정적 세계이해와 선교적 함의, 서울:신학지남사, 1964.오덕교, 장로교회사. 서울: 합동신학교출판사, 1995.

성경사전편찬위원회, 성경사전, 서울: 아가페출판사, 1991.

이형기, 세계교회사. 서울: 장로교출판사, 1994.

이상규, 교회 개혁사, 서울: 성광문화사, 1997.

옥한흠, 제자훈련 인도자 지침서, 서울: 국제제자훈련원, 2002.

오성춘, 영성과 목회, 서울: 장로회신학대학출판부, 1989.

정원일, 21세기의 고센 땅, 호주 속의 유대인, 서울: 도서출판 러빙터치, 2022.

조던 오먼, 영성 신학, 왜관: 분도출판사, 1987.

하태식, 묵상과 함께 떠나는 여정, 서울 도서출판 러빙터치, 2020, PP.82-84.

현대와 신학, 민경배, 제21집-역사인식과 역사의식, 서울: 연세대학교 연합신학대학원, 1996.

인류 최대의 착각

The Maximum of Misunderstand in Human

인류 세계의 발전은 수 없는 실패를 되풀이하는 순환과정을 거쳐왔다. 거기서 돌출되는 모순점을 개선하면서 진행되어 왔다. 에디슨은 건전지 발명을 위해 2만 5천 번의 실패를 거듭한 자신을 비웃는 사람들에게 대답했다.

"나는 2만 5천 번 실패한 것이 아니라 2만 5천 가지의 오답을 얻었다."

결국, 그 오답(誤答)으로 인류문명에 지대한 영향을 끼쳤다. 세계적인 대문호 톨스토이가 한때, 그의 작품을 혹평당하여 일개 저질문학에 까지 못할 때도 있었다. 그는 말하기를,

"나의 글은 순수한 문학정신의 토양 위에 심겨진 한 그루의 나무이기에 모진 풍파를 이겨나갈 것이다"라고 했다.

결국 톨스토이의 순수한 사상은 모든 것이 다 변해도 주의 말씀은 불변하다(벧전2:13)는 진리를 인류 정신사에 남기고 만다.

언제나 새로움은 이미 응고(凝固)된 기존 질서에 의해 도전받고 제지당한다. 그러나 장애 때문에 멈추지 않고 전진한다.

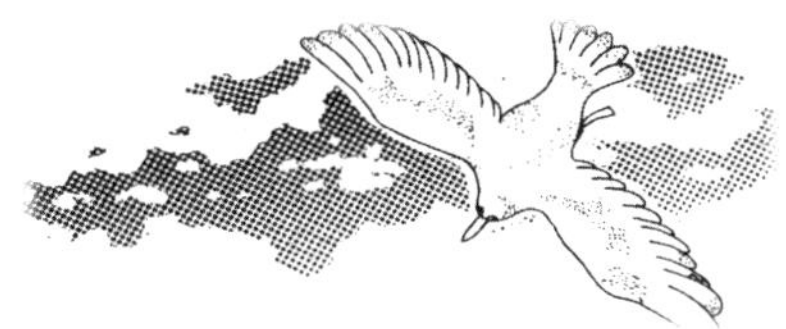

순수함을 위해 정결을 지키느라 소중한 자신의 삶이 희생 제물로 강요당한 요셉은, 사면초가의 상황에 자주 당면하게 되었다.

수많은 위기를 겪은 후 요셉은 애굽 총리를 지낼 때, 형들을 극적으로 만나면서 말했다.

> "하나님이 큰 구원으로 당신들의 생명을 보존하고 후손을 세상에 두시려고 나를 당신들 앞서 보내셨나니"(창45:7).

요셉의 믿음은 인본주의, 회의주의가 판을 치는 암울한 현대 정신 사회의 긴박한 상황 속에서 신본주의 사상을 강하게 증거하고 있다.

신본주의는 크고 작은 모든 개인의 일, 가정의 일, 사회와 국가의 움직임, 민족과 세계의 방향, 우주와 역사의 흐름까지 방치하지 않고 이 모든 일을 간섭하며 섭리하여 아무에게도 맡기지 않고 직접 이끌어 가신다는 믿음을 갖는 것이다. 그리고 마침내는 축복하신다.

*'중세, 그 혼돈의 여정 끝에 큰 빛'*을 발하는 기적의 현상은 신본주의의 사상으로 꽉 찬 역사의식을 굳게 갖는 사명자 만이 그 역사를 읽고 캐치하여 주도할 수 있다. 본서는 그런 사명의 본질적인 의식을 부여하는 놀라운 글들이 되기를 소원해 본다.

중세, 그 혼돈의 여정 끝에 큰 빛
A History of The Medieval Church

2023. 04. 03 초판 1쇄 인쇄
2023. 04. 07 초판 1쇄 발행

지은이 김동연
펴낸이 배수영
엮은곳 도서출판 러빙터치 편집부
발행처 도서출판 러빙터치
출판등록 제25100-000073(2014.2.25)
서울 도봉구 덕릉로66길 17, #1709-203호
02-745-0190/ 010-3088-0191
E-mail : pjesson02@naver.com

김동연 Th.D., D.C.C.
대한예수교장로회 솔로몬일터교회
02-3486-2004
서울 서초구 방배로 39 미주프라자 1층
www.solomonch.com / www.solomonch.org

Printed in Korea